NIUSAN CLASS
牛散大学堂

我当交易员的日子

My Days As A Trader

CORE STRATEGIES AND SKILLS
OF OPTION VOLATILITY TRADING

期权波动率交易核心策略与技巧

徐华康 王美超 著

企业管理出版社
EMPH ENTERPRISE MANAGEMENT PUBLISHING HOUSE

图书在版编目（CIP）数据

我当交易员的日子：期权波动率交易核心策略与技巧／徐华康，王美超著．—北京：企业管理出版社，2019. 11（2024. 11 重印）

ISBN 978-7-5164-2067-6

Ⅰ．①我… Ⅱ．①徐… ②王… Ⅲ．①期权交易—通俗读物 Ⅳ．①F830. 91-49

中国版本图书馆 CIP 数据核字（2019）第 248706 号

书　　名：我当交易员的日子：期权波动率交易核心策略与技巧

作　　者：徐华康　王美超

责任编辑：李　坚

书　　号：ISBN 978-7-5164-2067-6

出版发行：企业管理出版社

地　　址：北京市海淀区紫竹院南路 17 号　　　邮编：100048

网　　址：http：//www. emph. cn

电　　话：编辑部（010）68414643　发行部（010）68701816

电子信箱：qiguan1961@163. com

印　　刷：北京明恒达印务有限公司

经　　销：新华书店

规　　格：170 毫米×240 毫米　16 开本　17 印张　230 千字

版　　次：2020 年 1 月第 1 版　2024 年 11 月第 2 次印刷

定　　价：98. 00 元

该书虽然用故事形式写成，但书中绝大部分故事都贴近事实，特别是交易获利的方面。

书内所有的交易决策，都是盘前做的，我们鲜少盘中做决策，盘中就是执行决策。在没有决策的时间，我们绝大数时候会持有少量的卖方中性策略。

如果了解了这些，那就开始看吧。

你要赚什么钱?

方正证券股份有限公司　乌力亚苏

大多数从业人员鲜有交易期权的经验，难以体会具体交易时是什么样的情境、何时才是好的交易时机。本书作者这次一改常态，用较为感性的方式，将这些年投资国内期权市场的宝贵经验娓娓道来。作者亲历过去数年来期权市场大大小小的变化，用实战向读者展示了：面对不合理的隐含波动率、面对崩盘、面对反弹、面对区间整理，该用一种什么样的态度来看待交易，然后如何尽可能理性地研究这个市场、得到一个客观中立的结论，并转化为仓位，最后变成账目盈亏的一个历程。

交易衍生品是一门技术，也是一门艺术。算得出来的那个部分称为技术，算不出来的部分则是艺术。其中或许有不少的运气成分在内，但综合来看，贯穿交易始终使最终结果能获得正收益的，却是投资者在进场前的思维逻辑。当市场出现某种情况时，我们可以利用期权的特性，在风险最小的情况下，取得相匹配的报酬，这是其他所有的投资标的所不具备的。这种其他投资标的所没有的特点，却也是许多初入期权市场的投资人的痛点:“我不知道要怎么做?”“我这样赚得太少了!”“这我怎么可能想得到?”但是我们透过书中故事内许多的对话却可以知道,作者不断地在告诉读者“你要赚什么钱?”透过这条思路,我们看到了一些不同于过去其他投资书中强调的利润最大化的论点。所以在书中大多时候的出场点是:当所要赚到的钱赚到了,或是条件已经不存在了,立即出场。这也是期权交易与其他品种的一个最大不同之处,也是本书的一个特点。

本书的另一个特点是,作者帮我们回顾了期权市场之初,我们曾经面临的那些机会与危机。当时的许多盘中市场情况,现在我们看着K线的走势时,已经感受不到当时情绪的波动,但我们将隐含波动率附上去时,却可以感受到当时的温度,当时心理上的波涛汹涌似乎又重新回到我们眼前。而我看到这些隐含波动率的数字时,也常常会问我自己:如果这市场再来一次、重新给我一次机会时,我会怎么做?会不会再次让自己的情绪随着市场起伏波动,或是用理性逻辑来下决定?这回忆录式的文章,可以给我们这些不管有没有经历这段历史的投资人一个体验的机会。

过去作者在讲课时也常常说:交易都是在收盘后才开始的。我们的许多同事与客户都不太了解这个意思,但是透过这本书可以发现,里面许多的决策,都不是在盘中突然发现某些特殊的情况而立即进场的,大多是透过每天盘后的复盘看到这些现象,然后次日或未来再找机会进场,这些才是在期权交易中真正的真相。当然,如果我们不想当成一个连续性的故事来看,也可以把书中这几十次的交易事件,当成单独的个案来探讨。从目标资产的走势,到当时隐含波动率的偏态或隐含波动率的结构,这些对进入这市场的许多人多多少少都会有一些启发性。

当然，本书在交易风险控制上也是一个亮点。本书虽然是讲期权的，但却异常符合大众对一般投资的风险认知。巴菲特曾说，投资有三大原则：第一，保住本金；第二，保住本金；第三，谨记第一条和第二条。本书中，我们也一而三再而三地不断看见作者用简单且敞口有限的方式来获取利润，在风险有限的情况下，保住本金，每个月不断地提升获利。“永远保住本金，别被收益蒙骗。”在期权交易中，你也永远可以看到更好的体现。

当然，在交易中有许多干扰也是无可避免的，这像我们的生活一样，有太多不可预测的事，这些事许多都不是来自于交易策略本身。当这些事情发生之时，我们都无法逃避也无法拒绝，只能承认现实就是如此，接下来仍然要面对未来的行情。生活和交易皆是如此。

最后，沪深300的ETF期权及股指期权即将推出，国内期权品种进一步丰富，我们急需一本专门谈国内期权交易且实用性较强的书，此书的出版，应该也可以符合大多数人的需求。

目 录

楔　子

2015年3月，台北仍旧是阴雨天气，我们故事的主人公老徐，此刻正坐在位于台湾大学附近的宝藏岩自家开的咖啡店内，看着唱针在唱片上以33又1/3转缓缓旋转静静发呆，耳边响起的是Queen乐队的JAZZ专辑“Don’t stop me now”的热闹音乐，但这样的环境却让他心中很平静。他一遍遍地看着这熟悉的地方，吸一口雨后湿润带着植物味道的新鲜空气，下意识地踢了一下脚边收拾好的行李箱，似乎正在下决心正式开启上海的新生活。不是去旅行，是离开熟悉的台北市，去上海——一个新的市场、新的环境，跟过去多年持续战斗的中国台湾市场完全没有任何关系的新战场。这些天他的脑海中反复出现的是曾经在课本上见到过的上海滩模样，会有什么不同？又有怎样的变化？自己能不能适应传说中的“魔都”？

为什么会突然想离开，缘于过年前一通突如其来的电话。

一个他许久不见的朋友J打来电话，“老徐，你认识有经验的研究员吗？30岁左右，当过研究部主管，有交易经验，如果有，可以介绍到我这边来工作，哦对了，我现在在上海某大型资产管理公司发展。”

老徐条件反射般地问了一下，“年薪多少？”

对方迟疑了一下，“30～50万人民币吧！”

老徐心里大概盘算了一下，“要有当研究部主管经验的人，30 岁左右，不可能。在台湾 30 岁当上研究部主管，又有交易经验，除非下属直接投毒杀害主管，或者公司内部有亲戚当老板做靠山，否则真的不太可能。而符合这种条件的……把全台湾的 13 家期货公司想了一下，元大、康和、富邦、凯基、群益、日盛、兆丰、永丰、元富、统一、华南、国票、大昌……加上一些交易部门的同事，确定绝对没有。”

鬼使神差般，老徐突然提出：“你觉得我怎么样？”

由于公司面临合并问题，像老徐这种在公司位高权重责任轻、钱多事少离家近的人，合并后通常都没什么好下场，这段时间，他正在发愁要如何面对接下来的职业生涯。“反正我十多年前也干过研究部门主管，带领研究部门根本是小菜一碟。”他这样盘算。

电话那头一阵沉默的犹豫，突然安静了一阵子。

接着对方好不容易挤出一句话：“怕这个钱太少，你看不上。”

老徐心想，钱是一回事，未来的空间又是另一回事，便说：“不会看不上的，是人民币吧，帮我好好的争取一下。”

过年后的另一通电话，决定了他这个旅程，一个新的冒险、新的开始。

3 月 28 日，他带着单程机票坐上华航，就这样变成了千千万万沪漂大潮中的一员。

从机场坐上出租车，到 J 的住处。未来的老板兼此时的朋友要为他接风，说是带他去吃一顿具有上海风味的晚餐。老徐心中充满着期待，在这繁华的大都市中，美食是少不了的，不知道这边跟台湾的上海菜有什么差异，很是好奇。放好行李，他们走了五分钟，来到“千里香馄饨店”。

J 笑着说：“我觉得这是上海最好吃的地方。”

老徐边吃边笑着说：“我已经开始想念台湾的蚵仔面线了。”

J 狼吞虎咽地咬着吃了一半的馄饨问他：“为什么？”

他喝了一口汤，露出自以为好看的笑容说：“因为都很好吃。”

1. 初见之之

J 突然对老徐说："明天有一个聚会，公司全国各地的驻点成员都会过来，你虽然还没有入职，也一起来吧，提前认识一下，也当为你接风。"抱着期待的心情，老徐愉快地答应了。

也许一切因为机缘巧合，亦或是冥冥注定，之之毕业期间进入了一家券商实习，虽然就学期间读的是文科，可她也并没有因此被拒在金融业大门外。未谙世事前，她总觉得金融业如同它的名称一般闪闪发光，在此领域工作的人们必定每天衣着光鲜地匆匆忙碌于各种设计感十足的摩天大楼，每张办公桌上摆满了显示器，人们甚至忙得没有时间抬头看你；用彼时流行的话语来说，当梦想照进现实——这一切就像是刚见面的两个网友一般，见光死。个中滋味可能成千上万的从业者自有分说，我便不在此处细细纠结，时下的流行词——"金融民工"或许会引起共鸣吧。老徐应该是之之跳槽了两次之后才碰到的奇人，如果期权不曾上市，或许她还不会遇见这等笔下泣鬼神、嘴上不饶人的天才。

"听 Boss 说明天会有一个聚会，主要是为了欢迎一位从台湾过来加入我们的同事，此人在台湾期货界位份极高，老板跟我闲聊的时候还说生怕这边的物质条件委屈了他。我心想，是怎样的一个人呢，该不会是一个油腻的大叔吧，而且大多技术高手都不修边幅。"之之一边收拾东西准备结束加班，一边对着电话那端的好友文武闲聊道，临挂电话还不忘补充一句："明天你早点来哦。"

同事订了五角场的重庆老火锅店，因为之之是路痴，只好约刘轻云一同前往，一来可以顺利找到地点，二来不至于无聊尴尬。

3 月底的上海，正是樱花烂漫的时节，武大太远，无锡人多，沪上的樱花其实也别有一番风情。上海最大的樱花海便是顾村了，号称八十多个品种、几万株，今年推出的樱花节更是吸引了游人纷沓而至。东昌、浦西、交大、同济等也是赏樱网红地，处处皆是偏僻粉色花海。走在路上，微风阵阵、落英缤纷，顿觉浪漫。照回现实，旁边竟是刘轻云，之之无奈地摇摇头。

好奇心驱使她向刘轻云打探老徐的情况："刘老师，听说这位徐先生在台湾交易圈很出名，你之前认识吗?"

刘轻云面露尴尬："只是听说而已。这种大人物，我们平时不会见到。"

"这么厉害！我倒是想见识一下这样的人物了。"她见刘轻云并不搭话，心想他一定是露怯了，便也不再纠缠，随意找个话题聊起来。一路聊聊走走，渐行渐近。

"之之、轻云!"听到 J 在呼唤，他们忙循声望去。J 大名叫古纪，此时，他身旁还站着另一位儒雅风男子。可能她天然觉得戴黑框眼镜的男子都是儒雅风吧。他们快步走去忙跟领导打招呼。古纪见他们走来，继续说道："这位是徐总。"

这是老徐第一次见到之之，只觉得很好看。如果要用什么形容词来形容，在他匮乏的词汇中确实很难找到适当的形容词，身高适中，剪裁合身的深色套装却将健美身材展示得恰到好处，她眨着大眼睛，明快地对着老徐打招呼："徐总您好，我是之之。早就听闻您的大名了。"那一口标准的普通话，才令老徐突然发现，他现在不在台湾了。

刘轻云则自来熟的模样说道："Hi，什么时候过来的?"

"昨天就到了!"老徐直爽地回答。

接下来就是 Boss 带着老徐跟部门的各位同事打招呼，之之则跑到好友文武的旁边闲聊起来。

一行人边说边走就进了火锅店的包间，两张桌子，刚好坐满了这些人。恰巧之之被安排与老徐同桌，但是并不相邻，斜对面而已，也恰好能听到老徐应对其他同事的话语，谈笑风生的样子更显儒雅。这大概是她见过的交易员中最能调侃的一个了，她心里暗想，只不过也都是一些笑话，估计也没有太多的文化底蕴，或许大多数时间都用来写写算算下下单吧。可此后的相处，才发现，老徐还真是历史文学侃侃而谈，这便是后话了。

而老徐则第一次感受到来自陌生同事的热情，来自长春、北京、济南、上海、杭州、厦门及深圳的同事，一个个都来打招呼敬酒，喝酒的习惯没有太大的差别，让他暂时忘了离乡背井淡淡不安的情绪。觥筹交错、把酒言欢之后，他也对祖国大陆市场的许多事多了一些了解，第二天老徐要讲课，大家趁兴而归，他算是过了来上海的第一天。

2. 首次登台

3月29日，是老徐第一次在上海讲解期权，对公司内部的同事做培训。

期权内部培训是自部门成立以来每年一次的大型培训活动，公司从上到下都很重视，今年首个场内期权品种——50ETF股票期权于2月9日上市，宣告A股正式进入“期权时代”。从此市场上多了一种风险管理工具，进一步丰富了我国证券市场上的品种，更加完善了市场机制，无疑股票期权是这次培训的重中之重。

ETF全名为交易型开放式指数基金，是一种既可以申购或赎回，又可以像封闭式基金一样在二级市场自由买卖的基金份额。华夏上证50指数是由上海证券市场上规模大、流动性好的50只股票组成，综合反映上海证券市场最具影响力的一批优质企业的整体状况。上证50ETF是上海市场最具代表性的蓝筹指数之一，其中金融行业的权重达到58.52%，而制造业的比例权重为20.07%。

期权对于中国资本市场而言是一个全新的产品，为了投资者能够理性地进行期权交易，上海证券交易所设计了投资者准入制度。个人投资者需要达到准入条件，才能在期权经营机构开户。为了便于记忆，将其归纳为“五有一无”：

①有资产。个人投资者在期权经营机构申请开户时，托管在该期权经营机构的证券市值和资金账户可用余额合计不低于50万元。

②有经历。投资者的沪A账户开户合计应满6个月。同时，还要具备融资融券业务参与资格或金融期货交易经历。

③有知识。上交所为期权投资者设计了期权知识测试，该测试共分为三级，随着级别的上升，投资者可以使用的期权策略也会相应增加。投资者可以选择逐级测试，也可以选择综合卷测试，通过则直接获得三级投资者资格。

④有模拟交易经历。投资者需要在期权模拟交易客户端中完成与期权知识测试级别相对应的模拟交易要求。

⑤有风险承受能力。风险承受能力的标准由各期权经营机构自行评估。

⑥无不良诚信记录。

上交所提出了“高标准、稳起步、严监管、控风险”的指导思想，对于交易的限仓、限购及程序化交易等方面均有不同的要求。上市以来，市场运行平稳有序，流动性不断提升，投资者参与理性，保险、套利、方向性交易和增强收益四类交易行为分布较为均衡，未出现“爆炒”、过度投机等风险事件，经受住了市场的考验。

随着投资者对期权产品日渐熟悉，投资者参与数量与交易量稳步增长，到了2015年年末日均成交面值由2月份的5.45亿元，增长到47.69亿元，增长了7.75倍；日均合约成交量也由上市初期的2.33万张，达到了19.81万张，增加了7.5倍（数据引自《上海证券交易所股票期权市场发展报告2015》）。可见期权市场还有长足的发展空间，此为后话。

老徐事先接到通知，知道参加培训的同事们对期权已有了一定的了解，对于要介绍什么样的内容，心中其实是忐忑的，说得太容易，可能被打枪，说得太难，又怕曲高和寡。更有甚者，听说讲得不好会受到许多听众的挑战。这虽然仅仅是道听途说，但也对他的讲课思路产生了许多的影响，反正不能讲的太简单。

对于期权业务，老徐是有一些自己的理解的。他不知道此地的领导如何理解期权业务及期权的未来，但是他会一直朝着自己的想象方向推进，也希望能遇见有远见的管理者，或许未来一段时间真的要体会品味一下“路漫漫其修远兮，吾将上下而求索”的感觉了。他最常常讲的故事是，台湾有一家科技公司，在2000年左右，它的主要业务是光盘芯片的集成电路（IC）设计公司，公司内部有许多不同的IC设计单位，最赚钱的是光驱芯片，同时手机的C05芯片的设计部门则是一个赔钱部门，但是老板看好未来的趋势，担心光驱市场会被其他储存方式淘汰，力排众议支持了连续七年的亏损的手机芯片设计团队，最终使这家原本排名中间的公司成为台湾IC设计公司龙头企业。许多产业都有极度相似的例子，在市场尚未明朗前坚信自己的正确决策，颇有一副众人皆醒我独醉的架势。当然也许有人认为这是生存者效应，但是，至少必定要做相同的事情才会获得成功。

他来到上海之后，听说许多公司的老板对某些业务的支持力度是让人吃惊的，例如浙江的远平期货公司，它支持资产管理业务的力度比他想象中大，不禁让他在心中对自己说：“看来在小地方待久了，太容易划地自限，确实需要开开眼界”。行万里路胜读万卷书，在台湾所看所听到的，绝对跟实际目睹的业界发展情况大不相同，这差距绝对不止十万八千里，老徐既觉惊喜，又感压力。

当然老徐在此的工作并非计划及制定决策，工作内容及位阶回到2000年时候所做的事，薪水领的也没有在台湾时候多，但他仍心存感恩，对未来充满期待，况且他觉得这边市场规模比台湾大了不知几许，起点虽然低，但有机会贡献一些自己的经验，也很知足。

当天的培训课程，首讲是由之之担纲，她对期权开户的要求及仓位的限制，做了一个教科书般的示范。对于如此无聊的课程，她设计了许多的口诀及趣味问答，使得接下来讲课的老师也不知不觉地跟着她的节奏讲下去。老徐事后得知，她为了这个课程，不知对着镜子模拟了多少遍，每一句话的语气，每一次问答的时机点及气氛的拿捏，都设计到十足。这样的讲课态度是他过去二十年从未见到的，明明可以靠颜值吃饭，却偏偏要那么努力，实在搞不懂她的想法。

下午轮到老徐讲课，他带着不安的心情上阵，不知台下反应会如何，忐忑中仍有期待。

“讲讲日历价差吧。”他自信地说道。

他想，对于基本的期权知识已经有人介绍，实在不必从头到尾再说一次，那么就从日历价差直接切入好了。

对于不同月份的期权价差交易，台下的同仁倍感陌生，由于不同月份的期权到期日的差异，使得近月份的 Gamma 值较大，时间价值耗损较快，加上近月的波动率变化速度较次月来得快，所以会有许多的交易机会。

“举例来说，若你当时做了卖出 2015 年 4 月份的认沽及认购，同时买入 5 月份的认沽及认购的行为，你想的是什么？你想赚什么钱？”

“简单的直觉——我希望卖出的 4 月份合约的隐含波动率下跌，买入的 5 月份合约的隐含波动率上涨。”

“我们来做一个持续的分解，4 月份的隐含波动率要如何的情况才会下跌？而同时 5 月份的隐含波动率又要在怎麼样的情况下才能上涨？”

“4 月份合约可能因为标的物上证 50ETF 的行情近期不怎么变动，你预计未来也不怎么会变动，假设正常情况 5 月份合约隐含波动率又没特别高的情况下，4 月份合约的时间价值自然耗损的比 5 月份快。或者在你下单前 4 月份合约的隐含波动率因为某种市场预期的原因突然之间涨到某个不稳定的偏高值，而 5 月份却没怎么动，接下来你可以判断，要么 4 月份的隐含波动率就要跌下来了，要么 5 月份的隐含波动率就跟上去，这些都是你做这个动作可以赚钱的原因。”

看着台下大家一脸不解的样子，老徐只有干涩地笑笑，一边来回在台前踱步，一边继续用例子来解释：

“通常发生这种情况，都在行情突然暴走后，而行情暴走的原因通常在某事件发生后。例如央行降息或降准，行情突然发生大涨，使得近月的隐含波动率上升幅度较次月多很多，如1%。但激情过后，市场突然觉得该涨的都已经涨了，便开始趋于冷静，所以我们可以趁下半场或是第二天时，趁势卖出近月的认沽及认购，同时买入次月的认沽及认购，等到近月的认沽及认购的隐含波动率开始回调或是次月的隐含波动开始后知后觉的上升时，就可以做获利了结的动作了。这通常最容易伴随着一个短期事件或是市场比较突然的跳空同时发生，所以我们常常会在一些事件后使用……”

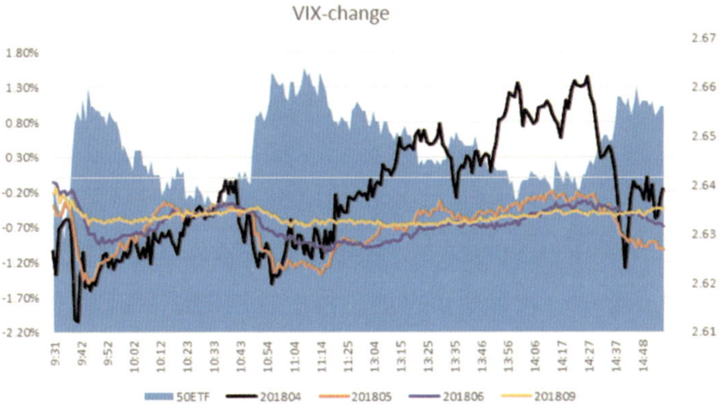

图1　因为降准事件市场当日反应，4月当日隐含波动率盘中与5月隐含波动率差距过大，可找机会卖出4月波动率买入5月波动率（2018. 4. 19）

反应很普通，老徐期待的雷鸣般的掌声没有出现，除了他感到自以为是的专业外一无所获。他的目光偷偷转向之之，抱以期盼的眼光，只见之之专心地做笔记及思考，抬起头对他会心（礼貌）的一笑，他知道她懂了。“我们有共同的语言，希望未来能有更多更好的合作机会。”老徐心中暗想。

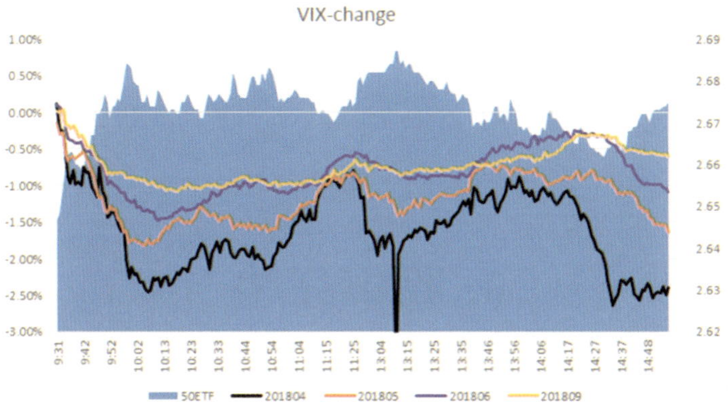

图 2　降准次日，4 月隐含波动率已快速掉到 5 月隐含波动率之下（2018. 4. 20）

股票期权上市之前，大家都是在做模拟期权交易，大多策略都集中在牛市价差、熊市价差、宽跨式等策略，今天老徐带来日历价差真是令人耳目一新，原来还可以这样子交易！之前的策略都是集中在同一月份的合约，日历价差的学习让之之和文武觉得很兴奋，倒是有点摩拳擦掌的意味了。文武很钦佩地说："想不到，老徐果然有两把刷子！"一到下课的时候，他便死死缠住老徐，问一些关于日历价差的问题，之之便只能对老徐投去同情及钦佩的目光。

3. 股市狂牛

这是老徐第一次参与 A 股市场牛市庆典。所有人好像都忘记了商品、忘记了期货，股票才是生活的全部。

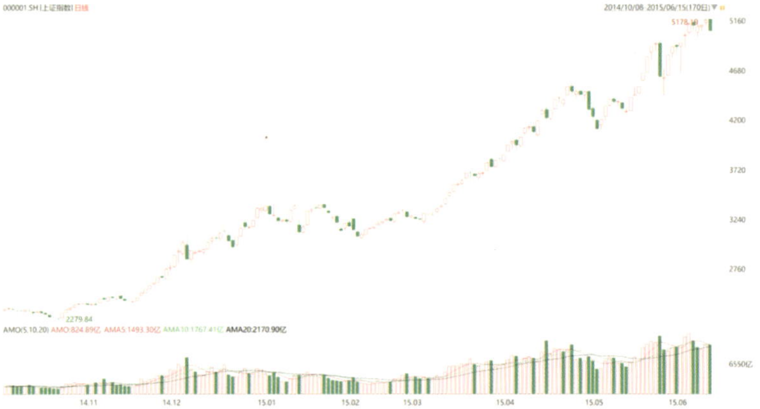

图 1　2015 年的牛市行情（2014 年 10 月至 2015 年 6 月日线图）

这种疯狂的行情他看过好几次，无一例外的，每一次都以悲剧收场。有人问老徐，行情怎么看？会想买股票吗？他笑而不语，抬起手做出上扬的态势。毕竟当时趋势是偏多的，他也只能一路往上看。有人问他会不会买入，他只告诉对方要小心地买，遇到情况不对要立即走人。其实老徐自己也不知道股市会涨成什么样子，他无法确定。

3. 股市狂牛

牛顿曾经说过："我可以计算天体的运行，却无法计算人性的疯狂。"

他知道行情终究会跌，但却无法预估何时开始下跌，这个市场上一定有许多手中没有股票的酸民也会和他有类似的想法，但是他没有办法证明自己和这些酸民不同。在这种疯狂的走势中，他经历了三次一样的情况，趁着疯狂时用力买进去，是获取大牛市暴利的最好方式，但能够漂亮出场才是真正的赢家。

老徐的手中并没有在股市低点时建仓的股票，如何才能在这场盛宴上分得一杯羹？他把目光转向今年新上市的上证 50ETF 期权市场。这个市场才是在这种特别走势中赚取没经验投资者学费的好机会，况且，这个市场在这段时间显得很不平常。尤其是——惊人的期权隐含波动率！

不是因为行情涨得太快，也不是市场流动性不佳，而是隐含波动率的变动显得太不平常了。老徐甚至一度很怀疑市场上到底有没有做市商针对波动率来交易。最明显的是，就算当日的走势不大，但期权价格的变化却很大，这样显得日内的隐含波动率变化非常大，每天至少有 2% ~ 5% 的波动率变化。从每天的行情变动来看，如果投资者在不了解期权的定价的前提下，而根据直接观察根本资产上证 50ETF 去买进卖出期权，很有可能看对行情却亏钱，亦或是看错行情反赚钱，这也代表着市场的隐含波动率波动太大，做市商在这个时期的报价挂的非常开，投资者没有办法用平稳的价格进出场较大的仓位，但这种情况却很适合做日内的波动率交易，只要以稍高的波动率卖出，再以偏低的波动率买入，没有出场机会则将方向性的仓位对冲掉，很容易做到低买高卖，唯一的问题只是仓位无法做到很大而已。但是刚开始的市场，谁敢做的很大呢？

2015 年 4 月 24 日，当天的行情并没有很大，但隐含波动率的日内高低点却超过 2%，在短短的数分钟之内，成交价格相差可能会达到 40 元以上，所以只要利用比例式或宽跨式策略在隐含波动率偏高时卖出波动率，在隐含波动率相对低位时立即买回，把 delta 控制在某一个范围区间内，获利并不是一件困难的事。不过想归想，手中没有好的交易工具，对任何人来说，可能也不是一件轻松的事。老徐一直到今天都觉得，那段时间真的是波动率交易的最好时间，此事可待成追忆，只恨当时没有钱。

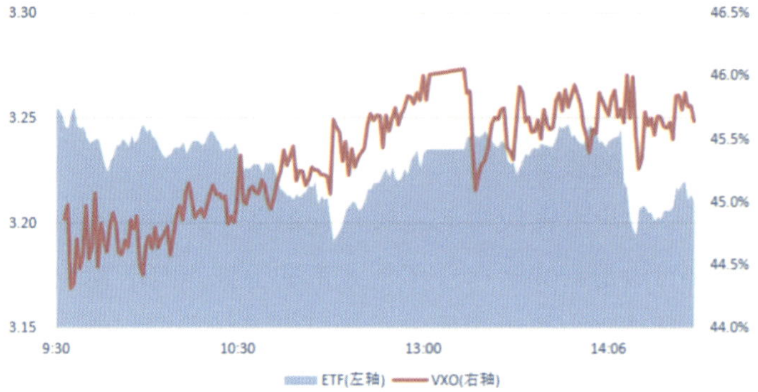

图 2　2015 年 4 月 24 日平值隐含波动率日内走势图

除此之外，仔细观察也可以发现另一件奇特的现象。2015 年上半年这段时间的波动率与行情呈正相关，这种情况也困扰了他一段时间。

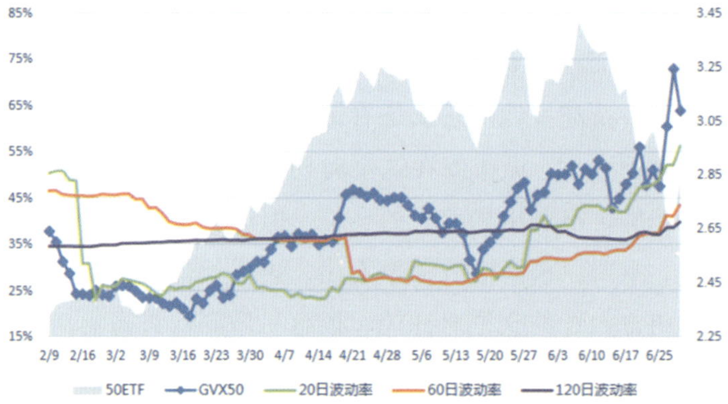

图 3　2015 年 2 月 9 日至 6 月 30 日平值隐含波动率（GVX50）及历史波动率走势图

主要原因由于 2015 年上半年的大多头，市场使用了很大的杠杆，许多人把期权也当成了一个很便宜的杠杆工具，所以当行情上涨时，总是吸引了不少抢着买入的多头资金，导致股市大涨总是伴随着隐含波动率上升的现象。可见，市场上的投资者大多想先赚一笔再说，于是勇气十足地想办法趁行情上涨时放大杠杆。此时，没有多头仓位才是投资者最害怕的事，而期权则提供了一个杠杆的方式，这也使得行情在一路上涨的过程中，隐含波动率居然可以一直伴随指数上涨至40%以上，直到结算日才一下子将时间价值放出来，这种非常极端且罕见的情况，居然每天在老徐面前上演，市场情绪看来已经到失控边缘，好戏已经开始，期权交易，在这段时间看来充满了诱惑。

这段时间，他跟之之逐渐熟络起来。他每天看起来笑容可掬，甚是亲切，与之之预期中的烦躁高冷交易员形象大相径庭。他每天穿着各种商务衬衫搭配不同的大牌袖扣，西裤也是吊着背带，如果再配个马甲，嘿嘿，典型的英国绅士三件套。起初大家以为老徐应该也是要趁着期权市场刚上市，看好发展空间，准备狠狠的赚一笔；毕竟之之自己心中是要这样盘算，期待自己发一支产品，大家可以跟投狠赚一笔，也不枉在这市场上摸爬滚打一回。但听了老徐说的理由，她还真是有点惭愧：老徐经常说想把台湾的一些交易经验和策略传播开来，希望对市场参与者有借鉴作用。彼时她心里暗自思忖，可能是忽悠我们这些小白鼠吧；但见日后老徐的倾囊相授，便对他愈加敬佩了。尊敬一个人，根本上不是因为这个人位高权重，更多是这个人的人格魅力吧。

有那么一段时间，之之手中持有的部位确实是通过调整 delta 来操作的，大多建立卖出宽跨式仓位或比例式价差，在隐含波动率偏高时卖出波动率，在相对低的隐含波动率立即买回，把 delta 控制在某一个范围区间内，波动率那么高，稳稳的卖卖卖，也稳稳的赚赚赚。每一次跟文武讨论行情的时候，他们都会异口同声笑着说：卖出宽跨式！但她不知道这样的日子还会持续多久，终究会有回归的那一日，只是那一日何时到来未可知，那一日到来的时候又将如何操作，也是她近日常常思考的问题。有时她也会自嘲自己的忧患意识，毕竟耳边充盈着种种波动率不会低的很离谱的声音。这时的她颇有一种“昨夜西风凋碧树，独上高楼，望尽天涯路”的感觉，虽初学期权，却也要站得高望得远，给自己定下目标。

啊！天哪！这种每日调整 delta 的日子什么时候能结束呢？之之深深地叹了一口气，她一边觉得交易枯燥无聊，一边又觉得自己像一只没有感情的机器人，对，机器人，这种操作应该机器人也可以吧，为什么不程序化呢？“我的青春年华就要浪费在各种合约的 delta neutral 中性策略上了吗？难道自己不能对行情有一些方向上的看法吗？难道每天就要被这一种单一的交易模式粘住了吗？曾经学过的那么多期权策略都哪里去了呢？”大概是她的感叹声比较哀怨，老徐走过去问她怎么了。她便把刚刚所思讲给老徐听。老徐听了之后哈哈大笑，然后转身离开。她百思不得其解，“难道是我的想法太幼稚了?!”便继续准备陷入沉思之中，不料，老徐手捧笔记本电脑，招呼她去会议室。还没坐下，老徐就爽朗地说，“总算碰到个明白人!”

“隐含波动率现在可以一直伴随指数上涨至 40% 以上，为了赚取这波动率拉高至 40% 以上的机会，我以前曾经设计一套交易方式，我们可以讨论一下。”

老徐继续说：“现在行情在上涨，我们应该要使用卖出跨式的方式来赚取波动率的钱。”

之之不明就里：“可是单纯的卖出，当行情突然大跌或者是大涨时，我们的仓位会产生损失，或者连续的上涨下跌，也会使持有的仓位产生不可预料的风险，所以一定要想办法避免方向性的损失且赚到波动率的钱。”

老徐不紧不慢：“我们可以采用一些制式的方式，在波动率高的时候卖出，在行情变动时及时调整就好了。当时并不知道这方式是否有效，不过类似的方式在台湾时，遇到行情异常波动时，损益变化很大，但长期来看，确实也能赚取不错的报酬，况且目前波动率实在是不低，虽然隐含波动率长期绝对不可能一直维持在那么高的位置，但是这套交易模式值得一试，至少在 4 月份时，这方式还是很赚钱的。”

“为了避免卖出波动率时卖到半山腰，除了至少要虚值一档的宽跨式外，仓位也不能太大吧？”

“没错，当5日的历史波动率向下跌破20日历史波动率时，或者当20日历史波动率连续3日下降的时候，卖出虚值一档宽跨式进场。当我们需要调整时，也就是上证50ETF行情较进场时上涨或下跌2%，将原先仓位买回，同时再卖出虚值一档宽跨式。”

“定个止损吧!”

“若损失超过卖出时所收取的权利金30%的时候或者当我们的获利达到卖出时权利金的50%，我们就可以考虑出场了，当然，还有合约到期的时候。”

老徐把他的策略说了出来，并一一解答她的疑惑，她仿佛忘记了记忆中的枯燥交易，似乎被老徐带着走到了另一扇交易大门的门口，亲自推开。她知道前行的门还有很多，她需要蓄积力量自己动手一一开启。

金戈铁马，气吞万里如虎!

附：我们在2018年4月时，将此方式再拿出来检视了一下，发现其报酬率仍然相当不错，其损益及每月报酬给大家参考一下：

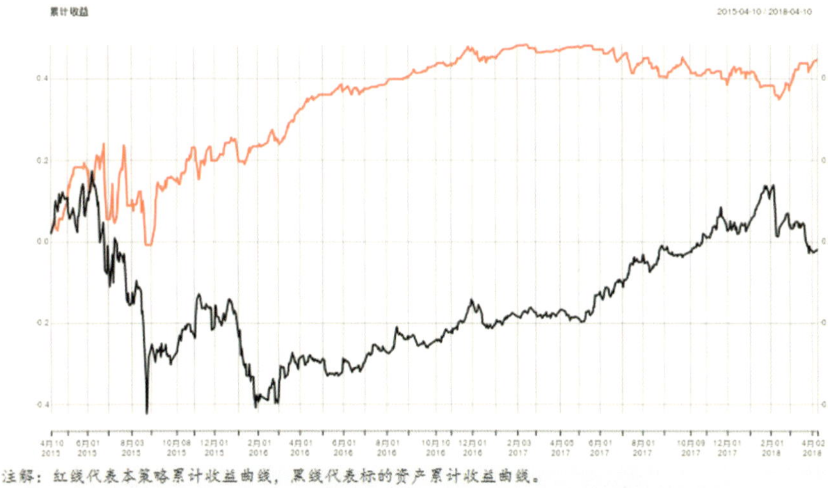

注解：红线代表本策略累计收益曲线，黑线代表标的资产累计收益曲线。

图4　2015年4月至2018年4月卖出宽跨累计损益图

表1　　2015年4月至2018年4月卖出宽跨每月报酬统计表

时间	当月报酬	累计报酬
2015/4/30	8.1%	8.1%
2015/5/29	10.7%	18.7%
2015/6/30	-13.2%	5.5%
2015/7/31	3.4%	8.9%
2015/8/31	-9.7%	-0.8%
2015/9/30	16.8%	16.0%
2015/10/30	7.1%	23.1%
2015/11/30	-3.2%	19.9%
2015/12/31	5.3%	25.2%
2016/1/29	-1.8%	23.4%
2016/2/29	1.2%	24.6%
2016/3/31	7.6%	32.2%
2016/4/29	3.9%	36.1%
2016/5/31	0.8%	36.8%
2016/6/30	0.5%	37.3%
2016/7/29	1.3%	38.5%
2016/8/31	2.0%	40.5%
2016/9/30	2.2%	42.7%
2016/10/31	0.8%	43.5%
2016/11/30	3.6%	47.2%
2016/12/30	-1.7%	45.4%
2017/1/26	2.0%	47.4%
2017/2/28	0.1%	47.5%
2017/3/31	-0.2%	47.3%
2017/4/28	0.7%	47.9%
2017/5/31	-0.7%	47.3%
2017/6/30	-2.3%	45.0%
2017/7/31	-0.9%	44.1%
2017/8/31	-3.6%	40.6%
2017/9/29	4.3%	44.8%
2017/10/31	-3.0%	41.8%

续表

时间	当月报酬	累计报酬
2017/11/30	-2.5%	39.4%
2017/12/29	2.5%	41.8%
2018/1/31	-3.5%	38.3%
2018/2/28	-1.2%	37.2%
2018/3/30	5.5%	42.7%
2018/4/10	2.0%	44.7%

4. 不朽与神奇

老徐当初以为是带研究部的，想不到工作却要到处出差。以目前的情况来看，一年有 150 天以上要在外奔波，上海的办公室可能常常会空着，刘轻云笑着对老徐说他像鸭王，因为无法拒绝众多客户的要求。

在全国各地推广期权之时，老徐知道许多人并不同意他对期权推广及使用的看法，这也是意料之中的事，因为近期的行情波动颇大，做期权这几个月的绩效并不如直接买股票，会导致许多投资者直觉认为，这些方向性或波动率的交易实在没什么意思。但他仍必须持续推销期权的好处，他必须要有说服力，但是又不能显得太自大，他必须让许多人知道，如果不了解期权，在行情没那么明确时，许多交易会变得束手束脚；他也想让那些不同意他的人相信，期权真的是有用的工具，绝对不能因为为了吸引客户进来而一再地骗说这是风险有限利润无穷的东西。

老徐在 5 月中的一次路演中，说明如何运用期权来扩大杠杆，确实吸引了不少的投资者的目光。

有一位客户很真诚地问了他一个问题：

“徐老师，我今年实在做的不好，这一波仅仅赚了 4 倍，可是我有好多朋友都赚了 10 倍了，请您告诉我，要如何才能赚得更多呢?”

他听到这样的问题，实在有些傻眼。在这一波已经赚了 4 倍！多惊人的数字呀，想当初他在公司的自营部门，每年的目标是30%的报酬。果然不是同一个等级的，他真的不知道如何回答才能不降低“老师”的身份及不打击客户的求知欲。

他猜客户想利用期权来放大杠杆，在这一波中好好地捞一笔。但当时市场的波动已经开始变大，接下来只有两种情况：要么行情随时回转，要么再攀升出意想不到的波段。以个别公司股票的价格和其获利能力来看，市盈率早已达到天堂的顶端，天堂的上方谁也想不到是什么情况。

老徐尽量用真诚的眼光看着客户说：“我应该称您为老师才对，这样的报酬率已是我不可企及了，个人觉得目前比较重要的是控制风险。低吸高抛，若遇到大跌反而要谨慎，在这种大行情中，最后能守住财富的才算赢家。”

他不知道这位客户是否在随后的大跌中守住了财富，因为他再也没有机会见到这位客户了。在这种如海啸般大波浪的行情中，财富的重分配似乎是那么的容易，回头想想，他好像错过了什么，或者他总是错过什么。追求稳定的报酬，也许在A股市场中仍不算是主流，而名称上的“专家”，似乎也和赢家沾不上什么关系。

2015年5月，上证50最低2.94元，最高3.351元，高低点有14%的幅度，算是一个波动颇大的行情，对于上证50ETF期权来说，也是一个波动率变化很大的月份（见图1和图2）。

2015年5月，《不朽梵高》感应艺术展登陆上海，周末整整一天之之都泡在展馆里。没有梵高真迹的展览，依旧可以打动她，毕竟梵高印在喜欢他的人心里，无关真迹与否。驻足于梵高1888年在巴黎的最后一幅自画像前，她已泪流成行。梵高将它称为“死亡之脸”，并在一封信中这样写道：“透过这张面对镜子画的自画像我得到了一个关于自己的概念：桃灰色的脸上长着一双绿眼，死灰的头发，额前与嘴周满是皱纹，呆僵木讷，非常红的胡子，被忽略而且充满哀伤。”

老徐传来简讯说他在找房子。之之则简单回了一句：在看梵高。接

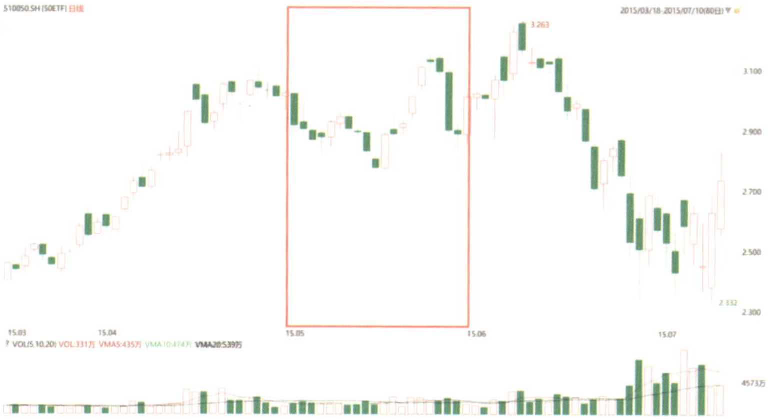

图 1　2015 年上证 50 走势图

图 2　2015 年上证综指走势图

着她便急忙准备继续沉浸在感动不朽梵高的情绪之中。

想不到老徐传来了一首歌《Vincent》：

“Starry, starry night.

Paint your palette blue and grey,

Look out on a summer's day,

With eyes that know the darkness in my soul.”

这是著名民谣歌手 Don　Mclean 根据梵高的《星空》创作的，歌词就像一幅画卷向梵高致敬。这熟悉的旋律，熟悉的歌词，曾一度深深地感动之之。

“在这薄情的世界深情地活着。”

她还是有些吃惊，原来交易员老徐也懂这个。难怪上次她故意问他大门口的石狮子怎么分辨雄雌，他很快就说了出来：雄狮一般都雕成把玩绣球；雌狮则雕成抚摸幼狮。

看来老徐还是懂得很多交易之外的东西，这样很好，是个有趣的灵魂。

展览接近尾声，她却还意犹未尽，但手机上文武的小头像突然闪个不停，把她拉回现实。

文武是她同期进来的同事，因为性格秉性相投，成了很好的朋友，除了看天看雪看月亮以外，还聊人生聊理想聊聊蔬菜有营养。文武的思维很活跃，人也健谈，很喜欢交朋友，每次一起出门去拜访其他公司，他都能和前台建立深厚的“友谊”，大家笑称他是前台杀手。

果然是文武的风格，一连串的问题，一大堆的消息。

“之，你们最近忙什么呢？”

“有什么好的策略？”

“能赚钱的。”

“听说交易所又调整了持仓限额，我准备做大点。”

“徐总在做什么策略？”

“感觉他最近很忙啊？”

“他是不是一直在外面出差啊？”

“有什么好策略快分享一下！”

上市初期，持仓限额管理较为严格，单个投资者权利仓持仓限额仅 20 张、总持仓 50 张，单日买入开仓为 100 张。3 月底第一次行权结束后，随着投资者对期权产品逐步熟悉，上交所根据市场发展需要，将符合一定条件的投资者权利仓持仓限额调整为 100 张。5 月初第三次行权结束后，交易所再次调整了持仓限额，将符合一定条件的投资者权利仓持仓限额调整为 1000 张。9 月初在股票市场出现异常波动后，上交所及时下调了持仓限额，并将单日买入开仓限额调整为单日开仓限额，进一步加强了持仓限额管理，这是后话了。

老徐教她的卖近买远策略，之之早已轻车熟路，就便宜了这小子吧。她打字过去："6 点马当路咖啡馆，不见不散。"

策略要从几天前说起：

在马当路上的咖啡店，之之优雅地喝着白咖啡，他猜她喜欢这种口味。

老徐望向之之，"这种行情你有什么想法？"

不等之之回答，他立刻接着说："波动不小，若以方向来看，做多实在心惊肉跳，做空却是一点道理也没有，毕竟多头看起来仍未结束。"

之之怕他一说就结束不了，笑着接道："波动是不小，但是近月的隐含波动率变化更大，而且相对于远月份合约来说，似乎是太大了。"

他看着之之的笑眼，"你到底在想什么？"

之之问道，"我们可不可以做一个固定的模式，就如同您在 3 月份培训时所说的，市场的激情过后，会惊觉近月份的隐含波动率实在太高了，然后回头往长期均数靠拢，所以我们可以在某种情况下，卖出近月买入远月。"

老徐点点头，"确实以波动率结构来看，近月的隐含波动率太高了，现在只担心突然崩盘会使近月及次月的隐含波动率之差进一步拉升，再加上 Delta 的损失，不知是否划算？"

之之却说，"别想了，测试一下，长期能赚钱就是好方法。"

他想了一想，同意，以最近各月份隐含波动率的变化，这说法确实有道理。

从 2015 年 5 月 4 日的隐含波动率（IV）的结构来看，5 月份平值行权价在 3.1 元的隐含波动率为 44.97%，而 6 月份的隐含波动率（IV）为 42.14%，两者在目前来看确实是蛮高的，而且近月（5 月合约）高于次月（6 月合约）的超过 2 个 VOL，如果在短期内或是盘中，不小心 5 月合约的隐含波动率回到 6 月份的隐含波动率之下，或者是 6 月份的隐含波动率向 5 月份去靠近，就可以获利了结了，唯一要留意的是 delta，是否能够完美对冲掉。

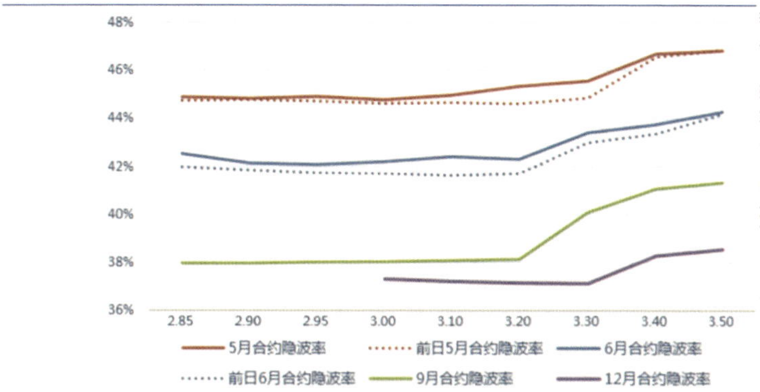

行权价	2.85	2.9	2.95	3	3.1	3.2	3.3	3.4	3.5
5月合约隐波率	44.89%	44.82%	44.91%	44.77%	44.97%	45.34%	45.56%	46.68%	46.82%
前日5月合约隐波率	44.74%	44.77%	44.71%	44.62%	44.66%	44.61%	44.85%	46.55%	46.85%
6月合约隐波率	42.53%	42.14%	42.08%	42.20%	42.41%	42.30%	43.41%	43.75%	44.28%
前日6月合约隐波率	41.97%	41.84%	41.73%	41.70%	41.62%	41.70%	42.99%	43.36%	44.18%
9月合约隐波率	37.97%	37.97%	38.01%	38.03%	38.08%	38.13%	40.07%	41.06%	41.32%
12月合约隐波率				37.31%	37.21%	37.15%	37.13%	38.29%	38.55%

图 3　2015 年 5 月 4 日各月份 IV 结构图

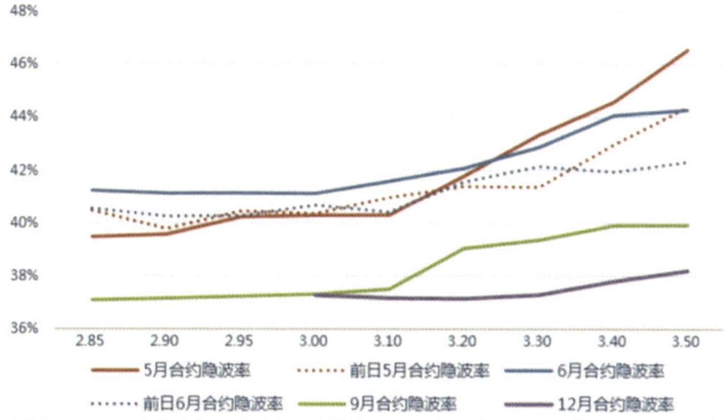

行权价	2.85	2.9	2.95	3	3.1	3.2	3.3	3.4	3.5
5月合约隐波率	39.48%	39.57%	40.23%	40.29%	40.30%	41.78%	43.33%	44.58%	46.53%
前日5月合约隐波率	40.47%	39.78%	40.45%	40.35%	40.97%	41.39%	41.36%	42.98%	44.38%
6月合约隐波率	41.23%	41.13%	41.13%	41.12%	41.59%	42.07%	42.87%	44.06%	44.28%
前日6月合约隐波率	40.54%	40.25%	40.27%	40.67%	40.42%	41.56%	42.15%	41.94%	42.32%
9月合约隐波率	37.09%	37.16%	37.23%	37.32%	37.51%	39.04%	39.36%	39.90%	39.92%
12月合约隐波率				37.28%	37.17%	37.15%	37.30%	37.81%	38.21%

图 4　2015 年 5 月 7 日各月份隐含波动率结构图

在2015年5月7日的隐含波动率结构图上，平值行权价3.1元（运气不错，过了3天，3.1仍是平值），5月份合约的隐含波动率因为行情稍微较稳定而掉到6月份合约之下，一切发生的情况完全符合设想的结果，而且比想像中更快，近月合约的隐波率变化得很快，这种情况常常可以在结构的交易上完成快速获利了结的交易动作。唯一美中不足的情况是6月份合约的隐含波动率也往下掉了，虽然掉的幅度较小，但在6月份合约的Vega值较大的情况下，导致获利情况大打折扣。

这种交易方式是否对所有行情都适用呢？由于在过去隐含波动率较稳定时，近月通常不会较次月高，只有在对未来行情有期待时，才会发生近月的隐含波动率远高于次月的情况，由于大多数的情况下市场均是较为平静的，故当出现近月的隐含波动率明显高于次月之时，可以卖出近月买入次月的交易策略，而当近月的隐含波动率回到次月之下即获利了结，大多数情况下均可以获利。

附：该策略2015年4月至2016年3月的回测绩效：

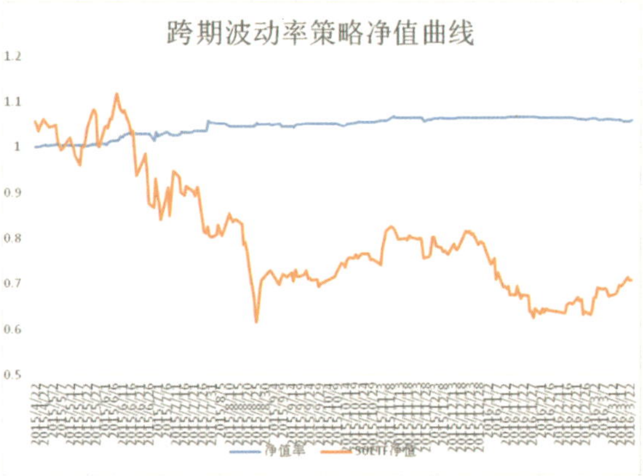

绩效明细	数据
初始资金	1000000
净总收益	12.60%
总成本	2.12%

续表

日均净收益	0.06%
单张平均净收益	40.65 元
最大回撤	-1.53%
再创新高最长天数	26 天
sharp ratio	1.42
最大日亏损	-1.55%
最大日盈利	2.35%
胜率	54.29%

月份	每月收益
201504	0.45%
201505	0.54%
201506	2.94%
201507	2.79%
201508	0.39%
201509	0.64%
201510	1.95%
201511	1.04%
201512	0.75%
201601	0.43%
201602	0.30%
201603	0.37%

策略回测基本假设条件：

①在交易上直接采用卖出近月跨式及买入跨式的买入日历价差。

②为控制风险，以每两万元做一套买入日历价差，如此我们在经验上大致可以将每次交易的最大风险控制在2%之内。

③当月平值合约IV>次月平值合约IV，次日开盘后卖出当月平值买入次月平值。

④当月平值合约收盘IV<次月平值合约收盘IV，次日开盘30min内

平仓出场。

⑤若一直未触发④中出场条件，则到期日收盘前 15min 平均出场。

在当年隐含波动率如此之高的情况下，做这种卖出近月买入远月的 short gamma、long vega 日历价差策略，没有对冲也可以在回撤不大的情况下达成连续获利 12 个月的绩效，可见当时市场的隐含波动率实在是太不正常了。

5. 风暴前夕

林川是之之的发小，很铁瓷的那种，毕业之后去了一家券商，做了一年半业务之后不甘寂寞决定自己出来当客户。

“做 vip 还是好过伺候 vip 啊，之之你说我从前怎么那么傻，那么想不开，明明自己可以当 vip，偏要赤手空拳地给人家跑龙套，哥们真是太傻了，太傻了……”

她不知道到底林川经历了什么，让林川时常跟她感慨自己当时太年轻太冲动，明明可以靠父母，偏要向世界证明自己的颜值。

她只好安慰林川说，谁的青春还没干过几件有血性的事儿呢?!

以阿川的实力，确实可以当个 vip。

“之之啊，突然想开个期权户呢，哪家强?”

“去南湘!”

“说正经的呢。”

“您老那么神通，还能找不到愿意服务您的啊。”

“那到时候能不能请你口中的徐大仙给我辅导辅导期权啊?”阿川突然讨好地说，“请你们吃饭，好不？老干杯，怎么样，你不是很喜欢吃那家嘛，给个机会呗。”

之之一脸嫌弃，“谁家差你这一顿‘老干杯’啊；都是本地狐狸，您千万别跟我玩异地聊斋，你差遣差遣我倒还行，现在又来差遣徐总，不知道人家乐不乐意呢。”

“要不你先教教我呗？”

“你这种不愿吃苦耐劳，又想指手画脚的徒弟，我可降伏不了。干脆你成立一只产品，在我们家做呗，肥水不流外人田呢。”

“没问题啊，仙人指路，坚决买入。”

阿川跟老徐第一次见面。按惯例，自然先聊聊行情。

“6 月初仍然看不出来行情有回调的迹象，从市场上许多层面来看，多数认为行情仍然有持续冲高的可能性。”老徐又自嘲地说，“其实除心中的隐隐不安外，目前完全没有理由看行情会回调！如果不是因为你也是之之的朋友，我真是不太好意思说出我这点不安的感觉。我怕自己这种没见过世面的想法，会引人侧目，哈哈哈。”

大家都被老徐逗乐了。事后，阿川还对之之说，老徐这个朋友可交的，没有言过其实的地方，说话很诚恳，想必人也一定厚道。

聊了一会儿，阿川很是赞同老徐的看法，又问老徐有什么套利的机会。

老徐心领神会，慢悠悠地打开电脑，指着说：“看这边，期货价格大于指数 ETF 的幅度缩小了。以 2015 年6 月 11 日为例，我再三检查市场上的价差情况，上证 50 股指期货价格高于上证 50ETF 及沪深 300 股指期货的价格也仍然高于其沪深 300ETF 的价格，并且处于一个‘可套利’情况，但价差数据较以往明显缩小，市场似乎在酝酿这什么，从数据上来看，期货多头热度有点衰减，甚至于力道不足，沪深 300 相对明显些。”

老徐又继续说道：“我再度检查了研究员每日记录的跨期价差走势图，发现相同的情况，上证 50 远月份的股指期货报价远大于近月份的股指期货报价，看起来大型股在市场上仍然对未来是充满热情的，但是在目前的分红旺季中，理论上股指应该会先行反映息值，使得愈远的月份报价愈低，但市场并没有明显的显现。可是你看，在沪深 300 的跨期价差上，次月已经开始掉到近月之下，市场的不安情绪似乎有些慢慢显露出来，不过行情仍未下跌，还是小心谨慎为佳。”

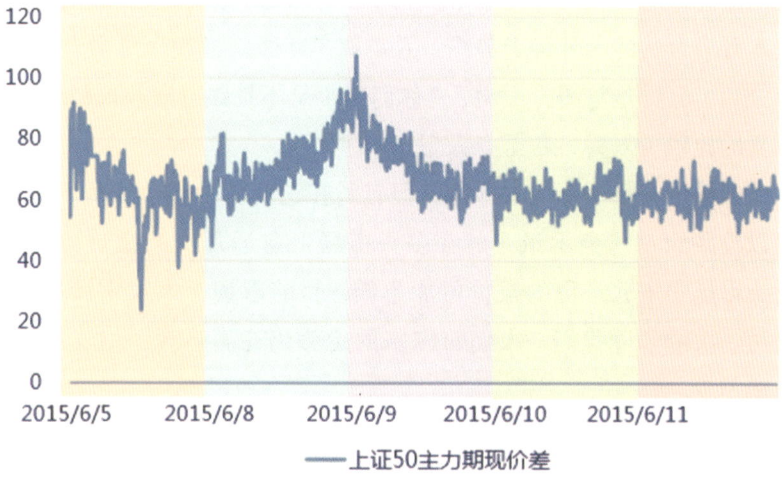

图 1　上证 50 期货减去上证 50ETF × 1000 之价差走势图

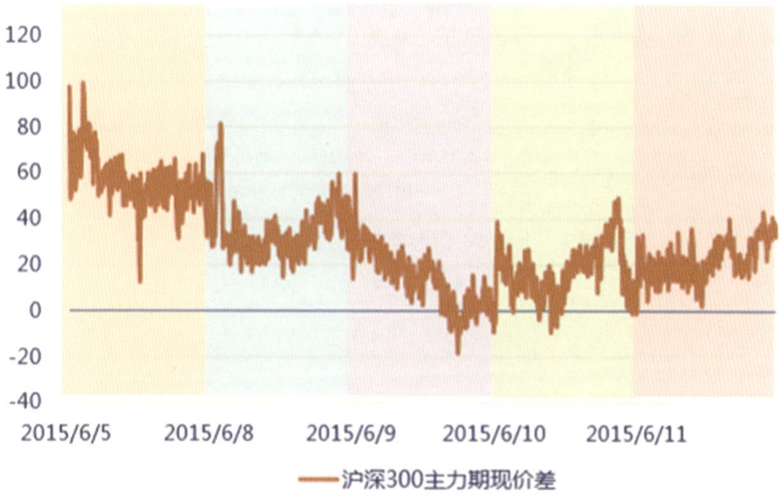

图 2　沪深 300 股指期货减去沪深 300ETF × 1000 价差走势图

老徐用手指了指下面四个图（图 3、图 4、图 5、图 6），上面两个分别是上证 50 期价指数期货的 7 月份合约减去 6 月份合约的 1 分钟价差图，及 9 月份合约减去 7 月份合约的 1 分钟价差图。又担心大家看不大懂自己所说的意思，老徐又一面指着下面两个图，沪深300股价指数7月份合约减去6月分合约的1分钟走势图，及沪深300股价指数9月份合约减去6月份合约1分钟走势图一面说，“你们看，是不是跟以前相比较，远月份合约真的比较少人买，甚至有人想卖出了？”

跨期的价差并不能代表什么，但有时在行情转为谨慎或热情褪去时，仍可以给我们一些警示讯号。在多头市场上愈远月份的报价可能愈高，在空头市场中愈远月份的报价可能愈低，目前市场上大家用钱投票的结果又再一次的告诉我们，人们对未来的走势仍充满乐观，但气氛已经明显减弱不少。

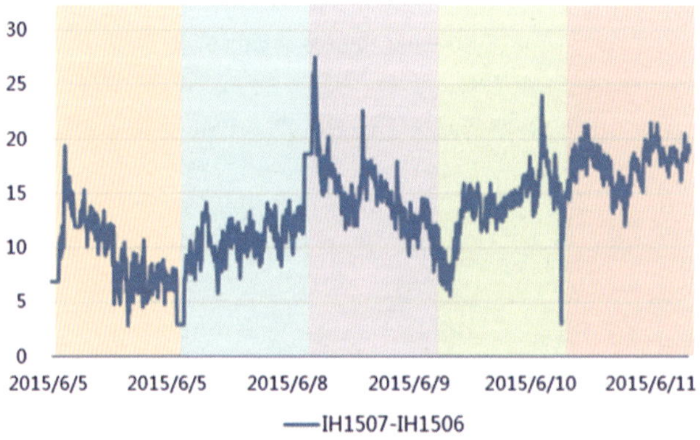

图3　上证50指数期货次月减近月价差图

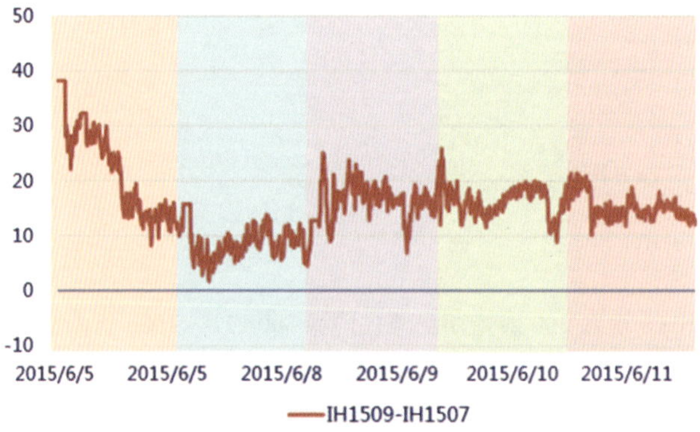

图4　上证50指数期货季月减次月价差图

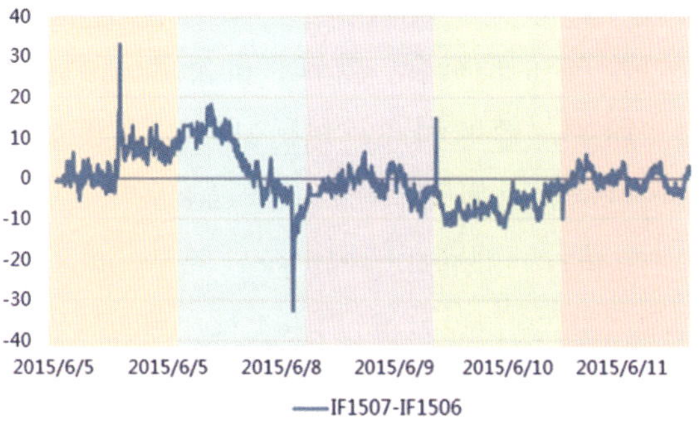

图 5　沪深 300 指数期货次月减近月价差图

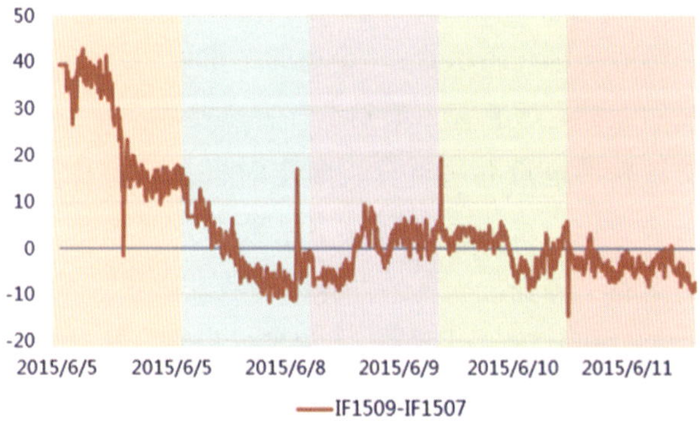

图 6　沪深 300 指数期货季月减次月价差图

“撇开价差变化对未来的观察，这段时间市场衍生品与现货的价格实在是不合理。就我所知，有许多券商的自营部门，甚至不少的私募靠着期货与 ETF 的价差赚进不少‘低风险’的可观报酬。这样的走势，对统计套利者来说根本是送钱来的。”之之插嘴道。

想不到阿川听过之后，还是很兴奋，继续问道：“台湾有这样的机会吗?”

“这家伙似乎对台湾很感兴趣。上次一起去台湾游玩的时候，只觉他热衷奔走于台湾各大夜市之间，马不停蹄地品尝各种小吃，也没见他去台湾的哪家期货交易所或是金融机构瞧一瞧。”之之想到这，忍不住给他一个白眼。

“在台湾几乎没有类似的机会，就算有机会也是稍纵即逝，不用程序化的交易，很难去赚到足够的利润，到了祖国大陆这边，看到这种情况实在不可思议，但现况就是如此，可能未来也不会再有机会。”老徐坦诚说道，“在其他时间和台湾的同业聊天中，许多交易员都相当羡慕我有这样的机会。但我淡淡地回了一句，台湾人不能开期货户，大家都失望了，因为没法子去赚这相对稳定的统计套利。过去的几个月中，台湾许多期货的自营商都将不少的资金投向了台湾当地发行的宝沪深 ETF、富邦上证 50ETF 与新加坡上市的上证 A50 期货，而这些套利的交易，近期也有比较好的机会获利了结，许多台湾的公司在这一阵子确实也获取了丰厚的利润，但这一切似乎都在暗示着：“市场的牛市可能终将快尽头了吧。”

一时间我们竟都有些悲观，最怕空气突然安静。

即使是交易高手也没办法百分百断定时机，只能尊重市场，遵循市场。一个反向的念头，可能会导致接下来数个月的痛苦，我们都觉得仍然要有足够的耐心，等到市场真的告诉你“我涨够了”的价格讯号出现。

之之突然想起利弗莫尔说过的：“如果你想在这场游戏中讨生活，你就必须相信自己，相信自己的判断。没有人可以通过其他人告诉他的消息赚大钱。我的经验告诉我，没人可以给我一个或一串消息让我赚到比按照我自己的判断更多的钱。”

心中默念：尊重市场，相信自己。

但是他们三个都万万没想到，这个牛市的最高点，就出现在几天后的 2015 年 6 月 12 日。

6. 复仇者

1933 老场坊（屠宰场）。

6 月 16 日，老徐和之之在上海 1933 附近的咖啡馆里聊着行情。

冥冥之中约在这个地点，上天似乎已经给了暗示，只是当时太傻，没能参悟天机。

1933 原来是座屠宰场，而且是个杀牛的屠宰场，后来改成了一个新兴的文艺中心，加上跑男曾在此处录播，故而声名大噪。但老徐更喜欢附近的哈尔滨路，在那条小小的石板路两旁有许多文艺情调的咖啡馆，趁空闲时去喝个咖啡，也感觉自己像个文青，铜臭味没有那么重。

之之抬着头，用她明亮的大眼睛望着老徐说："市盈率似乎太高了。"

老徐闻到从她身上传来的香味，是香奈尔吧，他猜。

老徐心不在焉地说："如果说觉得市盈率太高，那么你应该已经空手半年了。市场超涨及超跌是正常的，只是不知什么时候市场才会做出调整。"

之之看了一眼窗外，然后用小勺懒懒地在咖啡杯里晃了晃，低头问，"如果仍是不敢做多，那有什么好的交易策略？"

"如果你不想只做期权的话，做股指期货和 ETF 的套利是一个好的方向，要是想把杠杆放大点的话，我们可以用期货来做跨期交易。"老徐建议道。

她就像个固执的孩子，坚持道："如果偏要做期权呢，现在可以用什么策略来赚钱？"

老徐笑着说："可以利用期权来做价差交易，就用放空期货同时买入期权的合成期货，在双方等市值的前提下，等到价格收敛后即可出场，一方面使用杠杆扩大了收益，另一方面操作难度不大。"

之之耐不住性子，"你真的听不出来我的意思哦？直接问您吧，您到底对目前的波动率有什么看法啊？"

老徐还是不紧不慢的台湾腔，"这个样子的隐含波动率，现在真的不好说。在波动率上，我觉得中长期是偏空的，但目前是处于偏高的情况，毕竟隐含波动率在40%以上绝对不会是常态，可是现在做空波动率，又和我们的想法有误差，除非我们觉得近期内行情不会快速下跌，否则做空波动率后，在行情快速下跌的情况下，波动率有可能将进一步的升高。现在的隐含波动率已经告诉我们这一点了，市场是担心波动率将会因下跌而一直在高档的，问题是值不值得现在进场。"

之之见他不直接说交易的方式，却在一直在讲大道理，只好换个方式说："如果长期偏高，那么现在卖出波动率可以赚钱吗？或是您有什么讯号可以参考卖出的时机？"

老徐心想，这问的也太直接了。我是有些方式，但也不是100%的准确，到时候说出一个方式，却不灵光，这不是立即丢脸了，而且是在美女面前丢脸，这种丢脸方式是所有的丢脸方式中最痛苦也是最丢脸的。

他只有用力挤出一个看起来有点神秘的笑容，淡淡地说："跌下来企稳后，就是好的卖出波动率时机了。"

其实这也是一句"干话"，跌下来企稳后，这都是事后才知道的情况，当时许多都是猜测的，不过就算如此，交易的安全性及获胜机会已可以大大的提高了，至少比脑子一热，立即卖出波动率安全了许多。

老徐为了稍微再展现一下丰富的经验，不让美女失望，补充道，"在过去的经验中找到一个可以做卖方，却在高波动率再持续拉高时不会太受伤的交易方式……复仇者。"

6. 复仇者

复仇者原来的名字叫做草船借箭，后来老徐觉得名字不够洋气，另外也是市场上很多人盗用这个策略，他们便决定改个名称，让它重新亮相。每次行情开始移动你会将错的仓位平掉，然后将当时对的仓位加倍进场，变成方向型交易，希望在反手时讨回先前损失的公道，我们便把它形象的命名为“复仇者”。看看这个策略的交易逻辑，便会很清楚名字的缘由了：跟踪上证 50ETF 指数的走势，在其突破发生时建立加倍复仇方向仓位以获取方向的利润，用以报复在行情盘整时无法收取的时间价值。

开仓逻辑：

①每个月第一个交易日卖出近月最近之虚值认沽及认购期权。

②最新的 30 分钟收盘价落于进场价 1% 之上，买回认购同时再卖出近月认沽期权。

③最新的 30 分钟收盘价落于进场价 1% 之下，买回认沽同时再卖出平值认购期权。

④执行至获利 50% 权利金以上时停利出场。

⑤损失超过权利金的 50% 以上停损出场。

换仓逻辑：

①当 50ETF 行情回到开仓价位时，直接平掉复仇部位，回复至卖出跨式部位。

②当行情再涨跌超过 1% 以上，开始复仇仓位。

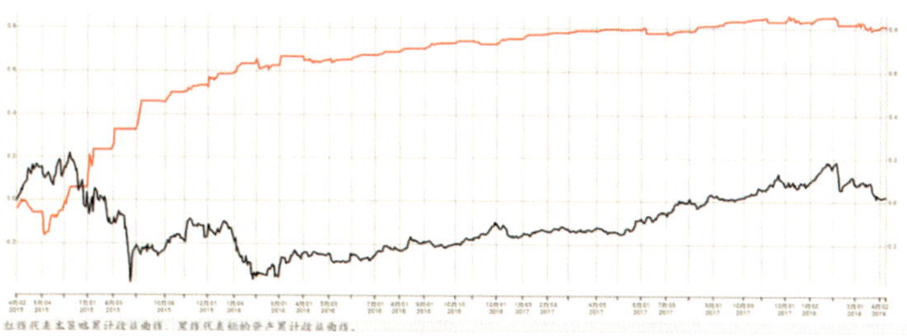

图 1　2015 年 4 月至 2018 年 4 月绩效图

表 1　　　　　　　　　复仇者策略的每月报酬率

时间	报酬率/月	累计报酬
Apr - 15	-5.52%	-5.52%
May - 15	0.72%	-4.80%
Jun - 15	10.93%	6.13%
Jul - 15	17.39%	23.52%
Aug - 15	9.45%	32.97%
3ep - 15	13.13%	46.10%
Oct - 15	4.05%	50.15%
Nov - 15	3.31%	53.46%
Dec - 15	5.23%	58.69%
Jan - 16	4.73%	63.42%
Feb - 16	-0.68%	62.74%
Mar - 16	0.41%	63.15%
Apr - 16	-1.79%	61.36%
May - 16	0.41%	61.77%
Jun - 16	2.14%	63.91%
Jul - 16	1.55%	65.46%
Aug - 16	1.54%	67.00%
3ep - 16	2.43%	69.43%
Oct - 16	1.02%	70.45%
Nov - 16	-1.33%	69.12%
Dec - 16	2.73%	71.85%
Jan - 17	1.99%	73.84%
Feb - 17	0.90%	74.74%
Mar - 17	1.01%	75.75%
Apr - 17	0.75%	76.50%
May - 17	-0.15%	76.35%
Jun - 17	-1.72%	74.63%
Jul - 17	1.16%	75.79%
Aug - 17	2.25%	78.04%
3ep - 17	2.25%	80.29%
Oct - 17	1.01%	81.30%
Nov - 17	-1.24%	80.06%
Dec - 17	0.12%	80.18%
Jan - 18	1.97%	82.15%

续表

时间	报酬率/月	累计报酬
Feb - 18	-3.35%	78.80%
Mar - 18	-1.70%	77.10%
Apr - 18	0.78%	77.88%

表 2　　复仇日策略统计资料

开始时间	2015/4/2
结束时间	2018/4/10
最大净值	1.8645
最小净值	0.8398
累计报酬	81.21%
平均日报酬	0.11%
最大回测	15.3%
再创新高最长日期	129
sharpe. ratio	1.9894
最大当日报酬	11.44%

这种交易方式虽然看似简单，但是相对有效，刚开始看起来是卖出波动率的双卖策略，但实际上却是一个方向型的单卖策略，简单地说，就是尝试错误从而建立正确的仓位。从 2004 年在台湾问世之后，该策略除了其中一年没有获利外，其中 15 年来每一年都是获利。

之之把这个策略看了一遍，想了一下说“这个策略最好的一部分是，就算我们手中没有任何有用的软件，没有任可图形可看，不知道现在仓位的 Greeks 值，只要有报价，任何人仍然可以徒手做出交易期权，或更准确地说是卖出期权的策略。”

老徐讶异地看着之之，不明白她为何了解这个策略设计的初衷，这个策略确实是在当时期权软件及下单不是那么好的时代下的产物，策略形成目的也是为了软硬体配合不佳才做的，这种缘由多年来已无人知晓的情况下，居然被之之一语道破，老徐不由得对之之又多了层佩服与了解。

后记：

这个交易方式，后来也变成该公司同仁最常去使用及运用变化的一些策略。例如，找到某个较长线的支撑或压力位，假如跌破了支撑价位，则开始卖出认购，采用方向型的方易方式。若该标的物一直未涨过该支撑价位，则一直持有到到期。若涨过这个支撑价位则买回平仓，等下次机会再度进场。而下次进场时则加大仓位，采取复仇交易。当然这个月很可能一直反复在“支撑”价位折磨你，所以当损失超过某个程度时，通常是想赚到第一次权利金的某个百分比，如 70%，则这个月不再交易，下个月再开始找支撑或压力。将交易变成一年 12 次的交易机会，如此不仅不会过度交易，也能控制每个月的最大损失。

7. 价差风云

在经过了几个月的路演及朋友的支持，终于有人愿意先投入一笔资金，虽然仅有200万的资金，但是却可以作为示范账户参与股票期权实盘交易，况且目前50ETF期权市场交易量仍然有限，评估下来，这样的规模虽小，但是以流动性来看，却是合适的。

距离开好期权账户仍有一段时日，上海市虹口区曲阳路的一家茶室中，老徐和之之正聊着这个示范账户的前置作业。之之一身休闲打扮，淡紫色格子衬衫配上牛仔热裤，脚上穿着Bally的平底鞋，淡妆舒眉，明亮得像上海7月的阳光一样耀眼，让人不自觉就有了好心情，看来这一切都是好的开始。

老徐特别拿了从台湾带来的茶叶，“你尝一下，这是一位朋友送的。”

之之展开双臂，微微跷起兰花指，将滚烫的沸水慢慢注入盖碗中，使盖碗温热，再出水，然后将茶叶投入盖碗中，轻轻摇动，茶叶似乎被唤醒，散发出独有的茶香。接着，她将水注入盖碗中，使茶水融合。

之之琼鼻一挺，慢声细语地指着盖碗说道：“徐总，您知道吗，这盖碗又叫三才碗，盖为天，托为地，碗为人，寓意天地人和。而它也有一番来历，据说是唐朝时，西川节度使崔宁家的千金嫌茶碗烫手，就把碗放在木头盘子上。为了防止喝茶时杯子容易倾倒，她又将蜡在木盘中央环上一圈，使杯子固定其中，那就是最早的茶托了。”

30 秒后，之之将盖碗中茶水倒入杯中，微微抬眉看了一眼茶汤说：“不错，正是这种香槟色。徐总，这是你们台湾独有的东方美人啊，当年献给英国皇室时，曾被尊称为香槟乌龙。你闻一下，这款茶蜜香和果香混合，香气高昂，浓郁厚重。”

老徐惊讶地看了她一眼，心想应该刚才将这段话好好录下，转送给送茶的朋友看一下，居然有人那么懂茶，或许因此我长期有免费的茶喝，毕竟好茶也要给懂茶的人喝。

东方美人确是台湾乌龙的代表品种。主要产于新竹县的北埔、峨眉，以及苗栗县的头份、三湾、头屋一带。

可是谁能想到这样的香茗竟然与小虫子有着很深的渊源。成就东方美人的小虫子正是小绿叶蝉，大约只要 2. 5 毫米，以吸食茶树嫩叶的汁液为生。茶树叶子被它叮上一口，茶芽变黄蜷缩，叶形卷曲变硬，成为了没有经济价值的废物。谁知，因祸得福，台湾客家茶农以重味调、重搅拌以及重发酵的手法，将被小绿叶蝉叮咬过的茶芽和茶叶变为茶中名品——东方美人，最终还意外地卖出了天价。当茶农用被小绿叶蝉叮咬过的“废茶”换来大批钞票时，当地人根本难以置信。他们斥责出去卖茶的人为“膨风”，也就是吹牛的意思。因此，这款茶也被称为“膨风茶”。

茶香持续在屋内缭绕，之之缓缓地拿起茶，啜饮了一小口说：“徐总，您再尝尝，茶汤甜中带酸，气韵饱满，品后口中留有余香，回味无穷，小虫子的力量很是不简单呢。”

难得这样的宁静时光，老徐竟一时间沉醉在窗外的仿苏州园林景色中。

之之突然道：“徐总，您打算怎么做?”

面对这突如其来的问题，他想了一下说：“我想由你来做。”接着说，“你有交易经验，而且性格果决及胆量十足。”

之之却极度不自信：“可是我交易期权的经验太少了，难以从容应对。”

“交易期权和交易期货、股票都有很多相似的地方，但是期权更简单，风险更低。”老徐喝了一口茶，继续说服：“以大的架构来说，期权的交易分为三个部分，布局、对冲及再布局。如果你觉得波动率很高，你会想卖出波动率，我们假设你是简单卖出波动率好了，即单纯的卖出期权，卖出跨式或勒式仓位，在目前隐含波动率偏高且波动率回归长期均数的前提下，你应该可以赚到波动率及时间价值的钱。但有可能你会在其他方面有损失，如每日开盘过后行情会涨也可能会跌，你的卖出波动率仓位会因为负 gamma 的原因让资金受到来自方向上的损失。为了减少或避免这方面的损失，你在盘中需要将可能出现的方向风险及时对冲掉，专心地赚到波动率掉下来的钱。这是最简单但风险比稍大的方法，特别是你可能在快到期时会持有比较大的 gamma，进而承担愈来愈大的方向性风险，所以只要能控制住负 gamma，以目前的隐含波动率来看，一切问题都不大，赚多或少的问题而已。”

之之抬起头笑了一下，“那怎么布局会比较好呢？”

老徐接道，“没有最好的方式，但是我们可以多方考虑我们要赚的钱。例如我们在交易的期权有多个月份，可以在布局时考虑多个月份的结构问题，在对冲时也加入多个月份的结构考量。具体来说，当你发现高波动率且持续时，若近月及远月的波动率相差不大，这时持有卖出远月份的期权、买入近月份的期权是不错的选择。我们在此布局下，对未来的对冲及再布局持续考量，若某日在标的资产上证 50ETF 下跌过程中，远月份的隐含波动率没有上升，但近月份隐含波动急速上升，这对我们是有利的，我们会将近月及远月的期权卖出获利了结。但临近收盘前，你可能要思考，是否或是如何将仓位‘放回’到在我们希望的布局风格上？不管加码、减码、出场或进场，收盘后我们还可以团队再针对当日的仓位讨论，对第二天布局的改变及风险情况进行预估。你是不是觉得跟一般的期货交易及股票交易很像？”

想不到之之这次居然没有捧场：“好像不太像。”

老徐继续说道：“方向型的，布局都是多单或空单，盘中也是希望对冲掉可能会亏损的部分，最后回到原先布局的大方向上。例如做股票多头，短期遇到回调走势，我们可能会盘中减码因应，然后等到适当时机再放回原来的方向仓位，只是期权更简单而已。”

之之会意地笑了一下：“因为波动率至少会回归的判断比方向判断容易？”

老徐也以一个自认很帅的微笑响应。

之之又换了一种茶，顿时，茶香又充满了房间。她又抬起头问道：“我们有团队吗？你刚才说团队讨论一下。”

老徐很坚定，“是的，以后随着交易资金的增加，我们会有一个团队的，到时候就叫老徐交易团队好了。”

之之笑着说，“我们也可以弄一个微信号，就叫老徐话期权呢，不过这个名字有点俗。”

之之憧憬地望着窗外，然后转过头来，很高兴地睁大眼睛说：“谢谢您呀，合作愉快。”

老徐一笑，“说的好像你对我客气过一样，合作愉快。”

之之又问，“您为什么不自己交易呢？教那么多人交易或是传播一些交易期权的理念会不会有些不值得？”

老徐笑着说：“担当生前事，何计身后名。会交易的人，不在于他自己交易赚了多少钱，而在于他影响了多少人，再会交易，也不一定是最会赚的，再有名气，也只是身外之物，真正留在内心的，还是你对于这个市场有什么贡献，启发了多少人。”

之之说：“可是我看市场上有很多人都向往交易，孜孜不倦，前仆后继呢。”

老徐打趣道：“以前台湾有家期货公司的总经理，还不仅仅只是部门老总，他喜欢交易，整天指导自营部门交易，业绩也着实不错，但是其他业务就不太行，公司的排名一直上不来，同业其他的总经理都笑他是个超级交易员呢。”

之之笑着问："后来呢?"

"后来公司被其他家合并，他还真的如愿做了一个交易员，不过后来在2004年台湾的两颗子弹崩盘事件中损失太大，就离职了，我后来再也没听过他的消息了。"

之之意味深长地对老徐笑着说："好像历史上也不乏这样的人或事，大陆和台湾本来就是同文同种的血肉兄弟，所以国内就算是身边这样的人从来也不会少。"

老徐同意地笑了一下，"确实现在自己认为懂交易的管理者实在太多了，实在不必多做解释。"

7月份以来，指数持续下跌，整个市场的情绪也变得浮躁不安，他们募到的资金还没开始进场，投资人除了庆幸之外，也一直在考虑是否要退出先观望一下。

大家都处于紧张的氛围中。之之虽然知道预定的交易逻辑与行情的多空关系不大，但仍然问老徐此前在台湾遇到这种情况该怎么办。

老徐解释道，"这算是一个天大的利多呢。因为先前在隐含波动率偏高时，卖出若遇到了行情下跌，隐含波动率可能进一步被推升，虽然长期会回归均数，但短线对我们来说实在不好发挥。现在行情跌下来了，隐含波动率大概就是这种程度，市场被冲击后造成的结果将告诉我们隐含波动率的范围，如此看来，交易难度将越来越低。"

之之笑着点着头，她虽然认同，却又担心来不及进场交易，只好勉强挤出笑容以表赞同，"希望客户可以了解我们的想法。"

之之沉吟片刻又问："现在的波动那么大，有可以立即赚钱的方式吗?"

老徐一边指着沪深300不同月份行情，一边说："我们一向不怕行情动的太厉害，只怕行情不动而已。看一下7月7日，当日股指期货下跌7.42%但指数仅下跌1.76%，沪深300指数与沪深300的7月期货合约，由盘中的溢价50点价差变为折价10.98点，但这还是我们调整分红后的差点。"

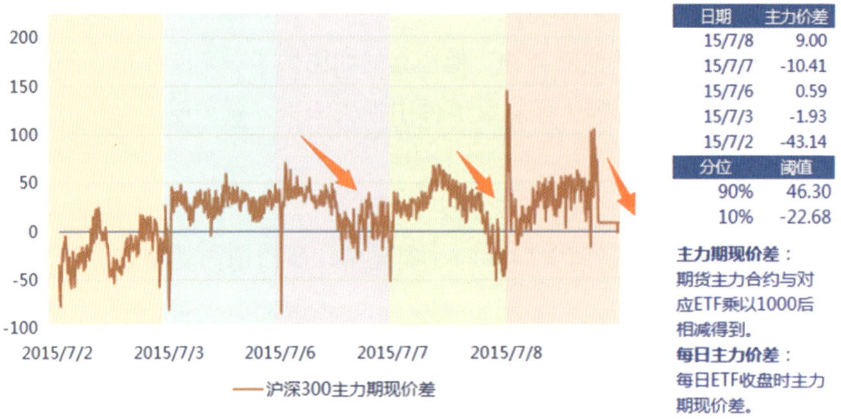

图 1　沪净 300 指数与主力期货价差图

“我们再仔细看一下跨期的价差，更惊奇，用 8 月 IF 的报价减去 7 月 IF 的报价，也由原先在 0 点附近变为 -49.6 点（见图 2）。如果参考 IH 的跨期价差会更明显，8 月的 IH 减去 7 月的 IH，由先前的溢价 30 点左右，一下子掉到折价 20 点，几乎一下子价差的变化就达到了 1.8%，比单边的走势还刺激！”（见图 3）

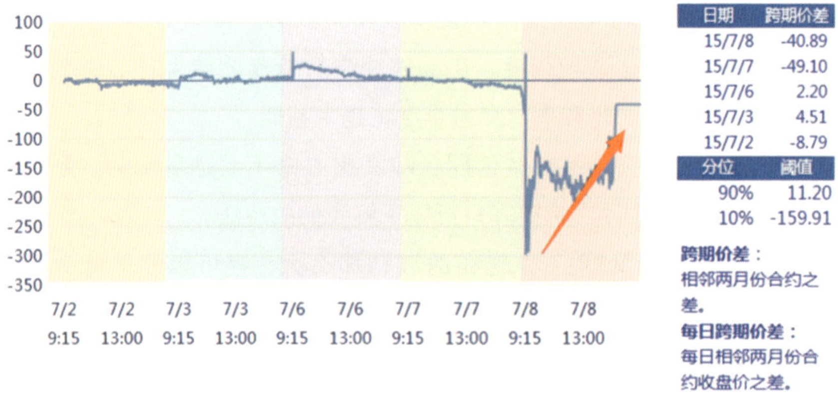

图 2　IF8 月合约减去 IF7 月合约走势图（7 月 8 日）

之之心领神会，“如此我们可以买入 8 月同时卖出 7 月，等到它们收敛时就可以获利了结了。”

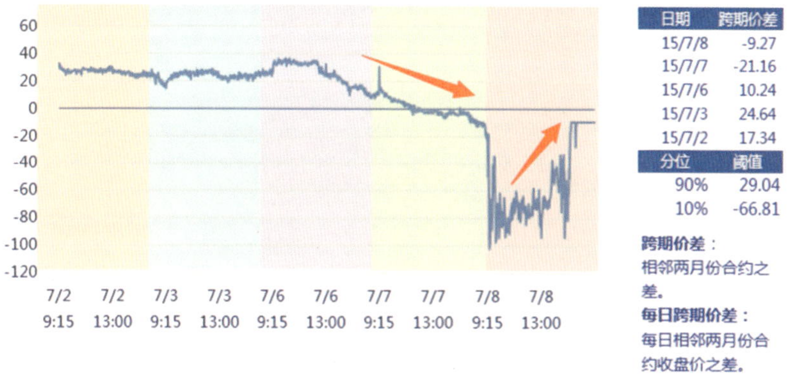

图 3　IH8 月合约减去 IH7 月合约走势图（7 月 8 日）

“没错，正是如此。但是人们可能会忽略一件事：因为从 6 月份开始就有分红的情况发生，所以精确地预估每个月的分红所减少期货的指数，可以帮我们更精准地判断价差是否已经真的到了离谱的价位，但是以目前的相差指数来看，如果 IF 的 8 月将分红 50 点指数，价差仍未太离谱，但是像今日 7 月 8 日盘中到 300 点的价差，根本连想都不用想，就知道是太离谱了，应该立即买 8 月 IF 同时卖出 7 月的 IF 合约。”

之之做了一个鬼脸，“可惜我们现在没有资金可用。”

老徐的眼角似乎看到有人影从门口闪过，不过没看清楚是谁，他只想着，好险没有对女神说一些轻薄话。“你有看到是谁吗？”

之之摇着头说：“没看清楚，可能来找你的，但可能突然有事就走了，我们也没说什么国家机密，没关系吧。”

“确实没什么重要的事。”

快下班的时候，之之突然神秘地说，“那个人影可能是刘轻云。”

几天后，听说某个客户买入 8 月 IF 卖出 7 月的 IF 合约，短短的两天之内赚了 300 多万元，在公司内造成小小的轰动。而这个客户从来没有做过价差对冲，也几乎没有一次有过那么大的仓位，老徐不知道是否是那天的谈话内容影响了客户，但是能在两天之内赚到那么多钱，一定是鼓足了勇气短期内压了超过 100 组以上的仓位。这就是衍生品市场的魅力，把握住机会，就能赚到钱。

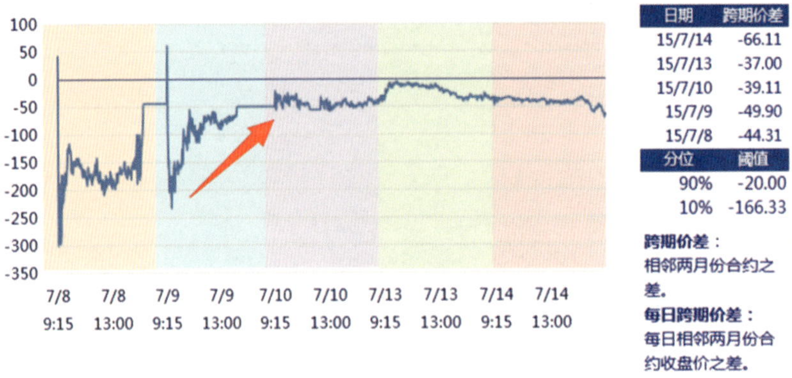

图 4　IH8 月合约减去 IH7 月合约走势图（7 月 14 日）

8. 睡得像婴儿一样

“漫漫长路，起伏不能由我。”之之在宣纸上重重地写下这一笔。虽然之前独立交易过股票和期货，但是对于期权，还是有些吃不准。尽管有老徐的鼓励，但她还是没有那么自信。

“徐总，周末有空吗？去灵隐寺拜一拜吧。”她拿起电话，随口问问老徐，想着他若不去，便独自出发。

“好啊，正有此意。只是之前不好意思开口。孤男寡女的……”老徐似乎又要喋喋不休。

“打住打住，就这样愉快的决定了。”之之强势定论，生怕老徐继续碎碎念，赶紧挂掉电话，以迅雷不及掩耳之势收拾行李。

周末的杭州，依旧热闹非凡，全世界的人似乎都慕西湖之名而来，“水光潋滟晴方好，山色空蒙雨亦奇。欲把西湖比西子，淡妆浓抹总相宜。”这句连孩童都会吟诵的诗，足以显示出西湖的知名度了。

另一景致便要数杭州最早的名刹——灵隐寺。它始建于东晋，至今已有约一千七百年的历史，地处杭州西湖以西，面朝飞来峰，由其开山祖师慧理和尚取名灵隐。自创建以来，高僧云集，寺内还存有众多佛像、法器、经字画等历史文物，这些珍贵的佛教文化遗产使灵隐寺被列入为全国重点文物保护单位。

之之虔诚祈祷，希望第一只产品可以交易顺利，也并不很贪心，不赔就好。顺便还要帮死党阿川祈福一下，自从6.18以来，这家伙可亏了不少。每次让他用希腊字母风控一下，他都不听，坚持声称，只要能看准方向就好了，自己并不贪心，只想安安静静地赚取方向的钱。而他自从觉得卖方像是赚房租，更是卖得一发不可收拾。没错，乐观积极的阿川，正是死多头，一路满仓卖认沽。每次之之义正言辞的说教，都换来他一顿白眼外加一句名言——富贵险中求。想起来哪位大师说过的：“你可以把一匹马牵到水边，却不能强迫它喝水。”其实呢，做卖方也不是不好，只是这种排山倒海的波动一来，方向和波动率上都是两头受气，犟脾气的阿川又不肯买来认沽对冲风险，只是拼命的挺，挺不住就砍仓，如此一来损伤了一些元气，即使有矿的家庭可能也扛不住这样折腾。当然了，他这种典型的错误投资方式是不能靠佛祖拯救的，只当是帮他祈福，希望阿川公子早日东山再起。不过，6.18这个日子之之算是记下了，每年的这个时候都有一种隐隐被宰割的感觉，也不自觉的就会对市场警惕起来，没想到这个没来由的警觉竟在几年之后帮助了她，此为后话了。

祈祷之后时间还尚早，他们便决定去楼外楼尝尝地道的杭帮菜，毕竟声名在外，味道应该错不了。上了出租车，司机见他们不是本地人，打趣问道：“知道我们杭州双绝吗?”

“肯定有龙井茶吧?”之之抢先说道。

“还有就是我们的虎跑泉的泉水。虎跑泉的泉水配上龙井，就是我们杭州的双绝了，这个一定要尝试一下。我们杭州人都这样的。”司机大哥自豪地跟他们推荐。

她和老徐互相看了一眼，一起说道：“吃完就去!”

虎跑泉位于浙江杭州市虎跑寺侧院内，距市区约5公里。虎跑泉的来历，还有一个饶有兴味的神话传说。相传，唐元和十四年高僧寰中（亦名性空）来到这里，因为十分喜欢这里灵秀的风景，便住了下来。后来。因为附近没有水源，他准备搬到别处，一夜忽梦神人托梦：“南岳有一童子泉，当遣二虎将其搬到这里来。”第二天，他果然看见二虎跑（刨）地作地穴，清澈的泉水随即涌出，故名为虎跑泉。

吃罢东坡肉，应品龙井茶。他们便探索着进了虎跑公园，去寻一寻这神秘的虎跑泉。

虎跑泉是一个两尺见方的泉眼，泉后壁刻着“虎跑泉”三个大字，据说是西蜀书法家谭道一的手迹，笔法苍劲，功力深厚。此泉与龙井泉一起并誉为“天下第三泉”。

虎跑泉周围还有着迷人的自然景色与人文景观，叠叠石山，金桂满园。看罢，他们便在泉边的茶社坐了下来，品尝一下传说中的“西湖龙井虎跑水”，亲临其境品饮此双绝，也算是雅事一桩。

8 月份上海的太阳比火炉还热，而公司的业务也如火如荼地在进行。老徐出差之时遇到一位讲师，讲师问客户：“你们睡的好吗？我昨天睡得像婴儿一样。”当大家的股票跌得都要跳楼之际，居然有人可以睡得好，众人讶异之际，这位演讲者又接着说：“我昨天是睡醒了哭，哭累了再睡的，又回到婴儿时候。”大家抱以相同态度，回报着热情的掌声。

老徐上场了，大家也抱着希望，如果不能有好的消息，也希望能抱在一起取暖。他抬起头看着一张张渴望的面庞，说：大家觉得行情差不多了吗？

台下议论纷纷，有人说到底了，也有人说还没有。老徐看了看台下一张张陌生且焦虑的脸，平静地开口了：“政府护盘的开始，表示跌势将持续一阵子。政府护盘分三阶段，第一阶段叫口水护盘，只说不做，行情仍然会下；第二阶段叫政策护盘，未来仍然会跌；到了第三阶段，实际护盘时，行情才接近底部。”他拿出三张图给台下的客户们参考，这时大家一阵骚动，因为护盘才开始没有多久，那岂不是要跌到地老天荒！

老徐接着说：“大家不用紧张，政府第一次护盘的价位，至少在两年内会收复，第二次护盘的价位，在一年内会收复。”现场仍然哀鸿遍野，因为大部分人都用了杠杆，而且是很大的杠杆，这也是行情一直弹不起来的原因，因为卖压实在太沉重，除非市场的浮额清洗完成，否则根本涨不了。

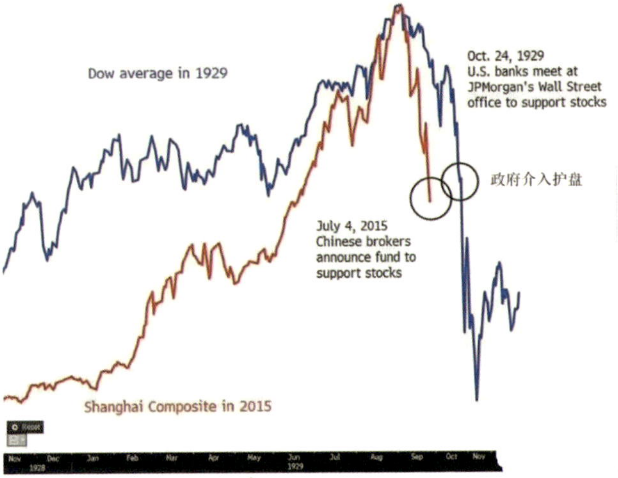

图 1　2008 年美国护盘

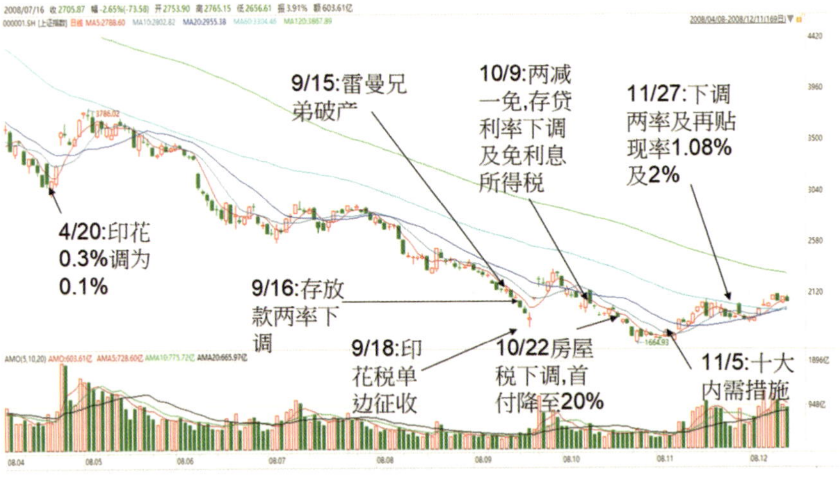

图 2　2008 年中国政府护盘

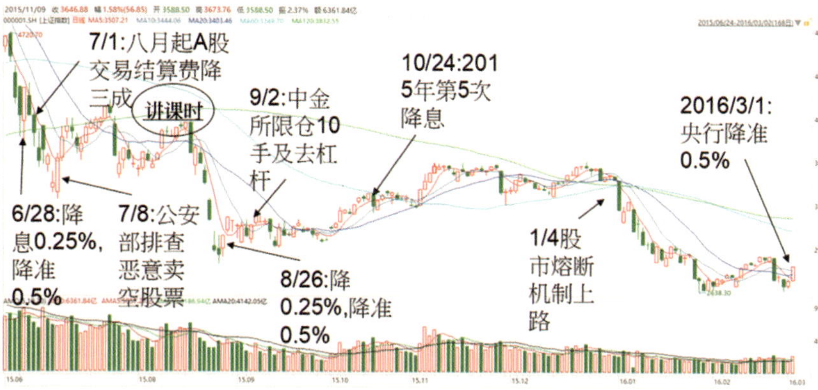

图 3　2015 年中国政府护盘

老徐提醒大家不要太过慌张，行情见底是可以判断的，只要有几种情况出现，就可以开始进场做多。第一种情况是当隐含波动率从高点再往下，行情在半年内不易再破底。这不仅仅在美国过去 20 年有此现象，在中国台湾也非常明显（见图 4、图 5）。

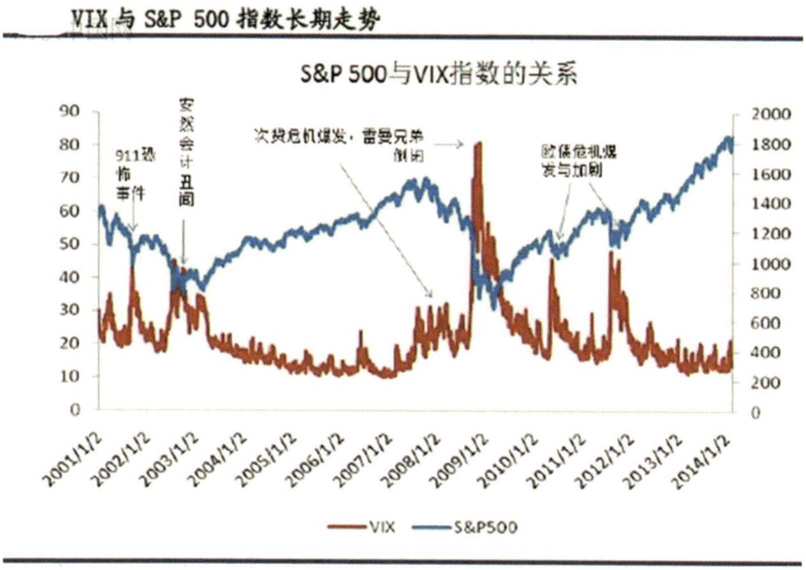

图 4　美国股市长期 IV 图

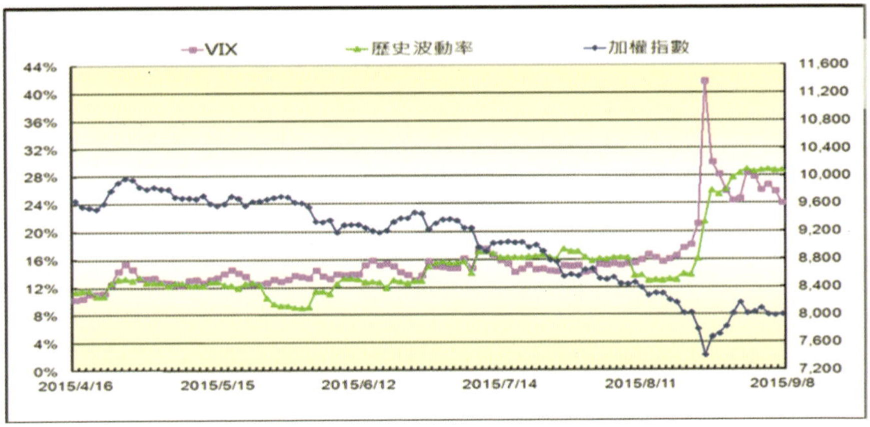

图5　中国台湾 IV 和历史波动率走势图

在实际交易中，可以等到50ETF确定有反弹时再进场，那到底何谓“确定有反弹”呢？即我们可以找一个“反弹确认价”，通常会在市场悲观时，通过一根大长黑并看到该长黑价位破底来到近期的新低点，以此根K线的高点当成观察价位，若未来突破此价位即可买入。因为向上反弹突破这些大长黑的价位，意味着市场太过于恐惧而卖出的，这时候由于价位已经涨到K线的最高点，代表这些都因恐惧而卖低了（见图6）。

举例而言，若行情已在下跌的趋势中下跌一段时间，若想抢个反弹，则可留意长黑向下跌破收盘低点，则可以长黑K线的高点做为买入的参考价位，如图6A点，但接下来上证50ETF并未涨过A点价位，反而又向下长黑破底，这时可以B点为买入价位，但接下来行情又持续破底，这时可以每日以持续破底后的最低点黑K为买入参考价位，一直至C点价位，最后则以8月27日为买入抢反弹的日期。

可似乎大家对于隐含波动率和股价指数的关系并不热衷。

老徐继续提出观点：“可以用周均线的再突破来决定，未来站上22周才可以考虑做多，以前波低点为止损。”

老徐继续提出了一些未来可以做多的观点，但由于近期内行情不知何时见底，无法引起众人太多的兴趣。当然，主要由于大多数投资人已经损失惨重，和老徐他们这些空手且近期才找到钱的人比较，心态上绝对大不相同。

回到上海，他和之之说了一下外出讲课的情况。并且确信他对客户们说的判断方式是可行的，并非只去随便说说而已。如果他们的产品再配合上波动率来卖出，两人预计今年会有不错的报酬。

图 6　低点买入价位确认图，未来若涨过压力处即可买入

图 7　上证 50 周线走势

9. 铸剑

一大清早，老徐一脸严肃地把之之拽进会议室，之之不明就理地问，“徐总，怎么这么严肃，是我们的产品有变故吗？”

“因为今天要说一件很重要的事情。我们要好好地聊一下，增强交易默契。”

“吓死宝宝了。”她如释重负又讨巧的说：“您说，您说。”

“我知道你以前也交易过，但我还是想问，你觉得交易最重要的是什么？”老徐问道。

“这个我知道！我以前有个很厉害的‘海龟’朋友，专做短线，他也强调过呢。他很厉害哦，是你们台湾，不不不，我们台湾，第一代的‘海龟’交易员……”之之心想：“糟了，我居然跑题了！”见老徐不语，她便笑着说：“是纪律啦！”

老徐见她说到正点，终于舒展眉头，可是这样的表情变化，也让她在无形中感到了交易的严肃性和纪律的重要性。

之之立刻端正态度，“这个我懂的，以前学了不少呢，您就放心吧。”

老徐却并没有问她都学过什么，直接说道：“第一件要记住的事情，就是做好交易记录。”

“交易记录???”居然不是什么止损止盈，资金管理，是交易记录，她心里暗自疑惑。

“没错，正是交易记录。通过交易记录，你才能够正视自己的交易情况，记录自己的绩效、错误，督促自己的交易更加有记录性而这也是复盘的最重要的关键。这样做虽然很麻烦，但是很有效，我也是做了二十几年的交易记录。我们要通过交易记录不断地回顾，找到问题并改进，这样你才会有进步。”

“买价、卖价和成本吗?”她心想这个简单，每天 copy 一下就可以了，不是什么难事。

“当然没那么简单了。”

她感觉老徐给自己挖了一个坑。

老徐继续说道：“除了你刚才说的买价、卖价、成本，还要记录滑点、盈利和亏损。还要每月总结你的账户情况，做出净值曲线。”

老徐见她认真记录，又继续说：“做好你的交易计划，标注出止盈目标止损点。还要简单的写一写让你买卖的原因。每次交易之后要思考一下，从这笔交易中学到了什么，获得了什么。如果每天只是浑浑噩噩地交易，没有计划，没有记录，那还不如去打麻将。结果都是一样的。”

“嗯，我们要做专业的交易者!”她以前似乎听过很多老师说过交易记录的事情，但是却没有人说的这么细致，在交易的路上，还有很长很长的路。路漫漫其修远兮，吾将上下而求索。

经历了三个月的暴跌，行情到底会不会继续再跌一波，他们心中也没什么底。但毕竟老徐是见过大风大浪的，在台湾他可是经历过三次指数下跌超过 60% 以上的情况，至于个股，那更不用说，下市的股票，相信只要在市场够久，总会遇到一两次的。

这期间，他们仍然定期讨论对市场的看法，对产品的交易流程及风控，有时大呼可惜，有时也很无语市场的疯狂，但在市场之外总觉得像隔了一层纱，无法深刻体会市场的脉动。

2015 年 9 月份，两个人翘首以盼的产品终于可以开始交易了。

老徐坐在会议室主位，双手搭在桌子上，露出很好看的袖扣。没等之之落座便开口问："9 月能开始做，是一个好机会，在目前的市况，你有什么想法?"

之之抬起头看着他，想了几秒后说："我们可以配合现状，加一个多方策略，我敢保证一年内，产品到期前一定可以赚钱的。"

老徐将嘴角用力往上，尽量露出一个自认为迷人的微笑说："你说说看，什么策略一定可以赚钱?"

之之用手指着电脑上行情说："8 月份加速赶底后，目前已经开始反弹，或许不会开始一路上涨，但这连续的反弹却给我们一个支点，可以卖出 1.8 元的认沽看多，用最近的低点 1.795 作为对冲的参考点，目前的隐含波动率够高，风险报酬比会不错。"

图 1　2015 年 4 月至 9 月 1 日，上证 50ETF 日线走势图

之之停顿了一下，拿起茶杯喝了一口龙井，接着说："现在隐含波动率虽然没有前几天高，但也有 73%，这可仍然是个天文数字，而深虚行权价 1.80 的认沽的隐含波动率是 89.4%，这种价位还有什么不能卖的?"

老徐听后一笑，先跑了题："你在喝什么? 龙井吗? 龙井不是要清明前后喝吗?"

之之居然认真的回答："呃，新茶的话，我喜欢放一放再和，以免火气太大冲到我。"

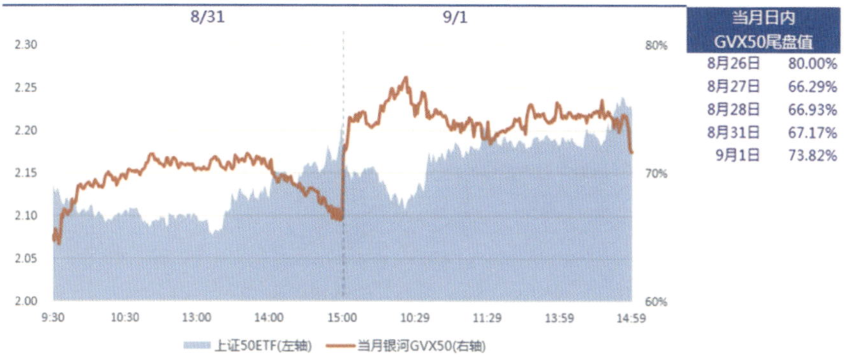

图2　2015年8月31日及9月1日隐含波动率日内走势

老徐不太理解地点点头，拉回话题："我有一位朋友，他就是不敢卖，他在台湾卖期权帮别人操作，亏到爆，就算隐波价位跑到天上，他仍不敢做，标准的一朝被蛇咬，十年怕草绳。但你居然敢在这个时候卖出?"

之之不以为然，"只要能控制住风险，得到合理的报酬，卖出有何不可？现在1.8元行权价的认沽报价0.0692元，等上证50ETF跌到1.73元以上才会亏损；若以准备交割资金18000元来交易一手期权，年化报酬率将有46%，根本没有什么风险，顶多是将现金换成上证50ETF而已；若是卖出10月份1.85元行权价的认沽，目前报价0.1455元，准备可供交割的资金20000元交易一手，年化报酬也有43%，为什么不做呢?"

老徐想了一下，"若是真的交割了，我们产品就变成指数型的产品了。不过这种因为卖出认沽才交割的单子，获利当然会比指数好。但是我们是要做绝对报酬的东西，到时行情跌到某一范围，仍要对冲，结算前抽回现金，再卖出更低的认沽。"

之之微笑着说："本该如此，只是用18000及20000这些数字来控制产品的卖出上限数量，否则潜在报酬可达到200%以上呢。"

卖出虚值认沽成为他们第一个主要策略，而市场很给力，如之之所预期的那般稳定。

图 3　2015 年 5 月至 11 月初日线走势图，方框则为 10 月合约走势

9 月 15 日，他们在月初卖出的认沽期权已经明显获利，9 月份 1.80 元行权价的认沽已从当初 0.0692 元跌至 0.0030 元（见图 4），而 10 月份 1.85 元行权价的认沽也从当初进场的 0.1455 元跌至目前 0.0142 元（见图 5）。这一百张单子已经获利了 98750 元，报酬率在两周之内居然达到了 4.93%，这个初出茅庐的小产品，总算踏出了漂亮的第一步。

T字报价										
认购期权					1509	认沽期权				
持仓量	成交量	涨跌额	最新价	合理价格	行权价	合理价格	最新价	涨跌额	成交量	持仓量
2455	2231	-0.0119	0.3312	0.3365	1.80	0.0029	0.0030	-0.0019	1878	13793
1273	360	-0.0088	0.2912	0.2945	1.85	0.0059	0.0058	-0.0009	685	3438
956	494	-0.0069	0.2439	0.2463	1.90	0.0074	0.0075	-0.0010	1269	3512
2168	615	-0.0084	0.1976	0.1989	1.95	0.0118	0.0114	-0.0016	2103	7326
2369	1934	-0.0036	0.1564	0.1564	2.00	0.0196	0.0195	-0.0003	2936	6915
5085	2065	-0.0011	0.1171	0.1186	2.05	0.0290	0.0291	0.0011	1930	3710
2581	1704	-0.0011	0.0835	0.0846	2.10	0.0453	0.0450	-0.0031	5228	7131
7924	3400	-0.0046	0.0544	0.0544	2.15	0.0672	0.0668	0.0018	3495	4355
16828	10063	-0.0025	0.0360	0.0360	2.20	0.0979	0.0980	0.0011	12635	10940
7457	3086	-0.0015	0.0225	0.0224	2.25	0.1285	0.1285	-0.0040	2240	3278
7952	2141	-0.0029	0.0141	0.0140	2.30	0.1756	0.1701	-0.0014	827	3822
6507	2500	-0.0032	0.0078	0.0078	2.35	0.2222	0.2233	0.0093	2551	5253
16072	3219	-0.0015	0.0046	0.0048	2.40	0.2657	0.2686	0.0119	1755	2743
6513	1135	-0.0007	0.0023	0.0024	2.45	0.3190	0.3155	0.0066	955	2173
9504	1710	-0.0015	0.0004	0.0008	2.50	0.3645	0.3580	0.0021	822	1319
7305	575	-0.0008	0.0005	0.0006	2.55	0.4175	0.4106	0.0005	721	1546
9090	209	0.0000	0.0003	0.0004	2.60	0.4635	0.4621	0.0047	628	1058

图 4　2015 年 9 月 15 日 9 月份合约期权 T 字报价

之之坐在办公室的大椅子上看着老徐说："今天隐含波动率又急升至 50% 以上，我们接下来该怎么做呢？"

T字报价										
认购期权					1510	认沽期权				
持仓量	成交量	涨跌额	最新价	合理价格	行权价	合理价格	最新价	涨跌额	成交量	持仓量
1879	724	0.0081	0.3031	0.3017	1.85	0.0515	0.0515	0.0142	4562	7902
1673	956	0.0079	0.2614	0.2647	1.90	0.0629	0.0630	0.0151	1109	2110
1300	915	0.0007	0.2219	0.2228	1.95	0.0745	0.0748	0.0153	718	1286
1042	214	0.0006	0.1837	0.1860	2.00	0.0867	0.0851	0.0081	1353	2893
1140	735	-0.0017	0.1454	0.1447	2.05	0.1043	0.1046	0.0131	426	918
1030	249	0.0061	0.1224	0.1229	2.10	0.1242	0.1262	0.0138	508	1059
1497	491	0.0033	0.0956	0.0963	2.15	0.1463	0.1427	0.0065	530	1109
4840	2374	0.0044	0.0759	0.0762	2.20	0.1757	0.1764	0.0076	2108	3259
1584	616	0.0008	0.0586	0.0594	2.25	0.2080	0.2099	0.0066	297	914
1606	488	-0.0012	0.0448	0.0454	2.30	0.2422	0.2449	0.0048	698	1432
4010	1387	-0.0010	0.0335	0.0335	2.35	0.2815	0.2830	0.0056	916	2467

图 5　2015 年 9 月 15 日 10 月份合约期权 T 字报价

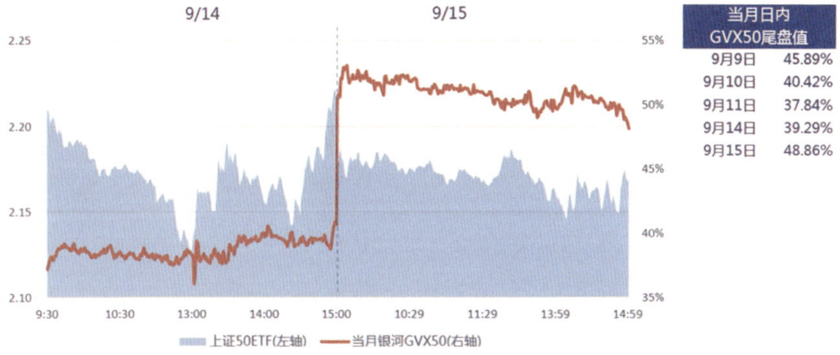

图 6　2015 年 9 月 14 日至 9 月 15 日隐含波动率日内走势图

老徐看着之之一副老神在在（闽南话，意识是稳如泰山）又很想为难他的样子，又激起他的雄心壮志。

他装作满不在乎，可眼角余光仍然偷偷地瞄了一眼之之，“现在我们已经有获利了，可以适时加仓，不要再做一些娘娘腔的仓位了。目前的隐含波动虽已较先前低了不少，但在历史分位来看，应该仍属高位，我们可以卖出宽跨式，赚取一些时间价值的收益。”

他再看了一眼之之，接着说：“目前 9 月份合约仅有 5 个交易日就到期了，而隐波动率仍有 80 分位以上的水平，2. 30 元行权价的认购是 0. 0140 元而 2. 0 元行权价的认沽是 0. 0196 元，上证 50ETF 要跌至 1. 9664 元以下或者涨至 2. 3336 元以上，才会突破损益平损点，换句话说，5 个交易日要上涨或下跌 6% 以上，这个仓位才有风险，更何况我们还可以盘中对冲风险。”

之之不置可否地问道：“但是最近每日仍有 2% 左右的波动，而且卖出近月即将到期的期权，负 gamma 太大了呢!”言外之意是觉得风险有些大。

老徐毫不含糊，“舍不得孩子，套不到狼。我们也可配合先前讨论的移仓方式，行情每移动 2%，我们就重新移仓一次，虽然盈利减少，但也不会产生大的亏损。而且，我们仅建 50 组仓位，就算上证 50ETF 连续五天跌停 10%，最大损失仅 20%，在目前有获利的情况下，还不到清盘的程度。”

老徐颇有心得地说：“根据我的观察，每次临近 10 月长假，市场都相对稳定，一方面因为有长假，大家相对保守；另一方面，每年的 10 月将会召开重要会议，这时行情波动太大总是不太恰当。”

之之仍然不放心地说道：“我们要让风险在可控范围内，delta 不能超过 20% 的市值；1% 的 cash gamma 不能超过市值的 30% 及 vega 不能超过市值的 0. 125%。这样才好。”

老徐很乐观：“目前的隐含波动率那么高，要超过风控标准应该不容易。”

目前在行权价 2. 0 元的认沽期权合约上，目标变化 0. 001 时 gamma 为 0. 0016；上证 50ETF 价格为 2. 167 元，上涨 1% 为 0. 02167，此时卖出 50 张的 1% cash gamma 为：

(0. 02167 ×0. 0016 ×50 ×21670) /0. 001 =37567 元

同理，2. 30 的认购期权合约的 gamma 为 0. 0016，其 1% cash gamma 是 37567 元。

这个仓位的总 1% money gamma 为：37567 ×2 =75134 元。1% Gamma 风险仅是 200 万产品规模的 3. 7%，这不是代表我们的风险有那么大，而是 delta 的变化只有市值的 3. 7%，距离我们约定的市值 40% 差太多了。

在 vega 风险上，行权价 2. 00 元认沽期权合约的 vega 为 0. 0009，而行权价 2. 30 元认购期权合约的 vega 亦为 0. 0009，表示隐含波动率每上升

1%，则期权价格将上升：1 ×0.0009 ×10000 =9 元。

认购及认沽各卖出 50 张，则其 1% 的 vega 风险为：9 ×50 +9 ×50 =900 元。其风险仅为 0.045%。

所以卖出宽跨式 50 组的风险确实有限，1% cash gamma 为 75134 元，即当上证 50ETF 行情上涨或下跌 1% 时，delta 值仅会变化 75134 元，方向性的改变极其有限。虽说 gamma 有可能持续变大，但将风险控制在可承受的范围之内，仍有机会可对冲。而隐含波动率每上升 1%，我们的仓位损失也仅有 900 元，如此看来，风险极小。

他们的运气确实不错，一直到 9 月 23 日上证 50ETF 的走势一直在狭小的范围内波动，铸剑成锋，指日可待！

图 7　2015 年 9 月进场后走势图

10. 河蟹交易

过了9月，这只产品已经有5.73%的报酬率，这让老徐和之之很兴奋。短短十几个交易日就达到如此的报酬率，其中隐含波动率居高不下是一个主要的原因。十一长假前他们没有做太多的交易，虽然直觉宏观因素影响10月份不易大跌，但要仅因此就押上大把的仓位，这种事情实在是做不出来，毕竟能够在期权市场上稳定获利才是最重要的事。

10月8日，星期四，之之依旧优雅地坐在座位上看着行情。长假过后的第一天，高开4.36%，而后全天震荡走低，最终以上涨2.23%收盘。

收盘一刹间，之之两眼一亮，“我觉得有交易机会!”

老徐好奇地望着她，“怎么说？不过，千万不要为了交易而交易。”然后摆出了一个他自认为很帅气的姿势。

之之转过身，一边请老徐过去看她的电脑屏幕，一边对他说：“您看，波动率的日内变化图！我觉机会很多，我们今天先不要预估行情的涨跌，先说说波动率的变化。”

她用手指着10月份和11月份的波动率变化，“这很不协调，10月份的IV一路走高，上升了4.6个VOL，而11月份的波动率反而高开低走，比前一日下跌了1.41个VOL，这一上一下，近月的IV反而较次的IV高出0.5个VOL，我觉得有机会卖出近月的波动率买入次月的波动率。”

图 1　2015 年 9 月至 10 月 8 日的日线走势图

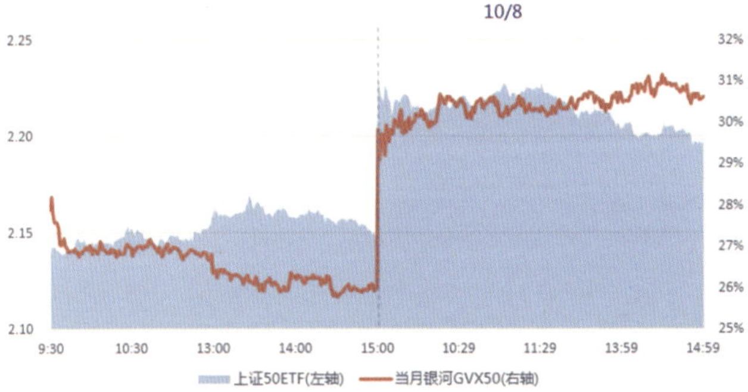

当月日内GVX50尾盘值	
9月25日	31.07%
9月28日	27.91%
9月29日	26.90%
9月30日	26.09%
10月8日	30.69%

图 2　2015 年 9 月 30 日及 10 月 8 日当月波动率日内走势图

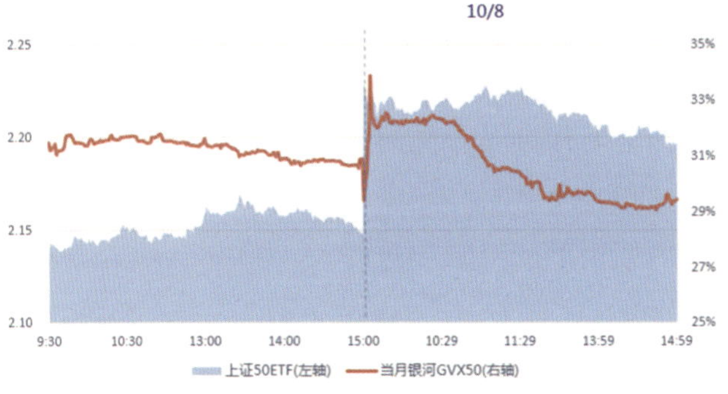

次月日内GVX50尾盘值	
9月25日	35.53%
9月28日	31.97%
9月29日	30.72%
9月30日	30.67%
10月8日	29.26%

*表格处GVX50根据14:56（集合竞价前）最后一笔成交价计算

图 3　2015 年 9 月 30 日及 10 月 8 日两日的次月波动率日内走势

之之说完便看向老徐，期待他的肯定，但老徐一针见血，“确实很不错，但有两个问题需要厘清：第一个是，IV 会有这样的情况，是否主要与目前宏观因素有关，第二个因素是否为短期不可持续的；而这次 10 月份的结算行情在 10 月 28 日，仍属 10 月份合约，所以 10 月份因为大会的召开使得 IV 可能这几天不会掉到 11 月份之下。”他吸了一口气，再续道：“而这样的 short gamma 策略，或许因为两会召开，行情也许不会跑的太快，而时间价值流失也不对等，虽然风险不大，但也值得关注。”

之之听罢点点头，思考了一下，“价差拉大一点再进场好了。”

图 4　2015 年 10 月 8 日及 10 月 9 日当月波动率日内走势图

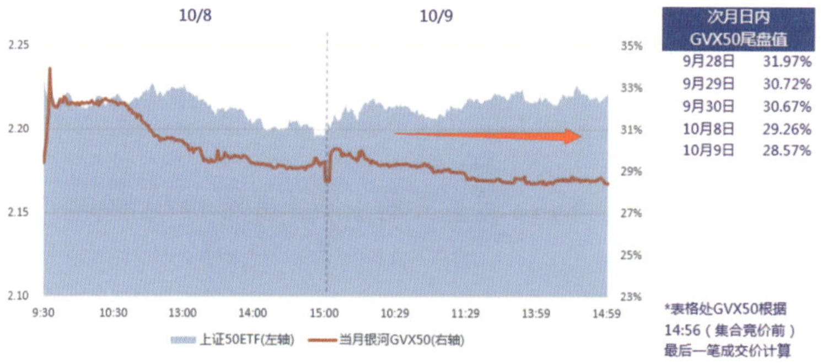

图 5　2015 年 10 月 8 日及 10 月 9 日次月波动率日内走势图

第二天，10 月份合约的 IV 一路向下，而 11 月合约仅微幅向下，若前一日买入次月合约同时卖出当月合约仍有获利机会，但之之却没有做任何交易，老徐注意到，她今天心情似乎不太好。

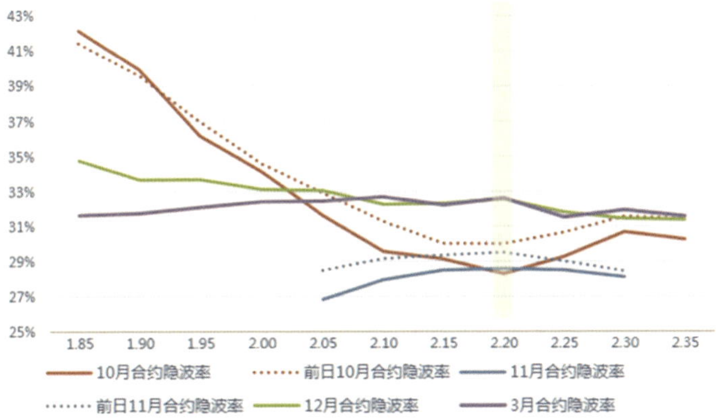

图 6　2015 年 10 月 9 日各月份隐含波动率之结构图

老徐走过去，提议道："由于市场担心这样的已知事件，所以当月的 IV 仍有可能再度高于次月的 IV。其实你仍然可以买入 10 月份的 IV，同时卖出 11 月份的 IV。或者，等 10 月的 IV 明显高于 11 月的 IV 时，再做卖出 10 月的 IV 同时买入 11 月份 IV 的动作。"

之之故作可怜，"如果还坚持要卖 10 月合约买 11 月份合约，那我不是错过了先买 10 月同时卖 11 月的一次的进场机会？而 10 月份合约的 IV 会一下子升到比 11 月份高，那也代表着短期行情变化较剧烈，我才真正是错失了良机。"

老徐鼓励她，"那就不要错过这次的事件型交易。"

接下来两天，10 月的 IV 果然开始上涨，虽然 11 月的 IV 也微幅上扬，但 10 月 12 日指数大幅上扬 3.02%，买入近月卖出次月交易获利相对颇丰（图 7 和图 8）。

2015 年 10 月 9 日（周五）买入 10 月份的跨式组合，同时卖出 11 月份的跨式组合，由于当时 50ETF 价位为 2.134 元，所以进场的平值期权行权价为 2.15 元。

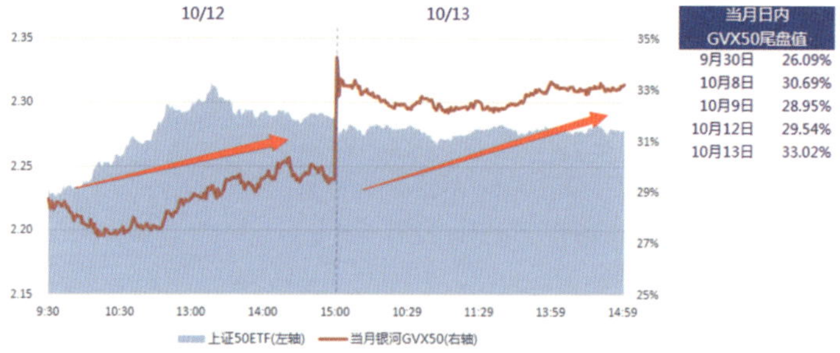

图7　2015 年 10 月 12 日及 10 月 13 日当月波动率日内走势图

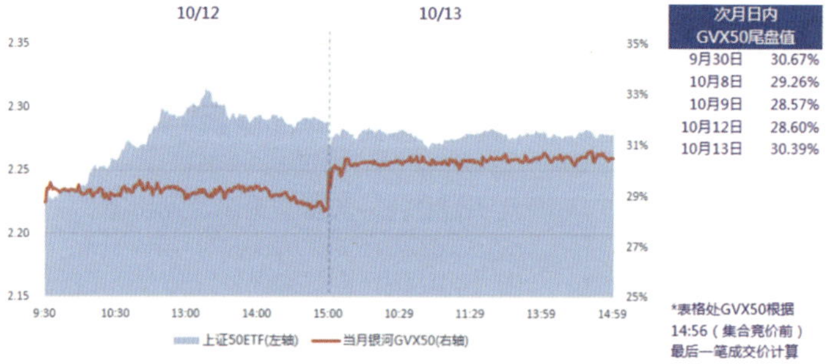

图8　2015 年 10 月 12 日及 10 月 13 日次月波动率日内走势图

在 2015 年 10 月 12 日时，10 月份买入跨式策略已获利 465 元（如图 9），但卖出 11 月份行权价为 2.15 元的跨式期权合约，则损失 309 元（如图 10）；这样买入近月卖出远月的日历价差，便可获利 156 元，报酬为使用资金的 1.3%。

T字报价										
认购期权					1510	认沽期权				
持仓量	成交量	涨跌额	最新价	合理价格	行权价	合理价格	最新价	涨跌额	成交量	持仓量
1898	2473	0.0743	0.4331	0.4326	1.85	0.0015	0.0015	-0.0014	2559	10957
1503	1582	0.0712	0.3821	0.3843	1.90	0.0028	0.0029	-0.0015	2665	5454
1247	1266	0.0709	0.3335	0.3355	1.95	0.0041	0.0040	-0.0015	3619	8013
1730	1244	0.0724	0.2874	0.2871	2.00	0.0057	0.0058	-0.0027	3180	8317
1116	1051	0.0708	0.2420	0.2405	2.05	0.0076	0.0077	-0.0053	2800	3581
3105	2850	0.0714	0.1969	0.1962	2.10	0.0116	0.0118	-0.0082	6460	5482
4715	4386	0.0615	0.1517	0.1521	2.15	0.0195	0.0194	-0.0150	5788	6268
14817	17764	0.0505	0.1118	0.1119	2.20	0.0309	0.0310	-0.0232	14982	11561
8539	10057	0.0387	0.0795	0.0796	2.25	0.0480	0.0480	-0.0345	4394	3763
13444	15959	0.0250	0.0526	0.0525	2.30	0.0693	0.0695	-0.0500	3712	4189
19214	22925	0.0169	0.0330	0.0334	2.35	0.0999	0.1008	-0.0592	3703	5145

图8　2015 年 10 月 12 日，10 月份合约报价

T字报价										
认购期权					1511	认沽期权				
持仓量	成交量	涨跌额	最新价	合理价格	行权价	合理价格	最新价	涨跌额	成交量	持仓量
1035	712	0.0649	0.2440	0.2451	2.05	0.0203	0.0204	-0.0097	2216	3310
569	275	0.0627	0.2076	0.2049	2.10	0.0307	0.0307	-0.0180	921	1534
994	336	0.0573	0.1724	0.1706	2.15	0.0457	0.0445	-0.0264	567	1038
1631	1055	0.0460	0.1362	0.1352	2.20	0.0632	0.0628	-0.0298	852	1938
1560	1031	0.0359	0.1058	0.1071	2.25	0.0824	0.0802	-0.0435	1260	1288
4406	3026	0.0304	0.0810	0.0808	2.30	0.1058	0.1059	-0.0479	1876	1740

图 10　2015 年 10 月 12 日，11 月份合约报价

至 10 月 13 日，10 月份合约的 IV 已经比 11 月份合约 IV 高出 2.6 个 VOL，之之这次没有丝毫犹豫，立即反手卖出 10 月份合约同时买入 11 月份的合约建立跨式仓位，她希望 10 月份合约的 IV 能掉到 11 月份合约 IV 之下。

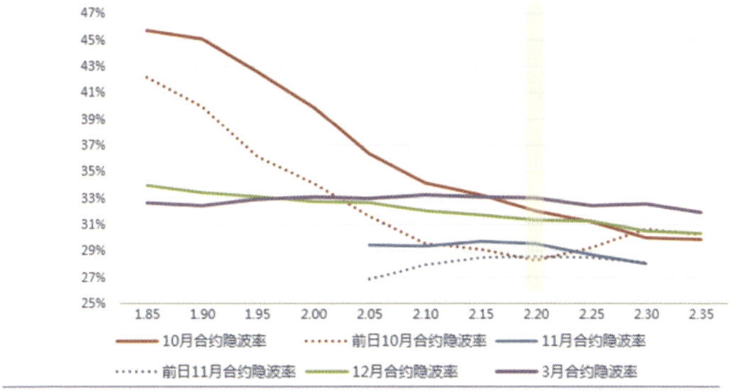

图 11　2015 年 10 月 13 日各月份 IV 结构图

10 月 14 日，卖出的 10 月份的 IV 下跌 3.71 个 VOL（如图 12），而买入的 11 月份的 IV 则上涨 0.38 个 VOL，这次的交易又大获全胜！

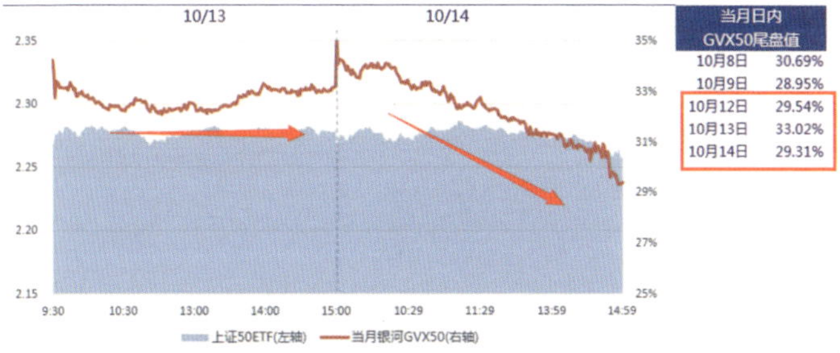

图 12　2015 年 10 月 13 日及 10 月 14 日次月波动率日内走势图

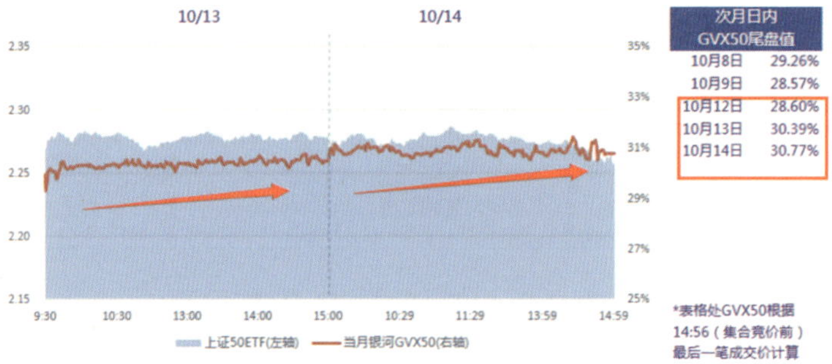

图 13　2015 年 10 月 13 日及 10 月 14 日次月波动率日内走势图

在 10 月 13 日卖出 10 月合约跨式仓位的损益如下图，计获利 191 元。

T字报价										
认购期权					1510	认沽期权				
持仓量	成交量	涨跌额	最新价	合理价格	行权价	合理价格	最新价	涨跌额	成交量	持仓量
1375	603	-0.0173	0.4044	0.4054	1.85	0.0012	0.0013	0.0002	2376	12036
1087	483	-0.0211	0.3532	0.3548	1.90	0.0021	0.0021	0.0002	1201	5183
1123	122	-0.0212	0.3048	0.3065	1.95	0.0030	0.0030	-0.0002	2432	7176
1435	433	-0.0198	0.2555	0.2552	2.00	0.0041	0.0042	-0.0002	1166	8129
946	298	-0.0210	0.2097	0.2092	2.05	0.0060	0.0062	-0.0010	1019	4193
2771	967	-0.0218	0.1624	0.1623	2.10	0.0097	0.0098	-0.0017	1985	5520
4137	1600	-0.0184	0.1224	0.1224	2.15	0.0181	0.0180	-0.0005	3157	7052
13346	8851	-0.0185	0.0850	0.0851	2.20	0.0304	0.0300	-0.0011	6783	12895
9192	4947	-0.0182	0.0547	0.0542	2.25	0.0494	0.0485	-0.0009	4983	5291
12951	8379	-0.0150	0.0342	0.0343	2.30	0.0760	0.0760	0.0002	7467	5942
18577	9378	-0.0132	0.0194	0.0196	2.35	0.1126	0.1130	0.0070	2517	6303
4251	3394	-0.0089	0.0096	0.0097	2.40	0.1537	0.1546	0.0082	706	444

图 14　2015 年 10 月 14 日，10 月合约报价

而同时买入的 11 月份合约跨式仓位的损益如下表，计损失 42 元。

T字报价										
认购期权					1511	认沽期权				
持仓量	成交量	涨跌额	最新价	合理价格	行权价	合理价格	最新价	涨跌额	成交量	持仓量
943	300	-0.0140	0.2192	0.2211	2.05	0.0242	0.0239	0.0031	1158	4276
686	247	-0.0089	0.1851	0.1818	2.10	0.0368	0.0372	0.0052	740	1919
1444	1026	-0.0145	0.1461	0.1479	2.15	0.0528	0.0529	0.0050	814	1490
1984	344	-0.0108	0.1167	0.1177	2.20	0.0711	0.0712	0.0051	703	2725
1788	761	-0.0102	0.0902	0.0905	2.25	0.0966	0.0938	0.0060	850	1728
5201	2005	-0.0040	0.0728	0.0728	2.30	0.1250	0.1242	0.0082	902	2135
913	772	-0.0065	0.0524	0.0527	2.35	0.1567	0.1561	0.0097	364	443
2056	1396	-0.0070	0.0370	0.0370	2.40	0.1904	0.1885	0.0065	853	929

图 15　2015 年 10 月 14 日，11 月份合约报价

在短短三日之内，之之这样来回交易每组日历价差损益为 149 元，10

月份也获得了不错的绩效，之之也觉得自己有了一点点小进步，这种感觉胜过买到十件漂亮衣服。

转眼已是10月下旬，上海亦到了秋高气爽的时候。“蟹螯即金液，糟丘是蓬莱。且须饮美酒，乘月醉高台。”老徐无意间读到这首诗，恍然想起似乎已经错过了一品母蟹的最好时日，要知道自己现在可是身处上海滩，而在这里如果不亲身去品尝一下阳澄湖大闸蟹，岂不是浪费了这样的天时地利！算起来，此时去品尝一下公蟹也是不错的，从前他在台湾吃过几次，但实在辨不清真伪，便想约之之一同前往阳澄湖吃螃蟹，他想，自己亲自去阳澄湖，总不会吃到假的吧?!

却不想之之说独乐乐不如众乐乐，一口气叫来了很多同事。一行人开了两辆车，上海市区一早出发一路向西，经过昆山直奔阳澄湖。民以食为天，这话没错，能愿意舟车劳顿两小时去品尝大闸蟹的，都是吃货吧。

“国人吃蟹已有几千年历史了，据说大禹治水时期，有个叫巴解的督工率领一批民工在阳澄湖边治水，因为在工棚口升的火引来黑压压一片‘夹人虫’，夹人虫异常凶猛，见人就夹，而且一大片，人们没见过这种东西，所以很害怕。所以为了反击这可怕生物，巴解率众人在工棚边开挖筑壕，并灌进沸水，升起火把，当‘夹人虫’席卷而来之际，纷纷跌入壕沟中被沸水烫死。被烫死的‘夹人虫’浑身通红，发出一股鲜香美味。巴解闻到香味，大着胆子第一个品尝了‘夹人虫’。所以，人们为了感激勇敢先行的巴解，把巴解的‘解’字下面加了个‘虫’字，称‘夹人虫’为‘蟹’，并塑像于昆山巴城。”老徐像模像样地读了一遍螃蟹的由来，此时心中更想快点到达目的地大快朵颐一下。“但是为什么叫大闸蟹?”老徐不明就里地问道。有位土生土长的上海同事解释道，“因为这些捕蟹的人以竹编成闸，放在湖中的港湾间，在隔闸上装置灯火，蟹见到火光就爬上竹闸，而捕蟹人正好捕到他们，这就是闸蟹的由来了，又因为这些蟹产自阳澄湖，所以叫阳澄湖大闸蟹。”

“听说也与当地的生态环境有关，方圆百里的水域水清如镜，水浅底硬，水草丰茂，最适合螃蟹生长繁衍，所以我们才能吃到那么好吃的大闸蟹!”之之缓缓地补充道。

“想不到吃蟹还有这么多说法”，老徐心想，“我又涨知识了。”

到了阳澄湖，早早预约的店家开着船来接，一行人都跳上船，乘船往湖心小岛驶去。说说笑笑间便到了网上人气很旺的“渔家灯火船餐厅”，大家准备大吃一顿，可能今年就只有这机会可以吃到梦想中的蟹了。

之之像个老手一样点了一些农家菜及十对蟹。当老徐还在犹豫先吃公蟹还是母蟹的时候，她已经熟练地将蟹打开，将蟹脚整齐的放在两旁，准备开始要吃了，老徐跟着学习，像个没见过世面的小孩子。

这时不知哪位同事不解风情，老徐正要大快朵颐的时候，偏偏要问问题。“行情会涨吗？10 月 22 日刚好站上 60 日移动平均线，虽然 10 日线及 20 日线已经上扬，但 60 日线仍然向下移动，压力可能不小。”（图 16）

图 16　2015 年 6 月至 10 月 22 日走势

老徐看了看自己盘中就要打开的蟹，又见众人已经把大闸蟹打开，轻轻吮着浓郁的蟹黄，才慢吞吞地回答：“很难说，但是会议要 10 月 29

日才结束，目前看起来至少不会大跌。”

之之用剪刀将多余的蟹脚、蟹嘴和蟹肺剪掉，再用勺柄将蟹身中间一个呈六角形的片状物的蟹心挑出来丢弃，并用小勺舀了醋淋在蟹身上，然后把蟹黄蟹膏吃干净。老徐仔细看了这些吃蟹的动作，太惊人了。可那同事又不识相地追问，那怎么做呢？

他将 IV 的走势图从手机中调出来，虽然在吃东西时拿出手机不大方便，但是为了不在女神面前失礼，这种事他还是会一做再做的。

假设行情未来一周至少是平稳的，目前 20 日的隐含波动率已经比历史波动率更低了，他们客观地估计未来还会更低的。

图 17　2015 年 2 月 9 日至 10 月 22 日之隐含波动率与历史波动率图

老徐又调出另一张图（图 18），“10 月份即将到期，预期市期不会有较大的波动，10 月的 IV 已经比前一日跌了很多，而 11 月的 IV 也比 12 月的 IV 低。10 月 28 日是 10 月份合约的最后交易日，还有 4 天到期的时候做个短线，卖出 10 月买入 11 月这个策略虽然前一天做比较好，但 22 日的时候日收盘价才算站上 60 日均线，所以以技术型态来看却更放心一些，我们再进场虽然少赚了一点，但风险相对有限。”

之之再把蟹身掰成两半，此时可见成丝状的蟹肉。她顺着蟹脚来撕，将蟹肉拆出。这时吃干净的蟹壳已是完整呈半透明状。刘轻云却插嘴说，“又是日历价差，上周才获利了结，不如只卖出 10 月期权，赚取时间价值。”

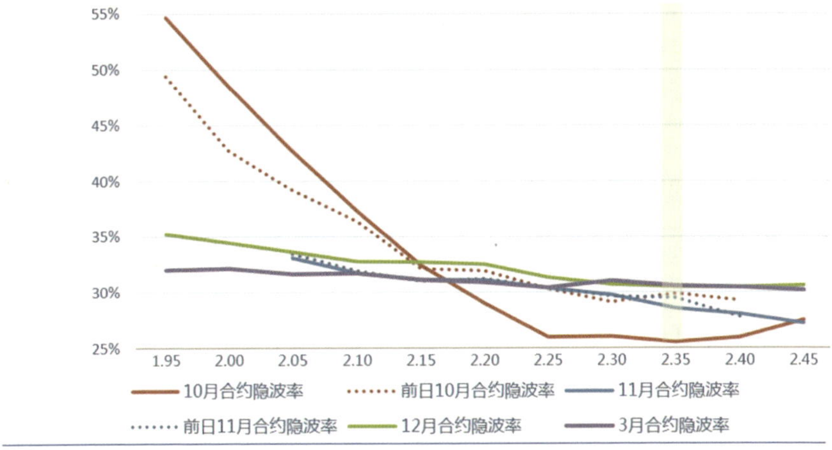

图 18　2015 年 10 月 23 日 IV 结构图

虽然吃蟹是一件很复杂的事，但是她却是很优雅。老徐看着自己桌上杂乱的样子，心中暗暗发誓，一定要将吃蟹学好，如此和女神出去吃饭才不会看起来么突兀。

之之一边听他们说一边又用剪刀把蟹腿剪成三截，使用最末一节蟹脚尖把蟹腿中段和前段的肉勾出来。

老徐一直看着之之吃蟹的样子，像极了疱丁解牛，这实在不是件易事，难道她没事就练习吃蟹吗？

对于刘轻云的问题，老徐若有所思地说：“这次的逻辑有些不同，而且快到期了，负 gamma 风险可能较大。由于市场预期 29 日开完会，所以理论上市场上许多人对 11 月份的合约是有些期待的，例如，会有利多出来然后行情上涨，所以 11 月份合约的隐含波动率会有上涨的可能性，我们买入 11 月份合约也可以对冲些许的 gamma，风险可以小一些。”

之之突然问道：“如果市场没这种预期，而 11 月份合约的隐含波动率掉下来呢？如果我们卖出虚值一档的 10 月份合约 strangle（宽跨式），以目前 11 月份合约平值的 vega 是 30 元的话，我们卖出的 10 月份合约的总收入，仅仅能支撑买入11月合约straddle的IV的2．5个波动率的下跌而已。意即，若是11月合约在4天内IV下跌2．5个Vol，我们无论如何都不会赚钱了。”

老徐一边望着迟迟没有吃到嘴里的螃蟹，一边耸耸肩：“运气应该不会那么差，若是如此，我们可能要承担一下决策风险了。”

之之做了一个鬼脸：“只是测算一下风险而已，顺便问一下你的看法。我们之前对市场的看法早已确立，只想脑内运动一下，集思广益，免得吃太多蟹，光长肉肉不长脑。”

老徐只好苦笑回应，心想，我还没吃到蟹肉。

最后之之将吃完的蟹拼回一只蟹的形状来，铺陈得条理分明，丝肉不剩。

老徐佩服地看着她拼回的大闸蟹，不禁想到，如此解构又拼合，这挺像期权的交易形式。我们不断地对市场行情或波动率结构及未来可能发生的事分析，然后一步一步地解析出我们到底要赚什么钱？哪一个项目是我们最有把握的，哪一个项目又是我们目前把握度最低的？例如，最近我们对区间的走势比较有把握，在风险可控的前提下，分析出我们目前觉得较佳的交易方式，将不确定因素在盘中或收盘前尽量对冲掉，这确实需要条理分明的分析，将风险对冲至丝肉不剩。

下表则为10月23日进场日历交易之价位及损益情况。

表1　10月23日，10月份合约及11月份合约之日历价差进场价位

合约	操作	价位	隐含波动率
10月份合约	卖出2.35认购	0.0195	26%
10月份合约	卖出2.30认沽	0.0201	25.5%
合约	操作	价位	隐含波动率
11月份	买入2.35认购	0.0584	29.8%
11月份	买入2.30认沽	0.0886	28.5%

表 2　　10 月 28 日，10 月及 11 月份合约之日历价差进场价

合约	操作	价位	损益（元/张）	隐含波动率
10 月份合约	卖出 2.35 认购	0	195	—
10 月份合约	卖出 2.30 认沽	0	201	—
合约	操作	价位	损益（元/张）	隐含波动率
11 月份合约	买入 2.35 认购	0.0467	-117	28.2%
11 月份合约	买入 2.30 认沽	0.0829	-59	28.3%

此次交易，10 月份合约权利金全部收到，100 组计 39600 元，但 11 月份合约则损失 17400 元，总计仍获利 22200 元，整体资金报酬为 1.1%，扣除交易成本及滑价，报酬仍有 1%。

“如果能提早一日进场，效果会更好……”老徐欲言又止。

之之忍不住揶揄道，“你们这些人就是贪心。亏钱了就想赚钱，赚钱了又觉得赚的少。知足才能长乐！”

11. 条条大路通罗马

2015 年 10 月 28 日上海证券交易所发布了关于自 11 月 1 日起下调上证 50ETF 期权交易经手费由原每张 2 元调整为每张 1.3 元的通知。这意味着，交易成本将大大降低，对于交易的人来说自然是件好事。说起交易成本，似乎很多人不以为然，认为区区的几块钱并不能对他们的账户造成什么重大影响，而自己只是专心交易，分析到位就可以了。可是他们不知道，交易成本的作用至关重要，否则怎么会有那么多的客户为了几角钱的交易成本跟经纪公司据理力争或是不惜大动干戈换个地方重新开立交易账户。这就像如果你开了一家小店，并不能以营收算作利润，除去房租、水电煤气等，还有人力成本、制作成本、税金，等等。如果你 5 元买入一手期权合约，7 元卖出，你的利润并不是 2 元。交易成本在这里占了一大部分甚至全部。初进市场的人总是会忽略交易成本的存在，然而有经验的交易者或者是专业交易者，对于交易成本这件事是极为看重的。初学者甚至搞不明白，为什么自己 5 元进场，7 元卖出，这样的买卖会亏损。

在一笔交易中，涉及的主要交易成本，首先是佣金。就是通过经纪公司通道交易要支付给经纪公司的手续费，这是在交易所收取的经手费上加收的钱。看起来似乎是很小的一笔费用，如果加总一下来看呢？如果经纪公司一手期权费用收 5 元的手续费，你有一个 100000 元的账户，你买了 20 手的期权，手续费 100 元，这就相当于你资金的 1‰；当你卖掉这组仓位的时候又要交同样的手续费，那么给经纪公司的手续费就占了资金的 2‰。如果每周有这样的一次交易，那每个月交易手续费就差不多相当于资金的 1%，这样交易 1 年呢？12%，这已经是很多的钱了，在行情不好的时候，或许连 12% 的收益都赚不到呢。那些专业理财产品，如果每年要支付 12% 的手续费，那么他们的年化收益率还会看起来那么诱人吗？同样的，如果是一个资金更少的账户，那么它用的手续费占比就更高了。如此看来，从节省手续费成本的角度考虑，也不应该过度交易。

第二个重要的交易成本就是滑价亏损。所谓的滑价，就是下单时候的价格和真正成交价的价差。市场上有两个快速变动的价格：市场买入价和市场卖出价。市场买入价由买家报价买入，市场卖出价由卖家报价卖出；这个市场上有很多专业投资者喜欢意气用事的买家，因为可以用比市场价还高的价格卖给他。满心着急的买家担心市场上涨，愿意马上花高价买入；同样，担心市场下跌，他也愿意比以市场价格更低的价格卖出。滑价就是众多市场参与者的情形所致。市场上有很多资深人士就是这样在市场波动中赚取滑价利润，他们卖给买家，又从买家手里买入，他们不停地在买卖单中寻找获利机会。所以，如果你真的不在乎滑价，也不在乎好价格，想要速战速决，那么就下市价单吧，不管什么价位，都能马上以即时价成交。相反，如果你想控制自己的买卖价格，可以选择使用限价单，只不过，你要有耐心去等待，而且有时候也许等待到收盘也不一定会成交。所以，市价单和限价单各有利弊，就看交易者追求的是时间还是价格。

当然还有其他费用，比如，作为入门者或者要交易新品种你要买一些书籍、投资报告来学习，作为进阶者你要报一些收费课程提高自己的交易能力，再者，你对自己有更高的要求，需要品质高的电脑、专业的服务器，甚至于能帮你完成自己交易逻辑的付费软件或者自开发软件等。

这些在交易账户上看不见的支出，虽然是隐形的，可是作为成本来讲，也是一笔不小的支出。所以，在自费花这些钱的时候想一想，这部分费用占了账户资金的百分比是多少，你要在交易中赚多少钱才能负担这笔费用，有没有可能尽量减少这部分费用的金额，是不是可以等账户有了盈利再考虑花这笔钱。

不管怎样，交易要继续。

10 月底隐含波动率果然如预期般下跌（见图 1），而行情也逐渐回稳，短期内行情下跌的可能性也越来越小。但是令人意想不到的是，11 月初连续两天的下跌，居然跌破了 60 日均线及 20 日均线，但是 20 日线又向上穿越 60 日均线，行情的走势有点诡异。

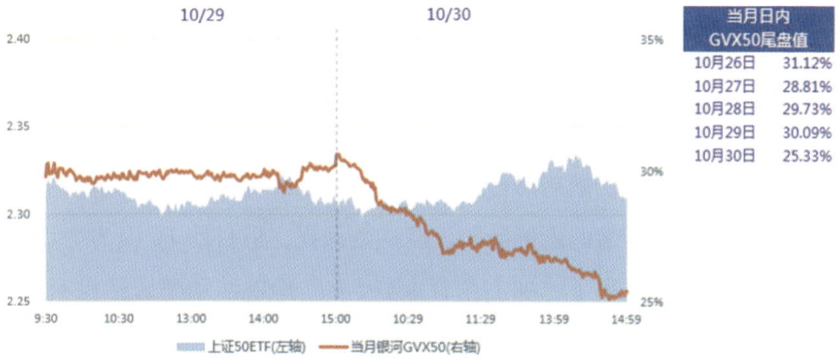

图 1　2015 年 10 月 29 日及 10 月 30 日隐波率日内走势图

老徐对之之说：“这行情实在看不出会涨还是会跌，看法常反反复复，今日之我常否定昨日之我。”

之之这个年轻人却仿佛历经沧海桑田般豁达，“那就不要着急，等着再看两天，一切都会明朗的。”

11 月 4 日行情大涨，实在有点出乎意料外，不过该日的大涨，也确立行情偏多的走势，一切技术面技标将向多头发展。

之之突然探过头问老徐：“徐总，您在想用力做多吗？”

图 2　2015 年至 11 月 4 日走势

“也不错，我们应该不要受限在波动率交易的框架中，或许近期做多也是不错的选择，可以用 20 日均线作为多空的标准，采用牛市垂差或是买入认购。”

之之突然疑惑的看着他问：“好像很少听您说用买入的策略耶 ~ ”

老徐看了她一眼，然后慢慢地说：“确实如此，因为先前的隐含波动率确实太高，波动率行情的走势会向长期均数靠拢，但目前 IV 因为会议结束后已经回到正常的水平了，加上今日大涨 5%，隐含波动率居然没有上升，只要行情再度向上，相信止损的单子会陆续出来，IV 向上的机会是有的。”

之之不置可否地哦了声。

老徐知道她可能没有得到她想要的答案。

他接着说：“对我而言是这样的，有时我盘中盯盘没有看的太紧。经验上，如果短线的 IV 太高，在很短的时间内，IV 都会因为激情过后很快的拉回来。但是 IV 很低的情况下，却不易很快往上拉升，除非行情突然暴走，但有时会来不及进场，仍然买在 IV 偏空的位置，所以在判断及执行上，对大多数的人来说，卖出波动率或 short gamma 是一项比较简单的交易。”

之之突然疑惑：“但是卖出的风险大啊！”

老徐又神秘笑了一下回答：“这就要考验控制风险的功力了。”

之之跟了一句，“拭目以待。”

做多行情确实没有错，可惜的是他们的实际单子并没有做多波动率，因为行情上涨同时要波动率上升，在过去的经验中对他们而言并没有很好的经验值，过去也很少这么做，若在大涨之后立刻看行情大幅回调也不是他们的交易风格，所以只有赚到行情上涨的钱。

图 3　2015 年 7 月至 11 月 10 日走势

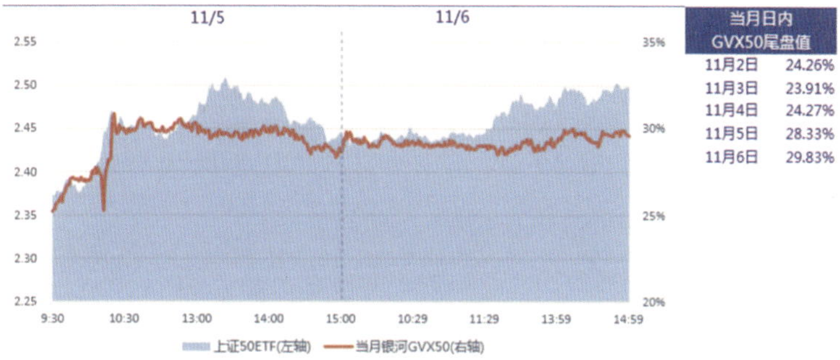

图 4　2015 年 11 月 5 日，行情大涨的次日 IV 才上来 4 个 VOL

当然期权交易不仅仅是波动率的交易而已，虽然使用波动率交易的方式，能在某些时候赚取相对低风险的报酬，但有时方向确立时，采用简单的垂差，也可以在风险不高的前提下赚取相当不错的报酬率，这也是大家常常在看多时最喜欢使用的策略。其交易损益情况如下：

2015 年 11 月 5 日开盘，买入行权价 2.40 元的认购 0.0683 元，同时卖出行权价 2.45 元的认购 0.0495 元。

2015 年 11 月 10 日收盘，卖出平仓行权价 2.40 元的认购 0.1451 元，买入平仓行权价 2.45 元的认购 0.1115 元。

100 组，总计获利 168×1000=16800 元。一周报酬率 0.84%。

万万没想到，垂差策略遭到了女神的质疑。

上海的天气已经开始转凉了，这是老徐在上海准备过的第一个冬天。在办公室内，之之突然抬着头问老徐："为什么您那么喜欢用垂直价差？这种方法不仅上方的获利受到限制，而且资金使用效率也不见得很好，虽然相对安全，遇到行情大跌时损失有限，但是在没有组合保证金的情况下，加上一次要下两条腿，实在是既麻烦又增加交易成本，我觉得您跟经纪商有勾结。"

老徐居然一时语塞，说不出话来。

看着之之询问的眼神，老徐想，"我绝对不能让她看轻了自己。"

他整理了一下思绪说："其实我们交易的特性是看到了偏多的讯息立即去买入，看到了偏空的讯息立即卖出，绝大多数是趋势追踪的，而且周期不是很长，所以在交易上比较适合使用垂直价差。"

虽然这个解释像白开水一样无味，但是之之仍然很有耐心地续继问："接着说。"

"由于我们的交易模式是较短周期的趋势追踪，所以在获利上通常不太可能持有超过一个月，能持有一、二周已经是非常好的了，通常获利也是相对比较有限的。"他看之之仍然有些茫然，又说："这种交易特性，通常赚钱的话我们会持有的时间比较长，而亏钱时，持有时间比较短，这非常适合用垂差的方式去持有我们的仓位。"

他拿了一张图，战战竞竞地给女神参考（见图 5）。

他指着图说："我们可以从图上看到，当行情上涨到损益平衡点之上，即图中这些所有线的交汇点，这是一个 short gamma 的情况，我们持有的时间越长，对我们越有利；而行情跌到损益平衡点之下，我们持有越久越不利。由于我们的交易型态是获利将继续持有而亏损时立即止损，那么当行情跌到损益平衡点之下，我们的损失会比平常小，也比较符合赚大赔小的交易逻辑。”

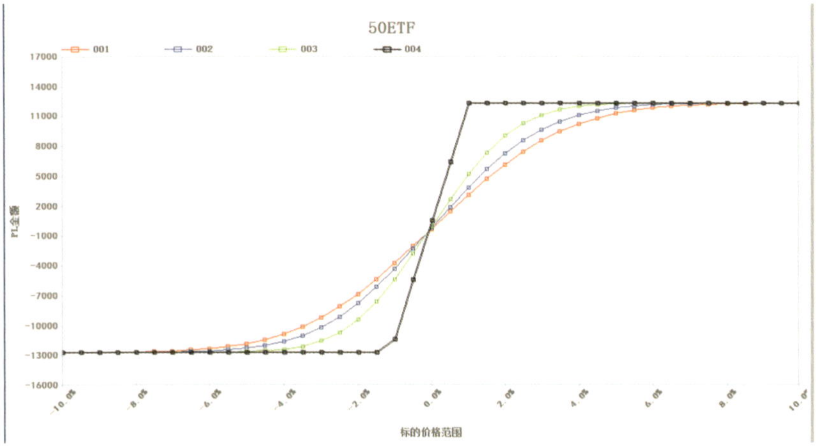

图 5　垂直价差当日、五日后、十日后及到期日之利润分配图

他又喝了一口水，进入话痨模式，继续说道：“我们做方向最怕的是什么？最怕的不只是做错来不及止损，最怕的是做错了，行情因为极端走势而来不及止损。但是垂差由于在损益平衡点之下是 long gamma 的形式，若行情反向跳空大跌，而波动率上太快，我们有可能不仅没有损失，反而因为波动率的上升而小幅获利呢！这就是使用垂差遇到极端走势而有的优势。”

之之终于稍微满意地点了头，接受了他的说法。

她又突然指着计算机的走势图说：“如果 2015 年上半年，照您的做法，我们可能赚不了大钱了，这不是挺丢脸的？目前这几天的走势挺凶的，或许仍有机会再多涨一波？”

老徐也不置可否，因为这行情实在不好预测。

他只好说：“任何事情，有一得必有一失，今年 6 月大跌后，我认为至少不至于一下子又弹回相对高点，这去杠杆的政策多多少少会使得反

图 6　2015 年 8 月至 11 月底日线图

弹空间有限。”

之之问道：“那后市如何看待呢？”

他心中虽然没什么把握，但又不想失掉在女神心中的崇高地位，只好硬着头皮说：“反正我觉得是区间，上档压力沉重，加上前几个月市场刚刚受到重创，投资人的信心绝对没有恢复，你别担心少赚了，今年我觉得我们仍大有可为呢。”

老徐斩钉截铁地说：“下次若再有把握看多时，我仍会持有垂直价差的仓位，赚相对安心的钱。”

他趁机问了一下之之：“饿了吗？我请你吃个饭吧。”

想不到女神居然回他：“你又在帮厂商打广告了，还饿了吗呢？你到底想图利多少厂商？”

这一次，他真的一句话都说不出来了。

12. 化解尴尬的比例

收盘后，之之一直望着窗外出神。老徐看了看她，又看了看窗外，一边喝了一口刚买来的气泡水一边好奇地问，外面也没有下雪，也没有什么奇观，这是看什么呢？好好奇噢！他见之之没有回答，便讲起了“喝水也有鄙视链”的段子：“这个年代，喝普通矿泉水的看不起喝凉白开的，喝高级矿泉水的看不起喝普通矿泉水的，喝气泡水的看不起喝所有其他水的。哼哼，我要保持在喝水生物链的顶端。”

之之并没有被逗乐，回过神来面无表情地说：“有时候运气真的很重要，不然的话，有时好几个月努力交易的成果，可能一夕之间就毁掉了。到时候只能天天喝凉白开了，呵呵。”

他很讶异地看着她，美丽又深沉的外表下，为什么有时会突然说出那么多愁善感的话。

老徐问她：“何出此言？”

“您看前几天，行情明明涨得好好的，11 月 27 日突然说跌就跌，当天就跌了 5.27%，而今年 12 月 2 日也是一下子就上涨了 5.26%，要是我们卖出波动率或是做错方向，那岂不是白忙活了？”

老徐笑着对她说：“其实 A 股市场还不算凶残，因为开盘没有大幅度的跳空，以前在台湾，跳高或跳低开出 2% 是家常便饭，当你持有 short

图 1　2015 年 8 月至 12 月上旬上证 50ETF 走势图

gamma 仓位时，一开盘就决定了你的生死，若你还是执迷不悟，没有去做对冲的话，市场绝对会让你知道应该怎样去尊敬它的。”

之之说：“难道我们没有更好的方法去避免或是克服吗?”

他想了一下说：“这其实不容易解决，大多数的方式就是把风险控制住，然后遇到特殊事件时，损失是可以承受的，另一种方式就是尽量分散你的投资标的，多样化你的交易方式。”

“其实我们现在就是每个策略的风险占我们可承担的总风险限额的 20% 以下，而且每个策略都是使用两腿策略，风险相对将更低，这是我们目前可以做的。”

老徐大概说明了一下他们的风险设定。由于期权是非线性交易标的，对于风险的设定通常会用 Greeks 来设定。即交易员持有仓位时，不可以超过 Greeks 风险的设定值。例如，我们常会规定 delta 值不能超过资金的 100%，负 gamma 不得超过资金的 30%，vega 不超过 1% 等限制，以实际例子来看，若交易员有 100 万元的可交易额度，交易员持有方向性的总仓位不能超过正负 100 万元，持有总仓位的负 gamma 不能超过 30 万元，总 vega 值不能超过 1 万元。这代表了，若行情跌了 1%，隐含波动率变化 1%，则交易员在 delta 上最多损失 1 万，gamma 上损失 0.15 万元，波动率也最多损失 1 万元，合计最多的损失仅 2. 15 万元，如此交易员就无法持有过大的风险性仓位了。

除此之外，为避免交易员过度交易，除高频或套利交易的程序外，也会限制日内交易频率。例如，本来持仓最大风险仅有 2. 15%，但交易员日内交易损失 0. 5%，这样有 20 次的话便可以使总损失可以达到 10%以上，这种交易员过度交易的情况绝对也要避免。

所以在风险上，控制住曝险金额及交易次数是期权交易的第一步，毕竟这是一个带杠杆的衍生品，预防在较极端走势或是交易员失控时损失大额资金是首要目标，有了第一层保护才能在可控的情况下往目标获利前进。

之之突然很兴奋："其实在这种行情中，我们就算真的遇到跌停板时，应该也不会有大碍。"

老徐大笑："承你嘉言，这种跌停板的事最好不要遇到，否则净值波动太大对我们实在不是好事。"

此时，在这讨论中的他们，竟全然不知下个月会因为熔断而发生了跌停事件。

12 月份的市场弥漫着一种尴尬的气氛，股市一直没有走出稳定的趋势。像老徐这样从台湾过来的，没有看什么新闻，常常看了也解读不出个所以然来，便仍然以统计及技术分析等方式来看这个市场。不过在随机性比较强的整理走势中，要用技术分析找到一个方向可不是件容易的事，特别是用比较滞后性的技术分析方式，每每当你很满怀期待看多时，市场总会浇一盆冷水让你清醒一下，认清现实；而当你又开始悲观看空时，却发现情况好像也不是那么的坏。

虽然方向性的走势不是那么的明朗，但在隐含波动率上却动静不小。

在 12 月份时，市场实际的波动率没有那么的大，但隐含波动率的数值却一直相对比较高，如果行情看起来稳定的话，掉下来的机率会相当

图 2　2015 年 6 月至 12 月底 50ETF 走势图

大，但是更值得留意的是，2015 年 12 月 15 日，近月的 IV 从 30 以上掉下来，变成近月的 IV 最低，次月次之；但是季月的 IV 却最高，在结构上已经要打破先前比较混乱的情况，在判断上给了他们一个波动率比较大的交易机会，或许未来会变成逆挂的市场（即越近月越低），毕竟离到期日越近的期权 IV 的变化会首先变得比较快。

另外一点值得留意的是，现在期权同一个月份的偏度的正偏情况也比较大，也就是说，认购虚值的隐含波动率已经比平值附近的隐含波动率高了许多，这提供了一个相当好的建立比例式价差的机会，卖出虚值的认购，买入平值的认购。

2015 年 12 月 15 日的 12 月的隐含波动率从开盘的 35% 附近快速往下掉，12 月 16 日又继续往下掉了 1 个点，波动率往下的趋势相当明显，虽然市况不是那么明朗，但 IV 的走势却表示市场已经脱离了恐慌，投资者们的心理已经一点一点地恢复了平静。

之之拨了一下头发，欲言又止，最终还是问了出来："除了呆呆地卖出期权外，还有什么好方法可以做？"

老徐笑着说，"我们可以聪明一点地卖出期权，至少风险低一点。"

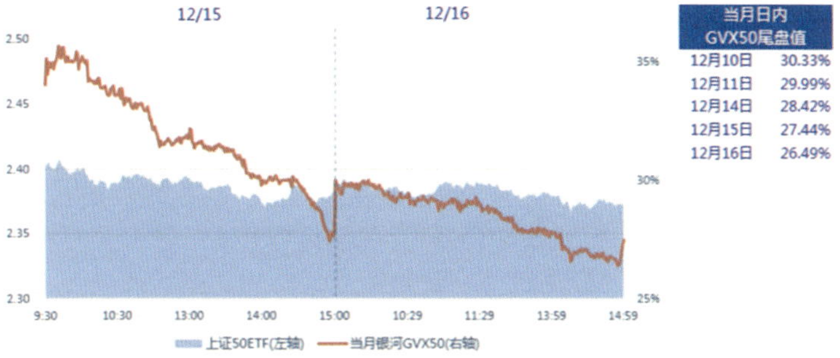

图 3　2015 年 12 月 15 日及 16 日 IV 当日走势图

以偏度指标的公式：skew. indicator = （VOL（0. 25delta） - VOL（ -0. 25delta））/VOL（ -0. 25delta）来计算，12 月 16 日偏度值为 9. 88%，根据我们的历史数据来看，已经达到了 80% 分位了，这应该是一个非常好的机会点，况且在台湾通常都是负偏情况居多，这次获利的机会很大。

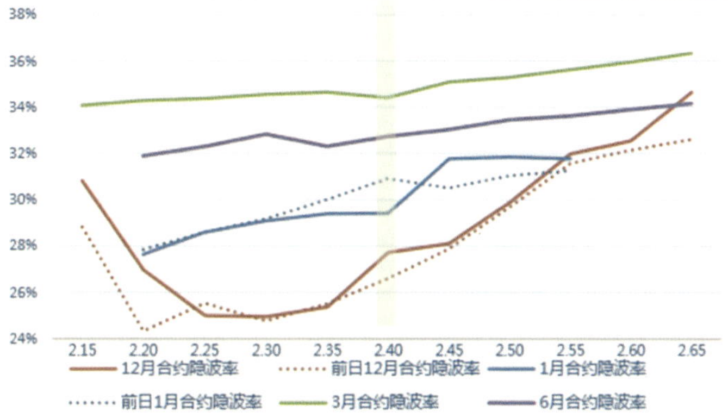

行权价	2.15	2.20	2.25	2.30	2.35	2.40	2.45	2.50	2.55	2.60	2.65
12月合约隐波率	30.83%	26.98%	25.00%	24.96%	25.37%	27.72%	28.11%	29.87%	31.99%	32.56%	34.65%
前日12月合约隐波率	28.82%	24.34%	25.54%	24.77%	25.52%	26.60%	27.89%	29.67%	31.58%	32.16%	32.63%
1月合约隐波率		27.63%	28.59%	29.08%	29.39%	29.41%	31.77%	31.85%	31.79%		
前日1月合约隐波率		27.85%	28.59%	29.18%	30.02%	30.93%	30.51%	31.05%	31.27%		
3月合约隐波率	34.08%	34.29%	34.38%	34.56%	34.66%	34.42%	35.10%	35.29%	35.63%	35.96%	36.35%
6月合约隐波率		31.89%	32.30%	32.84%	32.31%	32.74%	33.04%	33.45%	33.63%	33.90%	34.17%

图 4　2015 年 12 月 16 日 IV 对比表

表 1　　偏度计算分位数表

Quantile	Skew. indicator
0%	-18. 56%
10%	-8. 23%
20%	-3. 76%
30%	-1. 05%
40%	1. 52%
50%	2. 65%
60%	4. 31%
70%	6. 05%
80%	9. 24%
90%	13. 25%
100%	19. 32%

老徐建议："我们应该可以根据此时的 delta 建立 1∶3 比例，买入 2. 35 元认购 1 张同时卖出 2. 45 元行权价认购 3 张来交易。过两天若是没有什么意外的话，应该可以获利。"

我们来追踪一下该仓位的逐日损益。

12 月 16 日建立仓位::

买入 2. 35 元行权价认购 1 张，价位 0. 0500 元。

卖出 2. 45 元行权价认购 3 张，价位 0. 0129 元。

12 月 17 日仓位:

权利仓 2. 35 元行权价认购 1 张，价位 0. 0625 元。

义务仓 2. 45 元行权价认购 3 张，价位 0. 0141 元。

该日每一组仓位已经获利 89 元。

主要因为 2. 35 元的行权价 IV 微升，但 2. 45 元的行权价掉了 1. 59 个 VOL。

2015 年 12 月 17 日仓位:

权利仓 2. 35 元行权价认购 1 张，价位 0. 0724 元。

义务仓 2.45 元行权价认购 3 张，价位 0.0131 元。

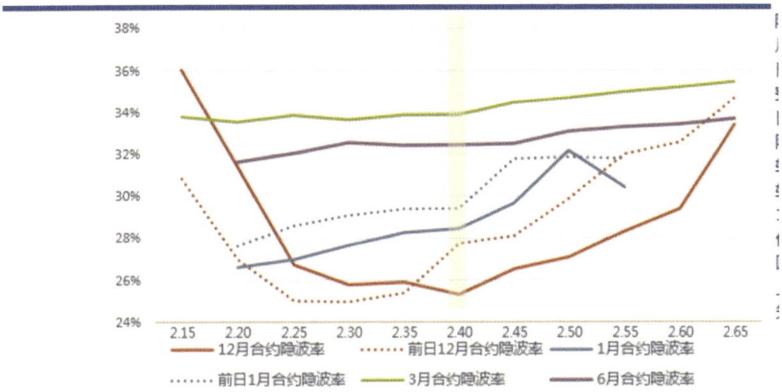

行权价	2.15	2.20	2.25	2.30	2.35	2.40	2.45	2.50	2.55	2.60	2.65
12月合约隐波率	36.04%	31.42%	26.72%	25.76%	25.89%	25.31%	26.52%	27.08%	28.32%	29.39%	33.40%
前日12月合约隐波率	30.83%	26.98%	25.00%	24.96%	25.37%	27.72%	28.11%	29.87%	31.99%	32.56%	34.65%
1月合约隐波率		26.60%	26.98%	27.66%	28.26%	28.45%	29.67%	32.17%	30.42%		
前日1月合约隐波率		27.63%	28.59%	29.08%	29.39%	29.41%	31.77%	31.85%	31.79%		
3月合约隐波率	33.78%	33.53%	33.85%	33.64%	33.85%	33.87%	34.45%	34.68%	34.97%	35.19%	35.44%
6月合约隐波率		31.63%	32.05%	32.55%	32.42%	32.44%	32.50%	33.08%	33.29%	33.41%	33.68%

图 5　2015 年 12 月 17 日 IV 对比表

该日每一组仓位已经获利 218 元（见图 6）。

这主要是 2.35 元的认购的 IV 大幅上升了 3.69 个 VOL，而 2.45 元行权价的 IV 则下降了 1.66 个 VOL，在波动率上，由原先的正偏已经变为个负偏的情况，这时一定得获利了结，因为这负偏 20% 达到了 A 股市场上有期权水平以来的新高。

获利了结过后，之之颇有感悟：“在行情从不稳定趋向稳定的时候，波动率确实有很大的机会。”

老徐接道，“可不是吗？但是行情没有人可以说是真正的稳定，若是行情再大跌，隐含波动率又会再升，波动率说不定会有更好的机会呢。”

之之瞄了他一眼：“您又在杞人忧天了，只要风险报酬比是合适的，就可以做了，这不是您常说的吗？”

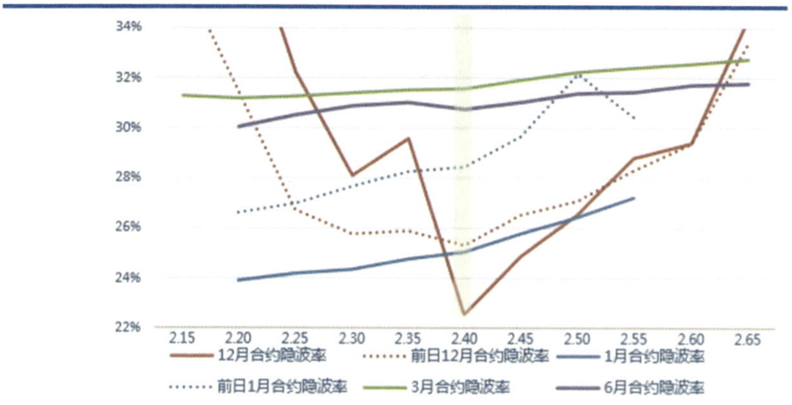

行权价	2.15	2.20	2.25	2.30	2.35	2.40	2.45	2.50	2.55	2.60	2.65
12月合约隐波率	42.64%	38.92%	32.22%	28.10%	29.58%	22.54%	24.86%	26.54%	28.81%	29.40%	34.40%
前日12月合约隐波率	36.04%	31.42%	26.72%	25.76%	25.89%	25.31%	26.52%	27.08%	28.32%	29.39%	33.40%
1月合约隐波率		23.89%	24.18%	24.35%	24.77%	25.04%	25.77%	26.43%	27.21%		
前日1月合约隐波率		26.60%	26.98%	27.66%	28.26%	28.45%	29.67%	32.17%	30.42%		
3月合约隐波率	31.28%	31.18%	31.27%	31.40%	31.52%	31.58%	31.92%	32.23%	32.41%	32.57%	32.75%
6月合约隐波率		30.04%	30.51%	30.88%	31.02%	30.75%	31.02%	31.38%	31.44%	31.72%	31.78%

图 6　2015 年 12 月 18 日 IV 对比表

他叹了一口气："唉，当你有仓位时，心理状态总是会变得不一样，常常对事情的判断会受到心理因素的影响，还好有你在旁随时提醒我呢。"

之之突然话峰一转，突然指着图形对他说："你还记我们当时说的吗？因为近月份的 IV 跑得比较快，市场很有可能会调整成逆挂市场，即愈近月的波动率愈低，在 12 月 17 日时（图 5），明年 3 月的平值 IV 还比明年 6 月的 IV 高 1.43 个 VOL，但 12 月 21 日时却已经相差无几了呢。"（见图 7）

老徐看了一下图形，有些遗憾。"还是你比较敏锐，可惜我们当时没有建立仓位呢。"

之之反而平静，"快过元旦了，也别着急了，持仓低一点，稳定一点吧，我们才刚刚开始呢，瞧您急的。"

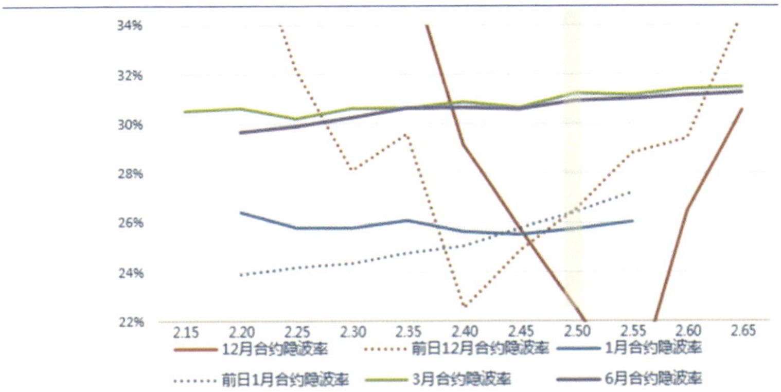

行权价	2.15	2.20	2.25	2.30	2.35	2.40	2.45	2.50	2.55	2.60	2.65
12月合约隐波率	62.87%	54.03%	45.27%	38.43%	36.76%	29.15%	25.72%	22.47%	19.00%	26.46%	30.55%
前日12月合约隐波率	42.64%	38.92%	32.22%	28.10%	29.58%	22.54%	24.86%	26.54%	28.81%	29.40%	34.40%
1月合约隐波率		26.41%	25.79%	25.78%	26.08%	25.62%	25.51%	25.74%	26.02%		
前日1月合约隐波率		23.89%	24.18%	24.35%	24.77%	25.04%	25.77%	26.43%	27.21%		
3月合约隐波率	30.50%	30.62%	30.21%	30.62%	30.64%	30.87%	30.65%	31.22%	31.16%	31.39%	31.47%
6月合约隐波率		29.67%	29.90%	30.25%	30.64%	30.66%	30.59%	30.93%	31.01%	31.15%	31.26%

图 7　2015 年 12 月 21 日 IV 对比表

老徐的心似乎又飘到了远方，喃喃说道：“也是，最近上海实在太冷了，我也回台湾避一避寒吧。元旦后再回来。”

是啊，马上就要元旦了，近些年很流行跨年，所以元旦这一天在某种意义上又显得重要而隆重了。之之的思绪仿佛也被牵到远方，若有所思。这一年，期权上市，遇见老徐，学习交易，成立产品，游历远方……虽然交易的煞有介事，但也有很糗的时候，比如下错单，然后忐忑地等待第二天开盘，还好是一个完美的乌龙小拇指……自从 2008 年企图抄底燃料油之后，她已经很久没有做过隔夜单了，不想让自己变得神经焦虑，也不想让交易这件事影响自己的正常生活，所幸，期权的这种策略多样化及风险对冲的灵活性，可以让她能够安然面对，而且有老徐这样见过世面的交易高手在，总可以拨云见日，想想也没有什么可担心的，唯一要注意的就是控制风险、控制风险以及控制风险。

回顾市场，自 2 月 9 日上证 50ETF 期权上市以来，期权市场运行总体平稳，市场功能得到初步发挥，但市场规模仍有进一步提升的空间。

2015 年，美国标普 500 ETF 期权日均成交面值约 500 亿美元，与标普 500 相关的股权类期权的期现成交比约 2.5 倍。目前，上证 50ETF 期权日均成交量约为 11 万张，日均合约成交面值不到 30 亿元，期现成交比仅 0.03，与国际成熟期权市场相比，绝对市场规模和相较于现货的相对市场规模均尚小，市场处于起步阶段，市场覆盖面和功能发挥仍然有限，有较大的发展空间（见《上海证券交易所股票期权市场发展报告（2015）》）。

13. 熔断的机会

当熔断制度推出来的时候，大家都不是很看好。其实原因很简单。因为熔断而无法出场，会造成踩踏效应。就好像在电影院失火的时候有很多人不是被火烧死，而是相互践踏而死。而熔断制度就导致了这样的一个结果。

2016 年一开年行情就跌停板，曾经认为已经平稳的市场居然又开始了恐慌。从台湾来的老徐几乎无法想象，因为台湾是一个浅碟市场，受到一点风吹草动会有剧烈的变化，他认为是理所当然。但是像 A 股那么大的市场受到一点点风吹草动，居然有这么大的破洞。老徐实在是觉得有点难以接受。

他不禁转过头来问之之："这边一向如此吗?"

之之笑着打趣："我们的市场唯一不缺的就是波动。"

他则一副不甘示弱的样子，"最好是。"

之之开玩笑，"您还是一个 A 股菜鸟，别以为赚了一点钱就可以迅速升级。"

他表演出瑟瑟发抖的样子，"我才不敢呢。我总是对市场持有很高的敬意。"继而又自我安慰道："这次运气不错，假期前把仓位压的很低。交易有时候也是很需要运气的。"

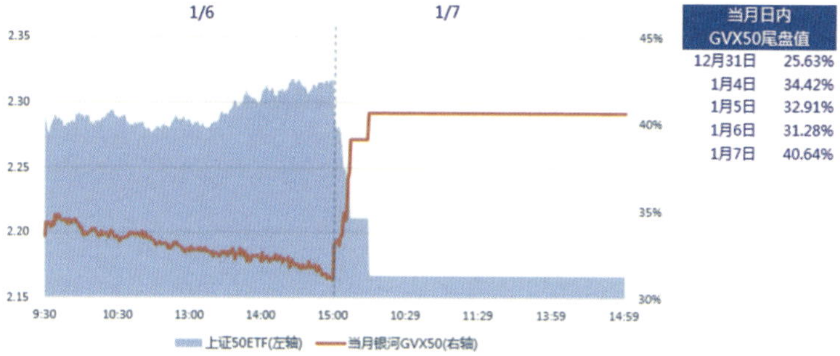

图 1　2016 年 1 月 7 日融断时 IV 及行情的走势

在隐含波动率拉到相对高位的时候。交易的机会就出来了。每天隐含波动率的高低点可以达到 5 个百分点，对于波动率的交易者来说有很大的发挥空间。现在唯一的问题是应该要怎么做?

波动率在高点有一个相对明显的惯性现象，在盘初的时候隐含波动率会相对比较高，到了盘中或临近盘尾，隐含波动率会下降。这样一来，日内波动率交易者便可以利用这个特性，在盘中获取不错的利润。唯一比较有风险的是，有的时候隐含波动率在盘尾会因为某些因素而拉高。但是绝大部分的时候，盘中的隐含波动率是比开盘时相对逐渐走低的。

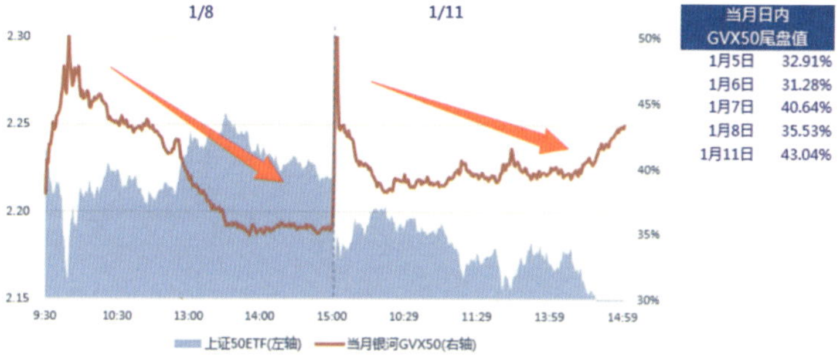

图 2　2016 年 1 月 8 日及 1 月 11 日盘中 IV 走势

之之回顾了一下这两天的市场状况，感慨道：“我们靠这样的波动率交易模式，这个月倒是可以赚到不少钱。虽然偶尔几天这种情况不是那么的明显，但是整个市场紧张的气氛，却可以让我们这些比较冷静的人赚到一些应该获得的利润。”

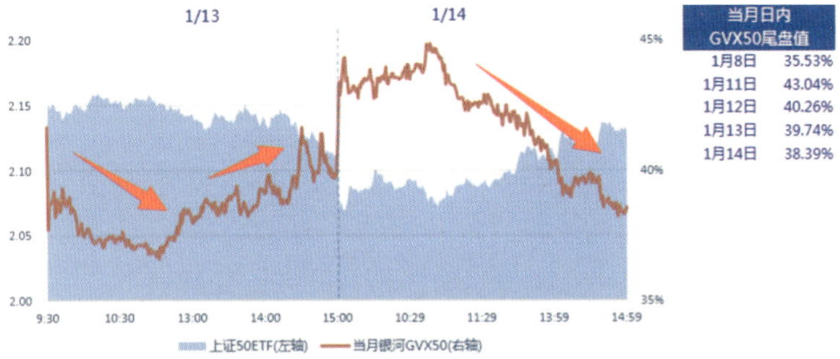

图 3　2016 年 1 月 13 日及 14 日盘中 IV 的走势

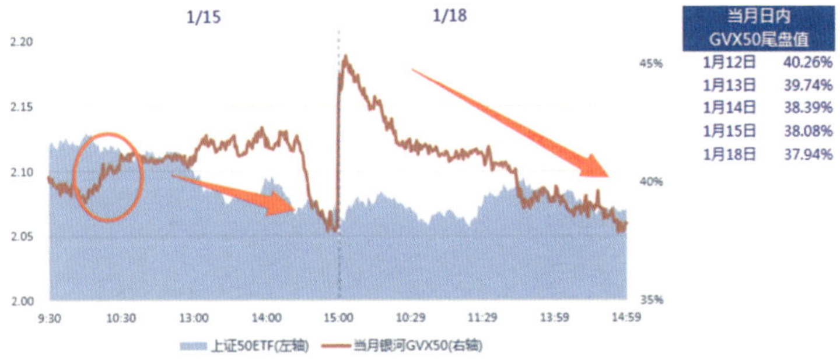

图 4　2016 年 1 月 15 日及 1 月 16 日盘中 IV 的走势

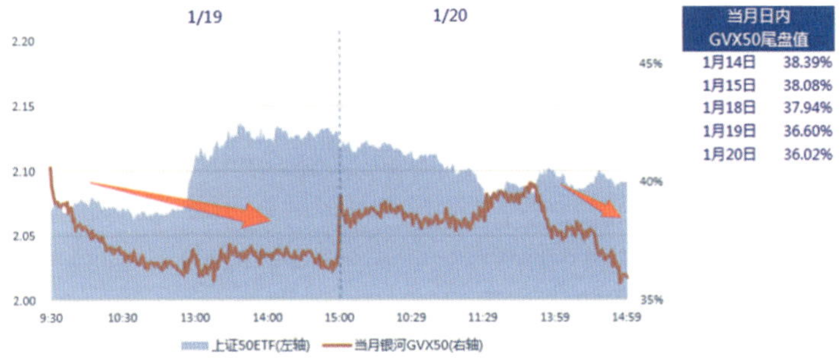

图 5　2016 年 1 月 19 日及 1 月 20 日盘中 IV 的走势

老徐泼了一盆冷水，“这种情况是可遇而不可求。若是隐含波动率降到35%以下，或是30%以下。日内的波动率变化就不会那么明显了。”

他见之之半天没接话，连忙补充，“反正到时候再说，现在看起来市场还是相对的不稳定。”

之之觉得有些惋惜，“比较可惜的是这个月这么明显的下降趋势，我们居然没有买入认沽。如果全力看空的话，小宇宙就爆发了。”

老徐还是很耐心，“我们就是有的时候对方向不是那么有把握，所以才做波动率呀。”

之之却不以为然，“您最好是波动率看的准，我倒觉得有时候方向不一定会比波动率难判断。”

这是一个见仁见智的答案，有时候看得准却没有胆子。

图6　2015年8月至2016年1月走势图

此时老徐心中想着却是另外一回事：如果市场逐步成熟之后，这样的机会是否会持续出现呢？如果这个市场的散户仍然占绝大部分的交易量的话，这样的情况应该还会持续一阵子吧。他心中默默祈祷着。

“接下来应该准备要过年了吧，上海的冬天实在是太冷了！”他一边这样想，一边看着之之冷得发抖的双手，不由疑惑：“东北人居然会怕冷？”

今年的冬天，肯定是有史以来最冷的一个冬天了。不仅仅在天气上，在股市上的表现也是如此。前几天老徐看到新闻，居然南方的广州也下雪了，更令他讶异的是，台北这100多年来也首度飘下了雪，他在台北生活半辈子还没有看过下雪。只不过，下雪的时候，人居然在上海，没有办法欣赏到罕见的台北雪景。

经过了1月份的熔断之后，2月份股市仍然没有起色，他不禁开始怀疑自己的判断。他觉得沪市市盈率仍然很高，但看到同事们经历的市场上哀鸿遍野的情况，他竟也跟着悲天悯人起来，行情明明是已见底，但是市场就是乐观不起来。有人说股市最大的利多就是跌太多，但是这利多也未免太久了。

元宵节过后，股市开始反弹，市场隐含波动率虽说已从高点回落，但仍在高点附近徘徊。目前的真实波动情况不如1月份熔断的时候，但市场气氛却让人感到压力重重。老徐认为这是一个卖出波动率的绝佳时机。

在办公室内，他问了同样来自台湾的刘轻云：“现在是卖出的好机会了吧?”

刘轻云起先默不作声，隔了好久才怯生生地说：“不好吧，如果继续跌怎么办?”

老徐半开玩笑地直言：“你太娘娘腔了。这种行情你还不做卖出那你要什么时候才卖呢?”

老徐强烈建议卖出至少三成的资金。

但是J看法比较保守，害怕受到伤害，他一直很担心这样的交易方式，担心股市会跌到一个深不见底的深渊中。

老徐却觉得他对这边的保证金制度一直不是很了解，这边的保证金实在是太高了——卖出一张期权所需的保证金至少是台湾的四倍！在没有保证金组合制度的条件下，跨式的卖出保证金需求至少是台湾所需保证金的八倍以上！

老徐突然感觉到，这应该是最好的机会了。

他离开办公室。跟之之说到这件事："J 现在觉得行情仍然不是很稳定。卖出波动率风险很高，市场上大家都持如此的看法，这应该是最好的时机了吧？"

之之愣了一下，立刻心领神会，"隐含波动率到了 40 以上还担心，看来大家确实是太杞人忧天了。不过话说回来，因为这种市况，您就觉得是卖出波动率最好的时机了，这种想法是否证据太弱了？"

他点点头，"嗯，我也是这么觉得。但是我想，在今年元月时 50ETF 下跌 23%，又有两次的融断，实际波动率不过才 40%，2 月份实际的波动率到 30% 以下的机会不小，最坏也是实际波动率跌到 40% 附近，我们卖出 30% 的仓位，风险应该不大，特别是许多人都觉得很危险的时候，行情应该见底了。"

经过这次谈话之后，他对于市场不确定的看法忽然一扫而空，开始制定卖出波动率的交易计划。

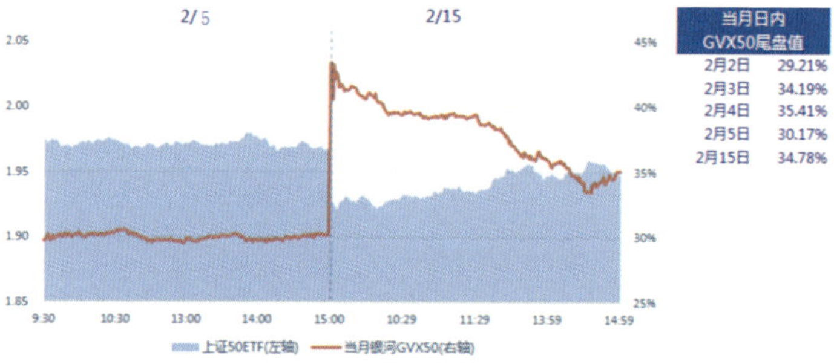

图 7　2 月 5 日及 2 月 15 日近月日内隐含波动率走势图

在元宵节过后，股市走势相对稳定，IV 也一路向下，虽然波动率往下的情况不是相当明显，但实际波动率确实比预想的小了许多，在接下来的九个交易日里，仅有两日超过 2% 的涨跌幅，算是"运气"不错的一次交易。

事后老徐和之之每每讨论卖出波动率交易时，都觉得 50ETF 期权的卖出波动率交易似乎不难做，最大因素可能是受到国际股市的冲击较小，那么跳空开盘而无法调整 delta 对冲的机会也会小，只要狠狠地跟住 delta，损失都不会太大。

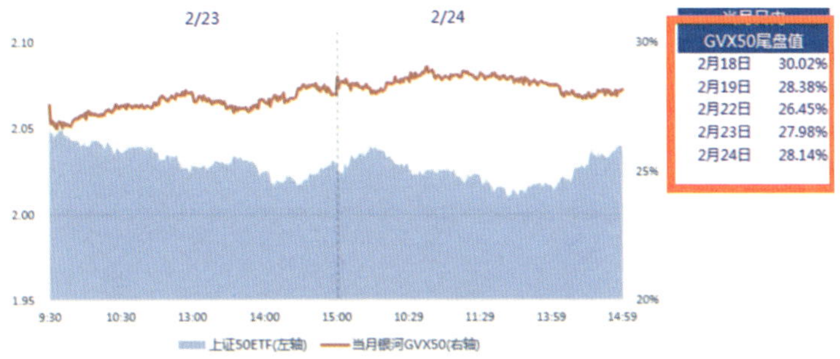

图 8　2 月 24 日，2 月合约到期前的日内隐含波动率走势图

图 9　2015 年 12 月至 2016 年 2 月 29 日的走势图

老徐也因此而觉得这样的市场做期权卖方比台湾市场要轻松得多。从前在台湾，老徐和他的团队根本不用看太多新闻或分析，只要晚上看到美国股市不小心跌了 1%，第二天台湾“至少”跳空低开 1% 以上，最低可能都是 1.5%，因为大家都在看同一个因素，卖出波动率常常会因为跳空开盘时的对冲，使得实际对冲的波动率会比隐含波动率高，这是在交易上比较困难的地方。

接下来的一段时间，老徐自信满满，认为以卖出为主的交易模式会在这个市场上有很多机会为产品创造更多绩效。

14. 全力做多

2016 年闰年，2 月 29 日指数下影线再创当年低点后，开始迅速拉升，3 天之内将 2 月 25 日下跌的长黑收复，此时已经符合观察的行情落底信号，预判指数要再跌破 1.90 元的机会应该不大，老徐确定地跟之之说出了他的想法："我觉得我们应该用力做多。"

之之睁大眼睛，讶异地看着他，"为什么您那么确定要做多?"

"行情拉了一段，已经脱离整理区间，在这边做这样的一个决定，事实上胜率还挺高的，而且我们的损失也可控。"随即他又补充，"就算真的做错，也没有多少损失。"

之之沉吟片刻，"我们的产品是以稳健著称的，全部做多可能不适合我们的风格，我们还是稍微控制一下好了。"

老徐说点了点头，"没有问题。只是我希望接下来持有的仓位都是以比较偏多的 delta 持有，就算行情下跌顶多对冲至中性，千万不要偏空而已。"

他们都沉默了一下子。

老徐突然说道，"你知道吗? 现在趁投资人不是那么了解期权的情况下，可以把方向性敞口稍微放大一点，波动率可以覆盖部分 delta 的敞口风险，现在的期权风格很像台湾当时 2004 ~ 2006 年之际，不算太离谱，我有时一直在想，如果那时候的情况再来一次，我会如何操作?”

“退一万步来说，至少目前市场隐含波动率还是属于高位的阶段，做卖方获利不会太难。”他继续说道，仿佛每次一说到交易，他就自带背景音乐，兴奋不已。

老徐顿了顿，望向窗外，似乎是对之之说，又像是自言自语：“以前在台湾，对我而言，隐含波动率低到离谱且最难做的是在2012年的时候，台湾的隐含波动率一直在6%到8%之间，知道要买，但买了不会赚钱，可站在卖方那像是走在钢索上，随时有亏大钱的可能，真的是买也不行，要卖也不是，那时是我觉得最难做的时候。”

他继续幽幽说道，仿佛伴随着那段记忆：“那时候市场的波动很小，要做日内连获利的空间都没有。而做波段持仓隔夜的风险，居然还比做日内的风险来得低！那段时间做波动率交易根本就是一场灾难，每天在那儿进进出出，手中庞大的仓位，损益居然只有一点点，实在很容易让人失去戒心，然后趁你不注意时，给你致命一击，市场总是如此对待不重视他的人。”

老徐回过头，坚定的说：“我觉得A股市场未来可能也会出现类似这样的情况，或许就是在今年年底，也或许是明年。目前市场不断地去杠杆，当许多比较激进的投机资金退出后，波动可能会愈来愈小，接下来若是一些比较长期、周转率比较低的大资金陆续进驻股市时，整个市场会慢慢趋于平淡，迟早会有这样的一个情况，但我希望能够晚一点看到。”

之之也没客气，“您知道A股市场最不缺的是什么吗？就是波动率。”她在这两个月内又重复了这句话。

他淡淡地说，“希望你说的是对的。”

他拿出最近的行情走势图跟波动率图跟之之继续讨论，“你觉得这个行情的支撑在哪里？现在看使用1.8元为支撑，似乎是不切实际，在风险控制的前提下，那可操作的空间太小了，若以此为止损点，在损失控制在1%~2%以内有限的前提下我们仅能投资小小的仓位，不容易有足够的获利。”

图 1　2016 年 3 月初走势图

他继续分享自己的观点，“做交易有一件很重要的事，就是知道如何控制风险。当我们的止损很远的时候，仓位只能很小，然后慢慢累积放大。当我们的止损比较近的时候，仓位可以相对的比较大，因为相对可以损失的金额是类似的。一般我们对行情的看法都没有这么准，所以用慢慢累积的方式来做，至少在 3 月份看多，应该不会有太大的问题。”

之之很爽快地答应，“没有意见，听您的。”

之之补充道，“我希望我们交易的看法不要太纷乱，意见不要分歧太大。只要逻辑没有太大的问题，我就同意。我只要帮您把风险、仓位、成本控制好，令所有的事情都在控制之中，想办法大赚小赔，相信我们的基金会稳定成长。”

老徐用感激的双眼看着之之，心中想：“她真的很有智慧，跟一般要小聪明的女孩子不同，能够跟她一起合作，真的很幸运。”

他此刻心中五味杂陈：以前和许多人有交易上的问题，主要是大家有太多的看法，一直想证明自己是对的，但是对于责任都没有人想承担，这是他过去和许多人不欢而散的原因。关于交易，其实他还是有信心的，现在又遇到能真心合作的人，如虎添翼。

到最后他们的所谓全力看多只不过是比先前看多的力道稍微重一点，说到全力，他们不过仍然是使用了牛市多头垂差，全力这一点，看来确实保守了。

图 2　至 2016 年 3 月 23 日结算日的走势图

15. 之之的选择

上海的天气渐渐暖和了起来，让人无法忍受的冬天终于熬过去了。“恢复到二十度左右才是适合人生存的天气吧?!”老徐满脸羡慕地看着之之，“你们东北人真好，以前生活在比较冷的地方，冬天一定都不怕冷!”

之之悠闲地喝着凤凰单枞，忽然转过头看着他，白了一眼，一副嫌弃老徐无知的表情，“才不呢，东北人才怕冷，我们房内都有供暖。”

老徐不可思议地问道，“东北人怕冷?!”之之睁着大眼对他点点头。

4 月份的股市似乎与上海的天气同步，逐渐回温。月初的隐含波动率走势呈稳定向下态势，从最高的 28. 84% 一直到目前的 25. 17%，直逼半年新低附近，但由于目前的行情波动稳定，20 日历史波动率已经率先创下 2015 年期权上市以来的最低纪录。

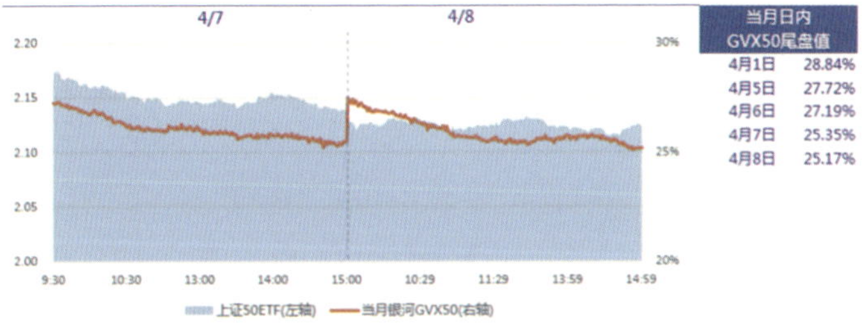

图 1　4 月 7 日及 4 月 8 日隐含波动率日内走势图

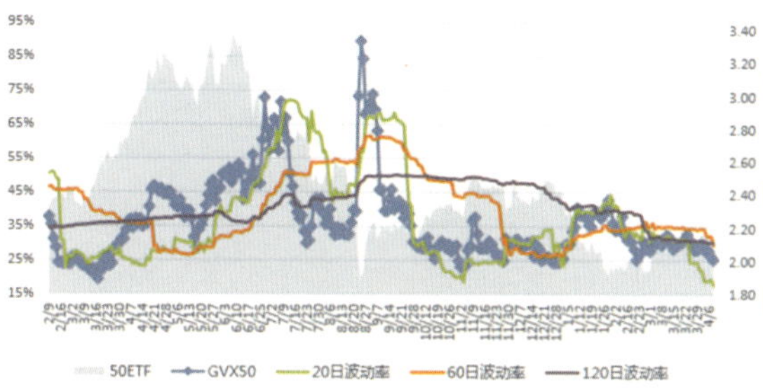

20日波动率	
4月6日	19.20%
4月7日	19.71%
4月8日	17.88%
60日波动率	
4月6日	32.29%
4月7日	32.23%
4月8日	29.65%
120日波动率	
4月6日	30.28%
4月7日	30.33%
4月8日	30.31%
GVX50	
4月6日	27.89%
4月7日	26.32%
4月8日	25.29%

图2　历史波动率与隐含波动率图

办公室里的人似乎都没有午睡的习惯，大家有空了便围起来讨论行情。

之之首先开腔，“上个月我们做多，虽然没行情没有涨很多，但是至少不算看错，目前的隐含波动率缓步向下，至少行情不易跌了。”

老徐点点头，同意之之的看法，也专心看着她那精致的脸，问道：“你用什么保养品？”

之之说：“您咋不正经点？”

听到她突如其来的东北口音，老徐不禁笑了出来。“吼，你有东北腔。”

“您才有台湾腔呢！”之之用很凶的眼神瞪了他一眼。

老徐洋洋自得，“台湾腔才受欢迎呢，我去商店买东西呀，说不定商店还会给我打折呢！”

他们天南地北地聊了一下，刘轻云有点着急，又将话题拉到正轨上问，“老徐，到底怎么看？”

老徐一脸严肃，“跟之之想的一样，但是重点仍在我们的策略要如何定，最怕的是看对做错，或是刚开始是对的，但是受不了回调或是中途又改变了看法，导致最后又亏钱又一团乱，所以在看法一致的前提下，只是如何操作的问题而已。”

之之见自己的看法得到肯定，便大胆提议，“既然行情不易下跌，我们可以做最简单的卖出认沽，甚至于我们觉得不跌，也可以用虚值的认沽做一套牛市垂差，例如 4 月 8 日，行情收在 2.124 元，我们可以买入

2.05 元的认沽，同时卖出 2.10 元的认沽，只要指数不跌破 60 日均线，理论上都不会亏的。”

图 3　2015 年 7 月至 2016 年 4 月 8 日走势图

老徐点头说：“这看来确实是短线的区间下缘了，在此做多也是合情合理，而且最近的隐波率确实跟历史波动率比较起来是有点高了，卖出波动率正当其时。”

之之又突然不满意了，“唉，您能不能直抒己见、直截了当以及一针见血？”

老徐最近发现她的长相和个性有点不太相符，人长得漂亮，但语气却是太直接，都有点怀念那些熟悉的台湾腔了。“还是台湾的女孩子温柔一些。”刘轻云也在一边跟着起哄。

之之好像背后长了耳朵：“徐总，我们现在是在工作，温柔有什么用？”

老徐怔了一下，“我们可以从波动率的结构来着手。”

之之恢复了正常的语气问，“怎么说？”

老徐调出隐含波动率的结构图，“目前的隐含波动率是 6 月高于 9 月高于 5 月又高于 4 月，如果是一个正常的情况，而行情趋于稳定的波动率，应该回归长期均数，我觉得 6 月不应该高于 9 月那么多，以历史的分位数来看也不应该差了那么多吧。毕竟大多数的情况最近的两个月应该相当贴近而回归长期均数，所以有操作的空间。”

之之又以专业的语气追问："那么您的建议是？这种情况您又会怎么做呢？"

老徐慢悠悠地说："通常我会卖出 6 月的波动率，买入 9 月的波动率；或者卖出 6 月的波动率，买入 5 月的波动率。"

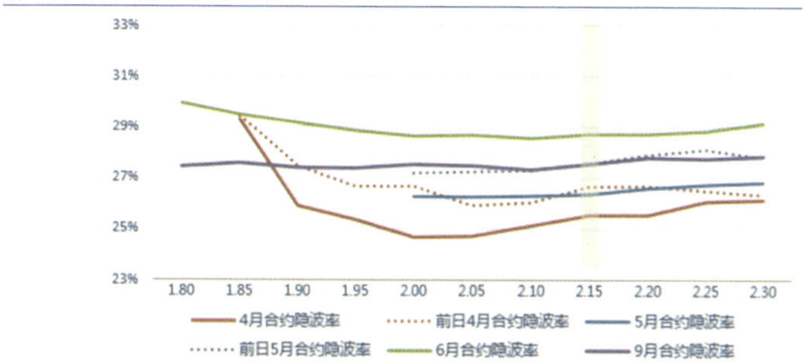

行权价	1.80	1.85	1.90	1.95	2.00	2.05	2.10	2.15	2.20	2.25	2.30
4月合约隐波率		29.31%	25.91%	25.36%	24.68%	24.71%	25.13%	25.54%	25.55%	26.08%	26.15%
前日4月合约隐波率		29.44%	27.47%	26.67%	26.68%	25.92%	26.04%	26.67%	26.69%	26.50%	26.35%
5月合约隐波率					26.27%	26.25%	26.29%	26.36%	26.59%	26.74%	26.83%
前日5月合约隐波率					27.19%	27.24%	27.29%	27.57%	27.91%	28.12%	27.81%
6月合约隐波率	29.95%	29.50%	29.17%	28.86%	28.65%	28.69%	28.57%	28.72%	28.73%	28.84%	29.17%
9月合约隐波率	27.44%	27.57%	27.39%	27.38%	27.53%	27.48%	27.32%	27.55%	27.80%	27.75%	27.86%

图 4　2016 年 4 月 8 日的隐含波动率结构图

表 1　　2016 年 4 月 8 日的历史波动率分位表

百分位数水平	20 日波动率	60 日波动率	120 日波动率	GVX50
100	72. 2%	61. 7%	50. 0%	89. 5%
90	53. 3%	50. 6%	48. 7%	50. 3%
80	44. 7%	45. 0%	43. 3%	43. 2%
70	37. 1%	37. 2%	39. 2%	39. 4%
60	30. 8%	34. 7%	36. 8%	36. 5%
50	27. 4%	32. 3%	34. 5%	32. 8%
40	24. 5%	27. 2%	29. 0%	30. 5%
30	20. 2%	19. 1%	18. 6%	29. 6%
20	15. 3%	15. 8%	16. 6%	28. 2%
10	12. 2%	14. 3%	15. 5%	25. 0%
0	7. 6%	10. 8%	13. 4%	19. 4%

刘轻云在一旁听着，忍不住问道："那你觉得要做买 9 月卖 6 月合约

还是要卖6月买5月合约?”

一副打破沙锅问到底的节奏啊!

老徐耐心解释,“以流动性及安全性来看,卖6月买5月好一点。加上这是正gamma的仓位,如果不小心行情又崩了,我们至少可以多少赚一些。但是卖6月买9月,可能获利潜能多一些,因为6月vega不小,如果明天就回来了,每一个vega可以赚40元呢。”

之之不管不顾地就决定了,“那做卖6月合约买5月合约吧!”

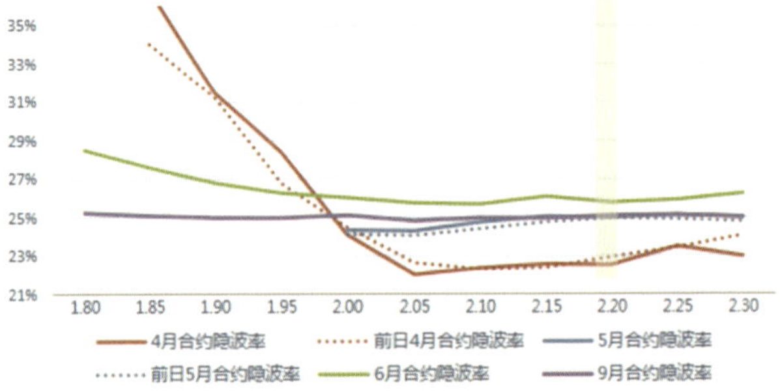

行权价	1.80	1.85	1.90	1.95	2.00	2.05	2.10	2.15	2.20	2.25	2.30
4月合约隐波率		36.84%	31.49%	28.38%	24.11%	22.00%	22.36%	22.56%	22.53%	23.49%	22.98%
前日4月合约隐波率		34.02%	31.24%	26.77%	24.49%	22.64%	22.30%	22.38%	22.94%	23.44%	24.07%
5月合约隐波率					24.35%	24.30%	24.75%	25.05%	24.98%	25.14%	25.03%
前日5月合约隐波率					24.11%	24.06%	24.41%	24.75%	24.95%	24.89%	24.79%
6月合约隐波率	28.49%	27.58%	26.79%	26.25%	26.02%	25.74%	25.68%	26.07%	25.77%	25.90%	26.23%
9月合约隐波率	25.24%	25.09%	24.99%	24.98%	25.11%	24.82%	24.98%	24.96%	25.09%	25.13%	25.01%

图5 2016年4月15日IV结构图

4月15日,行情已经比4月8日上涨2.5%,他们买入的5月的IV虽然跌了1.31个VOL,但卖出的6月份的IV却跌了2.65个VOL,而5月的vega为28元,6月份的vega是40元,这样每一组可以赚69.32元($2.65 \times 40 - 1.31 \times 28 = 69.32$)。他们在庆幸还好没有卖出6月买入9月,否则将陷入波动率收敛的漫长等待。

这样的获利结果并没有让之之满意,反而面露惋惜,“为什么当初没有直接卖出波动率或卖出认沽牛市垂差?!IV在短短的5个交易日从25.17%掉到21.11%,就算卖出跨式获利都比做跨期的波动率价差好。”不知为什么,之之突然觉得自己越来越像老徐了,赔钱懊恼没赚钱,赚钱又觉得赚太少。她有点不太喜欢这样的自己，知足常乐才对啊。不以物喜不以己悲，不是吗？

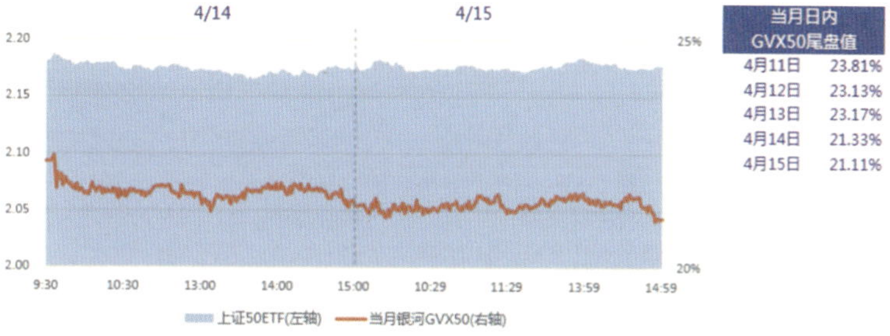

图 6　2016 年 4 月 15 日，IV 日内走势图

老徐也觉得可惜，但是这都是选择的结果。当初觉得行情会稳定，其实直接卖出期权是最好最直观的，但是在交易的过程中，又担心行情大涨大跌，最后的决定是一个安全但报酬相对低的策略。“这就是我们的选择呀”老徐只能这样说，其实回头想想，或许的确是因为信心不足才会选择这样的策略吧。

老徐还是安慰着补充了一堆说辞，“当然最后波动率仍然往下，而结构也更加接近我们的设想，但我们前一周早已获利了结了，这也是我们这次交易的选择，没有什么好说的，不过这也不算是失败的交易，短短的一周以每组 1 万元的资金做此交易，报酬率有 0.69% 呢，虽然可以更好，但目前这已经足够，五一长假我还要出去玩呢。”

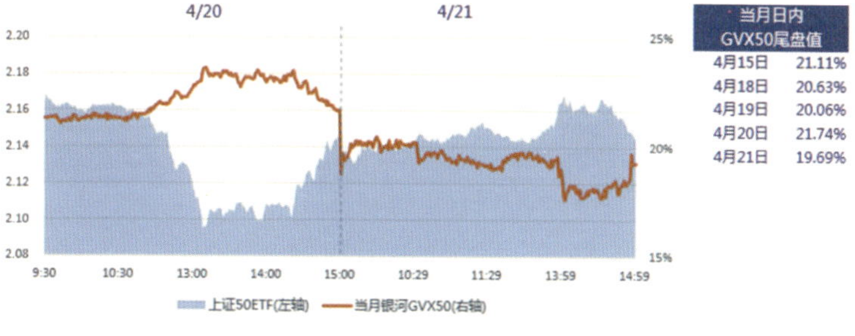

图 7　2016 年 4 月 21 日 IV 日内走势图

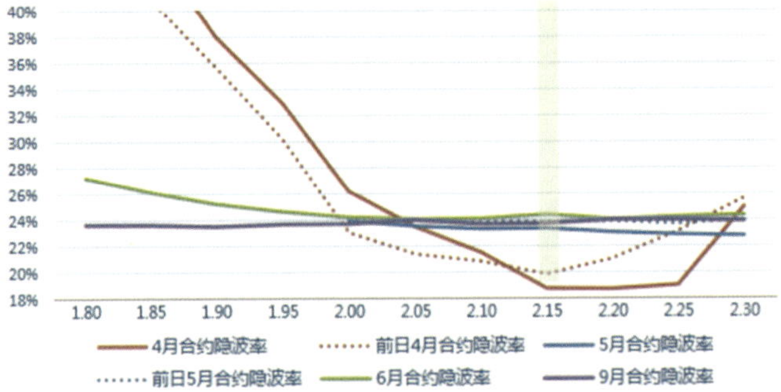

行权价	1.80	1.85	1.90	1.95	2.00	2.05	2.10	2.15	2.20	2.25	2.30
4月合约隐波率		45.36%	38.01%	32.95%	26.17%	23.46%	21.50%	18.75%	18.69%	18.99%	24.97%
前日4月合约隐波率		40.97%	35.68%	30.22%	23.03%	21.37%	20.81%	19.84%	21.01%	23.11%	25.63%
5月合约隐波率					23.92%	23.52%	23.30%	23.33%	23.03%	22.84%	22.75%
前日5月合约隐波率					23.95%	24.00%	23.93%	23.81%	23.88%	23.66%	23.98%
6月合约隐波率	27.20%	26.11%	25.20%	24.61%	24.18%	24.04%	24.06%	24.36%	24.01%	24.19%	24.30%
9月合约隐波率	23.64%	23.62%	23.50%	23.68%	23.69%	23.99%	23.69%	23.71%	23.99%	23.98%	23.89%

图8　2016 年 4 月 21 日 IV 结构图

16. 交易节奏

6 月已是阳光明媚，整个办公室的人看起来心情都很不错，还时不时互相分享各自喜欢的零食，一派和谐欢快的气氛。

“其实我是长期看多的。”老徐在看计算机指数图形时忽然脱口而出。虽然经过 5 月 31 日大涨 3.4% 的鼓舞，但市场似乎并没有摆脱去年 6 月至年初的悲观气氛。

坐在他旁边的之之随口说了一句，“您就这么乐观？是不是偷偷买了什么绩优股。”

老徐很讶异她为什么这么说。但他没有再试探询问，而是说：“我从事金融业那么多年了，股价指数长期来看都是向上的，我从来没有看过任何一个国家或地区的股价指数是长期向下的。”

她想了一想，说道：“长期虽然是向上，但是中途遇到一些乱流或是先前涨太多，难道不会跌个两三年吗？2015 年的牛市确实让投资者大伤元气。您不要看着 5 月 31 日大涨，突然就看多，这种没有根据的看法，使得您的想法一变再变，会让大家都无所适从哦。”

老徐假装用不高兴的语气说：“最好是我有一变再变，我变得再多，也没有你的发型变得多。”

之之昨天不知是不是心情不好，突然把长发剪了，换了一头简单帅气的锁骨发。老徐知道很多女强人都留这种发型，搭配着白上衣及黑色的短裙，确实有女强人的味道，虽然今天没有名牌加身的富贵逼人的打扮，但是工装在她身上也加分了不少，不知道为什么公司的其他女同事都不喜欢身着工装，他觉得这样也是蛮好看的。

老徐盯着之之看了一会儿，她似乎发现了什么，突然又眼睛瞪了老徐一眼，用她的东北口音开玩笑地说："瞅啥瞅?"

老徐突然想起了一句顺口溜："到了北京才知官小，到了上海才知钱少，到了东北才知道自己的胆子太小。"这时候觉得这句话是对的，女神也会这么凶。

老徐只好尬聊，硬着头皮拉回话题，"我这几个月都不会改变看法的。"

图1　2016年至6月底走势图

在实际的交易上，6月份行情走势偏向区间徘徊，与规划想象中缓步向上多头走势有些偏差，但是老徐仍主观认为6月不会跌破前一个月的低点的底线是守住了。用期权交易的好处是你在规划交易时就算看错，也可以将损失控制住，5月底至6月初的隐含波动率已经不像前几个月那么高那么适合卖出，他内心深处也想持续卖出，毕竟在他的判断中，指数行情会稳步向上，而行情稳步向上的过程中，隐含波动率必定是稳稳的持续向下，说不定会变得像台湾在2012年~2014年间一样，隐含波动率一路掉到10%以下，如此一来，卖出波动率至少还有7个点的空间!

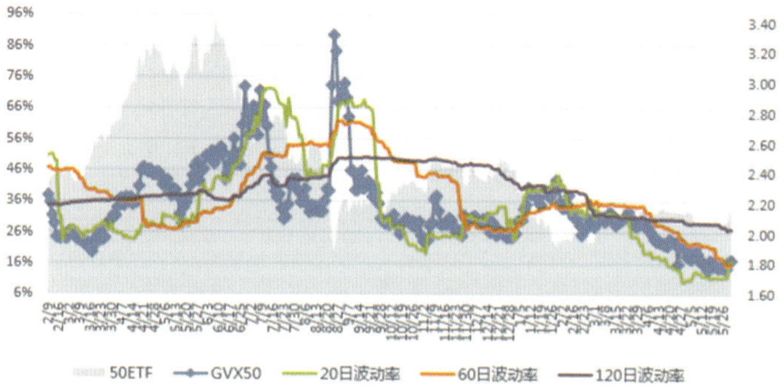

图2 历史波动率与IV走势图

但是老徐想了一想，目前的50ETF期权交易市场，可能仍以散户居多，就算是台湾的隐含波动率要掉到10%以下也至少经过了5年以上沉淀，期间市场上大多数人都不再是闭眼睛卖卖卖才有这样的情况。50ETF期权市场才第二年而已，怎么可能会一路向下呢?他决定目前仍以保守为主，策略以每个月持续赚钱为目的，只是容许大多数delta为正数，不再用中性交易习惯的做法“永远维持delta小额偏空”。市场上总是下跌比上涨快，中性卖方的交易员大多数让留仓部位永远维持小额偏空以稳定净值变化。

6月份的做法仍然将焦点放在结构上，由于6月的IV仍高于7月的IV，加上9月的IV亦高于12月的IV，老徐认为这可能是某会议的影响预期心理造成的，或许这也是交易机会。所以交易的策略为卖出6月买入7月，卖出9月买入12月，这仍是卖出gamma为主的策略，但风险较低，而他也将delta维持容忍跑出较多的值出来，即对冲时对正delta容忍较大，对负delta容忍较小的对冲方式。

他在6月1日卖出6月的行权价2.10元及2.20元的认沽及认购，同时买入7月份行权价2.10元的认沽及2.20元的认购，做一个日历价差，希望6月份的IV能下降或是7月份的IV能上升，但实际上他是觉得6月的IV会下跌的可能性比较大。

2016年6月1日	卖出6月行权价2.20元认购 0.0181元	卖出6月行权价2.10元认沽 0.0146元
	买入7月行权价2.20元认购 0.0306元	买入7月行权价2.10元认沽 0.0397元

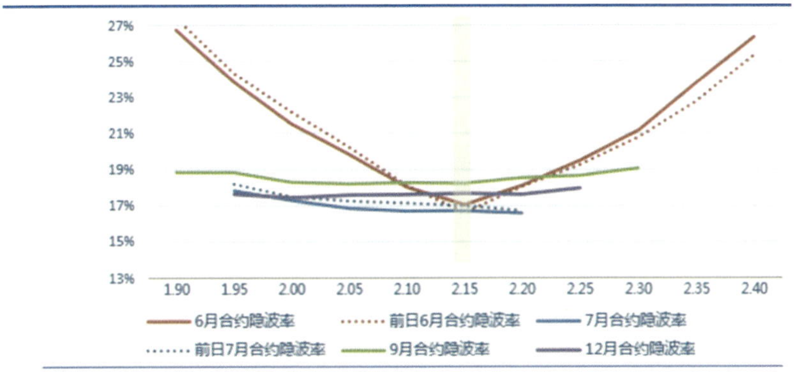

行权价	1.90	1.95	2.00	2.05	2.10	2.15	2.20	2.25	2.30	2.35	2.40
6月合约隐波率	26.74%	23.85%	21.52%	19.84%	18.04%	17.06%	18.13%	19.51%	21.15%	23.80%	26.34%
前日6月合约隐波率	27.42%	24.34%	22.18%	20.24%	18.12%	16.60%	18.07%	19.26%	20.77%	22.77%	25.33%
7月合约隐波率		17.84%	17.30%	16.85%	16.70%	16.71%	16.58%				
前日7月合约隐波率		18.20%	17.51%	17.25%	17.15%	16.99%	16.74%				
9月合约隐波率	18.86%	18.85%	18.31%	18.22%	18.28%	18.24%	18.54%	18.66%	19.07%		
12月合约隐波率		17.64%	17.45%	17.60%	17.62%	17.68%	17.62%	17.97%			

图3　2016年6月1日IV结构图

次日，行情平稳，仅小跌0.002元，即0.09%，但隐含波动率并未下降，反而微微上升，6月份的波动率结构图的偏度增加，在理论上算是相当不错的一个偏度的交易机会，由于资金有限，加上他们讨论后觉得卖出6月买入7月的的交易在他们的看法中较容易获利，所以忍痛不去做偏度交易。

6月3日，行情上涨了0.65%，由于行情仍然变化不大，无需delta对冲。连续2个交易日的行情都对他们的仓位颇为有利，但是问题是波动率变化不明显，当7月份的IV突然向上时，他们的内心隐隐出现了期待的苗头，如果仅靠每天一点点的时间价值来度日，若行情突然反转，对他们而言可是得不偿失，但截至目前，行情仍是稳定，唯一不稳定的似乎只有投资者的看法。

2016年6月2日	卖出6月行权价2.20元 认购0.0148元	卖出6月行权价2.10元 认沽0.0166元
	买入7月行权价2.20元 认购0.0302元	买入7月行权价2.10元 认沽0.0407元
损益		+19元/组

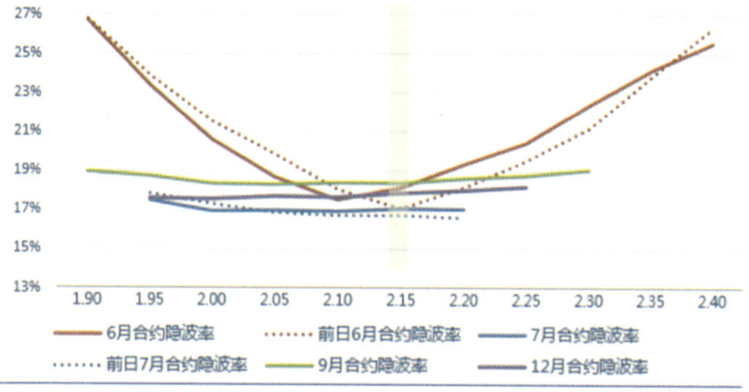

行权价	1.90	1.95	2.00	2.05	2.10	2.15	2.20	2.25	2.30	2.35	2.40
6月合约隐波率	26.66%	23.35%	20.57%	18.67%	17.50%	18.11%	19.31%	20.41%	22.34%	24.13%	25.52%
前日6月合约隐波率	26.74%	23.85%	21.52%	19.84%	18.04%	17.06%	18.13%	19.51%	21.15%	23.80%	26.34%
7月合约隐波率		17.48%	16.94%	16.96%	16.92%	17.06%	17.02%				
前日7月合约隐波率		17.84%	17.30%	16.85%	16.70%	16.71%	16.58%				
9月合约隐波率	18.93%	18.71%	18.32%	18.28%	18.36%	18.35%	18.59%	18.74%	19.03%		
12月合约隐波率		17.59%	17.55%	17.69%	17.64%	17.85%	17.99%	18.18%			

图4　2016年6月2日隐含波动率结构图

2016年6月3日	卖出6月行权价2.20元 认购0.0170元	卖出6月行权价2.10元 认沽0.0121元
	买入7月行权价2.20元 认购0.0374元	买入7月行权价2.10元 认沽0.0407元
损益		+83元/组

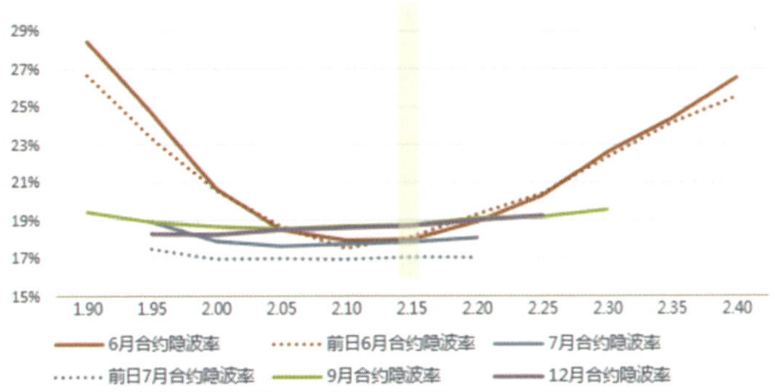

行权价	1.90	1.95	2.00	2.05	2.10	2.15	2.20	2.25	2.30	2.35	2.40
6月合约隐波率	28.45%	24.69%	20.65%	18.47%	17.94%	17.97%	18.90%	20.30%	22.60%	24.36%	26.52%
前日6月合约隐波率	26.66%	23.35%	20.57%	18.67%	17.50%	18.11%	19.31%	20.41%	22.34%	24.13%	25.52%
7月合约隐波率		18.91%	17.89%	17.62%	17.74%	17.84%	18.06%				
前日7月合约隐波率		17.48%	16.94%	16.96%	16.92%	17.06%	17.02%				
9月合约隐波率	19.43%	18.90%	18.66%	18.55%	18.69%	18.74%	19.10%	19.17%	19.55%		
12月合约隐波率		18.28%	18.24%	18.47%	18.59%	18.69%	18.98%	19.24%			

图 5　2016 年 6 月 3 日隐含波动率结构图

6 月 6 日，行情下跌 0.64%，又回到和前二个交易日一样的价位，市场不会永远在较狭幅的区间一直让我们赚钱，况且我们是卖出 gamma 的交易模式，虽说以日历价差的型态持有，风险不大但不代表没有风险。所以只要到达目标区，就应该立即果断出场，而他们的目标是因为市场短期会稳定，所以短期的隐含波动率会下降到较长期的隐含波动率之下，这应该就是兑现的时机，而今天正是这个时候：7 月份 IV 上升而 6 月的 IV 下降，正是出场的好机会。

<table>
<tr><td rowspan="2">2016 年 6 月 6 日</td><td>卖出 6 月行权价 2.20 元
认购 0.0119 元</td><td>卖出 6 月行权价 2.10 元
认沽 0.0132 元</td></tr>
<tr><td>买入 7 月行权价 2.20 元
认购 0.0344 元</td><td>买入 7 月行权价 2.10 元
认沽 0.0407 元</td></tr>
<tr><td>损益</td><td></td><td>+95 元/组</td></tr>
</table>

获利了结之后，四个交易日获利 93 元/组，以资金使用每组 10000 元来看，四天获利 0.93%，这不能不说算是一笔不错的交易。

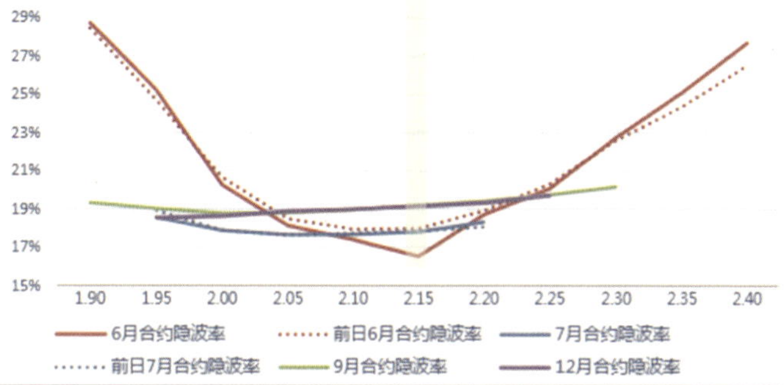

行权价	1.90	1.95	2.00	2.05	2.10	2.15	2.20	2.25	2.30	2.35	2.40
6月合约隐波率	28.73%	25.22%	20.25%	18.12%	17.40%	16.52%	18.69%	20.04%	22.73%	25.10%	27.71%
前日6月合约隐波率	28.45%	24.69%	20.65%	18.47%	17.94%	17.97%	18.90%	20.30%	22.60%	24.36%	26.52%
7月合约隐波率		18.55%	17.87%	17.65%	17.67%	17.80%	18.31%				
前日7月合约隐波率		18.91%	17.89%	17.62%	17.74%	17.84%	18.06%				
9月合约隐波率	19.31%	19.00%	18.75%	18.80%	18.96%	19.19%	19.40%	19.74%	20.15%		
12月合约隐波率		18.54%	18.61%	18.88%	18.99%	19.14%	19.31%	19.69%			

图 6　2016 年 6 月 6 日隐含波动率结构图

2016 年 6 月 13 日，当天行情下跌了 2.38%，但是之之的心情似乎不错，“徐总，我们的运气一向不错呢，如果持有仓位到今天，可能过去一周都白白交易了，一朝又回到解放前呢。”

老徐这个整天张口闭口说交易也要靠运气的人，似乎偏偏要跟全世界的人抬杠，他马上反击之之的说法，“你每次都说我是运气！上次我都说了是风险的控制。我们一年又赚不了多少钱，每个月平均才比 1% 多一点点，加上我们常常在机会较佳的情况下进场，很快又出场了，长时间持有重仓的机会确实是不多，所以风险也相对比较低。”

紧接着他又开始了长篇大论，“我们常常在波动率或者是价差对我们有利时进场，在波动率或是价差恢复时出场；有时波动率或价差回到我们认为的“正常”情况时，仍没赚钱，但这个时候我们仍会出场，等待下一个机会出现。根据实际情况来看，当波动率或价差有机会时，通常持续时间都不会太长，如果拖的时间长，不仅仅资金使用效率低，也会因为此时有另一个机会出现导致资金排挤效果的出现，令人又陷入另一次交易的抉择，我不太喜欢这种情况，所以才会有这样比较有节奏的做法。我们需要把握住交易的节奏。”

接下来整个6月都在原先预想区间中波动。虽然有点可惜没在偏低时建立以多头为主的垂直价差，但是太多的短线方向性的主观性仓位并不是老徐他们当时所要做的主力操作，所以就让它去吧。Let it go 。

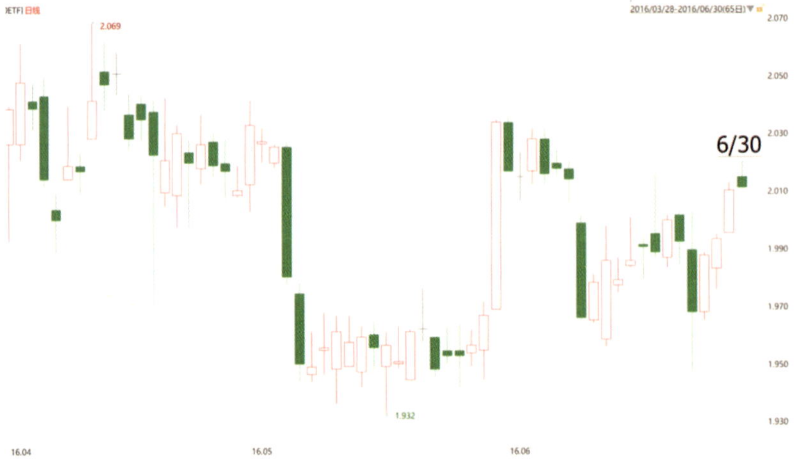

图7　2016年上证50ETF4月至6月日线走势

17. 舍得

区间整理持续了近两个月，7 月份的第 2 个交易日——7 月 4 日终于开始向上突破了！而老徐的工作或许也和这行情一样，如火如荼，开始忙碌。他去宁波拜访一些传说中很有价值的客户，但大多数人不认为期权是一个使用超高杠杆的交易工具，就是一种可以 100% 无风险套利的品种，拜访并不如预料般顺利，看来未来还要再去宁波做深入交流。文武听说了老徐的行程，偏要拽着之之一同前往，一定说要招待老徐，而两个男人面面相觑又有些尴尬。之之揶揄他："什么时候杭州人要在宁波尽地主之谊了？怕是用了徐总的策略赚了钱心虚吧，没等到交学费，却还要趁机学几招。"

宁波的 7 月确实热到人都快蒸发了，虽然资金没有如想象中顺利找到，但精神世界上的满足——打卡网红店缸鸭狗汤圆，寻访闻名已久的天一阁，又见识了另一种宁波风情的老外滩，在精神生活层面上让他们不虚此行。宁波是中国第四大港口，街巷整洁，道路宽敞，车行有序，但似乎他们来的季节不对，以为躲过上海的酷热，结果又到了另一个炎热的城市，罢，罢，罢，既来之，则安之。

坐在老外滩酒吧内，之之随口说道："听说这儿的外滩比上海外滩还要早开埠。"

图 1　2016 年 7 月初，上证 50 向上突破长达两个月的整理区

文武马上拿出手机高声朗读起来："1842 年鸦片战争后，清政府签订了《南京条约》，宁波作为五口通商口岸之一，各国商人蜂拥至宁波，英、法等国采用夺取主权、建立据点、霸占海关、控制海口、垄断航运、推行洋化等一系列手段，把宁波港扭曲成半殖民地性质的港口。1844 年正式开埠。不久，江北岸便发展成为英、法、美三国侨民居留区域。是中国最早的'租界'之一，历史上也称为'外滩'，其开埠历史比上海外滩还要早上 20 年，是目前中国最古老的外滩之一，一直到上海口岸崛起，宁波口岸的地位才被逐渐削弱。"

他们丝毫不惊叹文武的历史知识水平，倒是惊讶于他为何用手机找起东西来是这样的神之速度，而且又那么不知羞耻地当成自己的知识读出来。但是这段历史的普及，让他们对宁波的老外滩又高看了一些。

之之看了一眼文武，又转向老徐问道，"徐总，怕是有人想问问接下来要如何操作呢?"

"我们的做法一向是不轻易改变的，顺势而为。行情应该不会再回到 5、6 月份时的区间，这个月我看到 2.20 元之上。"老徐竟然不假思索脱口而出。

没等文武反应过来，她插话道："我们现在的交易型态，除了先前做的一些基本的交易方式外，就是一些短线的打带跑战术了，每次看好就打一下，到了目标就走人，这样的交易到底对不对呀？和我以前做股票时的长期规划交易有些出入呢，不过期货上的日内交易我倒也接触过一些。”说着说着，她又想起了“海龟”朋友，也想起了一行人曾经热闹畅快的时日，回忆未免有点伤感，便转了话题：“文武，别忙着跟妹子聊天好吗，说两句呗。”文武自从拿出了手机就没放下过，依旧边笑边用微信聊天。人们似乎都在一定程度上对手机有了某种依赖，手机，到底是人们玩弄它，还是它摆布了人们？

老徐没理文武，径自说道：“我们不要理他，他可能要到了酒吧前台那个小美女的微信。继续刚才，各有各的不同，我们先前讨论的一些比较固定的交易方式，理论上在每年会有固定的报酬，但有时期权市场定价失灵，或是市场讯号并不明显时，我们在每个月一次或两次的决策中灵活处理，可以增强产品的报酬率，当然这些交易都是有止损或止盈机制的，所以不用太过担心，真正的重点是长期上，这样进场的方式是否符合逻辑，是否可以长期获利，风险在长期是否可控。”

之之犹豫了一下，讨好般说道：“徐总，还记得阿川吗？他一直都在交易，最近可能还不错。不过他有些看法拿不准，您动动金口，点评一下，或许这些交易可以入得了您的法眼。”

老徐一时听着音乐入了神，居然忘了回答。

之之再提醒他：“您觉得如何？”

他丝毫没有考虑就答应了：“我们可以讨论一下，看看他的想法是否合乎逻辑。”

之之拿出手机给他看了一下波动率的结构图，“现在平值的近月份合约隐含波动率仅有 13.9%（见图 2），这几乎是上市以来最低点了，季月和次季月的隐含波动率却是在 17% ~20% 左右，也是不高，但至少是接近长期均数了。其实我们的看法类似，最坏的时机已经过去了，未来将会平稳走高，所以较长期的隐含波动率应该会与短期的隐含波动率靠近，向下还有 1 到 2 个点的空间，所以我想做一个正 Gamma 及负 Vega 的交易，正 Gamma 不大，时间价值损失有限。如果在一周内，行情平稳则赚取波动率下降的钱；要是行情稍有波动，Gamma 会有小利润，争取不亏出场。”

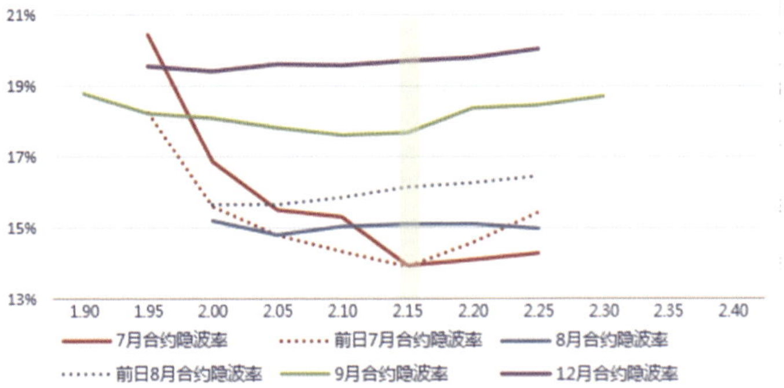

行权价	1.90	1.95	2.00	2.05	2.10	2.15	2.20	2.25	2.30	2.35	2.40
7月合约隐波率		20.44%	16.86%	15.50%	15.30%	13.93%	14.09%	14.28%			
前日7月合约隐波率		18.24%	15.60%	14.78%	14.32%	13.90%	14.58%	15.43%			
8月合约隐波率			15.20%	14.79%	15.04%	15.10%	15.11%	14.98%			
前日8月合约隐波率			15.66%	15.65%	15.85%	16.14%	16.26%	16.46%			
9月合约隐波率	18.78%	18.22%	18.09%	17.81%	17.61%	17.67%	18.37%	18.46%	18.71%		
12月合约隐波率		19.55%	19.41%	19.61%	19.58%	19.70%	19.79%	20.04%			

图 2　2016 年 7 月 4 日隐含波动率结构图

老徐说：“那就是纯粹做卖出波动率或是我们常说的 short Vega 做法的交易，这仓位的损益和隐含波动率的变动关系比较大，否则要获利可能需要行情跑的多一点，才有获利的机会。”

之之接着说：“主要的做法在卖出 12 月份合约最远的认购及认沽，然后买入平值的认购，而让仓位的 Delta 稍微偏空，主要的风险则来自于远月合约的波动率大幅上升，以 200 万的资金来看，可以卖出 100 张 12 月份合约行权价 2.25 元的认购，卖出 100 张 12 月份合约行权价 2.05 元的认沽，同时再买入 50 张 7 月合约行权价 2.15 元的认购，唯一美中不足的是行权价实在太少，否则可以卖出更虚值的远月合约，让风险更低。”

老徐认同，“确实如此，行权价太少，在交易上有点困难，不过这个方式要留意的可能风险仍在极端行情上，若行情短期上涨或下跌 4% 以上，可以趁远期隐含波动率上升幅度不大时出场，就算没赚多少也要获利了结。因为这个市场隐含波动率上的变化时间差还是存在的，当行情变化较剧烈时，当你已经赚到近月合约 gamma 的钱的时候，可能远月合约 Vega 的损失尚不明显，故要趁势出场，否则 gamma 赚到的获利又要从 Vega 上溜走，竹篮打水一场空，不过这种策略遇到涨跌太大时，短期的的风险也算是有限。”

文武在一旁看着他们讨论热闹的样子，露出不以为然的样子，接着竟长叹一口气：“你们这样子怎么过周末，说好的出来放松呢？居然还拿出手机里的存档来讨论，没有生活没有生活！”三人互相调侃了一番才起身准备回去休息，一路上被文武的享受生活论碎碎念，其实想想也有些道理呢！

经过 5 个交易日的窄幅整理后，7 月 12 日上证 50ETF 收盘于 2.233 元，一举拉升 2.98%，距离建仓时的价位已上涨超过 3%，原来小幅偏多的仓位也变为中性部位。

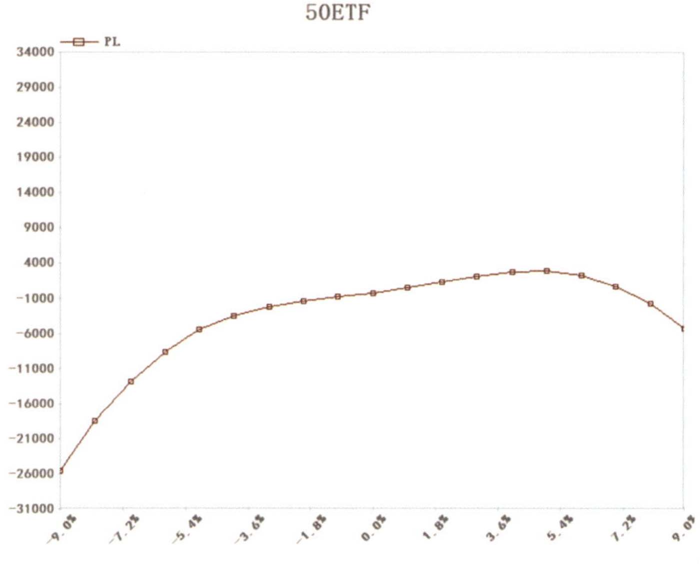

图 3　卖出次季月合约同时买入近月合约的当日损益图

图 4　持有仓位 1 天、3 天及 7 天后损益图

图 5　持有仓位上升 0.5 个 VOL 及下跌 0.5 个 VOL 损益图

图 6　2016 年 2 月至 7 月 12 日之上证 50ETF 走势

上证 50ETF 上涨走势应在意料之中，在市场待久了，总是会偶尔遇到单日的重大单边走势行情，虽然知道迟早会遇到，到真正发生之时仍是有点惊讶。不过当日的隐含波动率并无太大的变化。

此前卖出的 12 月 2.25 行权价的认购 IV 由 20.04% 掉了 0.86 个 Vol 至 19.18%；12 月份的 2.05 行权价的 IV 则由 19.61% 掉了 0.69 个 Vol 至 18.92%。在波动率的交易上确实是赚到了，但由于交易是三脚的，在平仓的过程中最远月份的流动性实在是不好，交易的买卖价差相差了 10 元左右，等于白白赠送给交易对手 0.15 个 VOL，原先期望赚到 0.5% 的报酬率的交易，平白无故打了 8 折。不过在行情符合预期的情况下，仍是一次成功的交易。

收盘后，老徐有点惋惜，“运气还不错，可惜的是，我们若是直接做多的话，保证金更省，赚钱也是更直接呢。”

之之又白了他一眼：“您这是事后诸葛亮哦。”

他开始怀疑女神有双重人格，为什么不再像第一次见面时那么温柔的样子了。

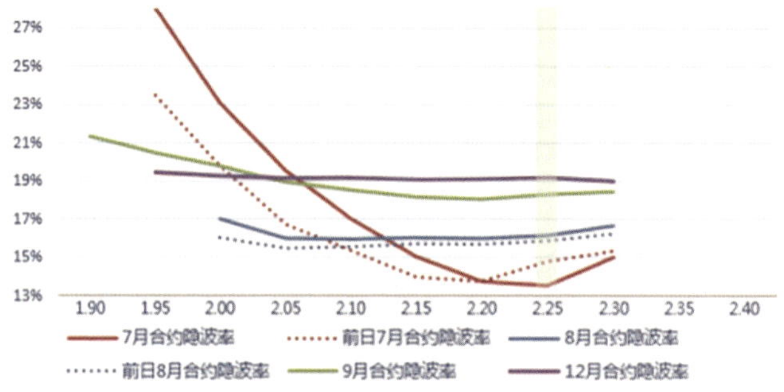

行权价	1.90	1.95	2.00	2.05	2.10	2.15	2.20	2.25	2.30	2.35	2.40
7月合约隐波率		28.05%	23.09%	19.55%	17.03%	15.05%	13.74%	13.53%	15.01%		
前日7月合约隐波率		23.48%	19.81%	16.71%	15.37%	13.97%	13.74%	14.78%	15.33%		
8月合约隐波率			17.01%	15.99%	15.95%	16.02%	15.99%	16.15%	16.66%		
前日8月合约隐波率			16.02%	15.47%	15.55%	15.71%	15.68%	15.86%	16.24%		
9月合约隐波率	21.33%	20.46%	19.79%	18.92%	18.51%	18.14%	18.03%	18.28%	18.43%		
12月合约隐波率		19.46%	19.27%	19.15%	19.18%	19.08%	19.11%	19.18%	18.98%		

图7　2016年7月12日的隐含波动率结构图

之之接着说：“交易就是一个概率性的问题，我们事前的选择仅仅根据当时的种种假设做了判断，事后一定会有更佳的选择，事前必有取舍，但是这就是交易。”

老徐当然知道这话很有哲理呀，但仍然不甘示弱地说：“抱怨一下也不行？”女神心中的想法实在让人摸不透。

18. 插柳成荫

2016 年 8 月，天气持续炎热，6 月份英国脱欧事件对 A 股市场影响微乎其微，美国大选也是未来之事，短期内似乎没有什么可以影响 A 股的行情，况且老徐的许多交易也不是由一些政策及基本面判断而来，大多数的交易以统计及短期的波动判断为交易重心，持仓时间不长且策略简单，只要不出现与预期相反的超大级别行情，一切都可控。目前来看，股市价格连续性较佳，且产品风险控制严格，连续获利这样的绩效很有希望继续保持下去。

在持续获利的情况下，想趁机增加交易资金成为他们今年希望达成的目标，持续在全国各地拜访客户似乎也成为不可避免的事。老徐也并不反对这样的事，毕竟可以到处走走，增广见闻，如果又能获得更多的交易资金，何乐而不为?

他陆续走访南京、宜兴等地，由于客户对期权实在不甚了解，找资金这件事一直没有太大的进展。周末在宜兴，他顺便去看了看东坡书院及宜兴竹海。

元丰年间，苏轼因陶醉于宜兴的溪山之美，买下了一处园子准备在此种橘终老。后来随年代更迭，此处几经兴废，到清代光绪时，当地望族合资重建东坡书院。解放后被列为省级文保单位。书院的位置十分偏避，老徐七拐八弯地找了好一阵子。要进去参观之时，门口的管理员得知他远从台湾过来，虽已近四点半关门时间也破例让他进去参观。天气闷热难耐，老徐仍然很仔细地逛了一遍，除了院内池塘及一些历代诗文碑刻稍有可观之处外，实在有点索然无趣。如果不是免费他一定大呼后悔。他一直在想，为什么东坡先生想在那么偏远的地区买田养老？镇江不好吗？南京不好吗？看来回去还要再读读东坡传记之类的书。

第二天回上海前，又去了一趟宜兴竹海。看来这次拜访客户反而成为了一次宜兴观光之旅，只差没买紫砂壶了。如果不是因为他真的不懂壶，害怕被骗，那真的是要买一只壶来把玩附庸风雅一番了。在竹海，因地处太湖西岸，竹林茂密，他一度想起了李安的电影“卧虎藏龙”里周润发与章子怡在竹林中的场景，宜兴似乎也不会比较差。这一片竹海，俨然使人忘却了夏日之炎苦。观竹海虽雅，但老徐仍不能免俗，心里还惦记着产品和交易，可现在是周末也不好意思打扰同事，便随手拍了些风景发在朋友圈。不料，却引来了同行的微信骚扰，简单寒暄后被问行情怎么看！

老徐心想“又来了！”但仍礼貌回复，“现在才月初，7 月下旬才刚回调，我这边没什么想法。”

交易最忌讳的就是为了交易而交易，不要为了太想赚钱去强迫自己判断并做出决策。

有个家伙却没眼色地继续纠缠到底应该怎么操作，又借机抒发了一下主观看多情绪。老徐这边可能被热昏头了，一时也不想理，但面对不停响起的微信提醒，又忍不住去看，一看就又要回复，只好一边走一边慢吞吞地打字，一边又要下定决心回去就要学会汉语拼音：“最近的隐含波动率一直在低档无法回升，从 5 月下旬开始就是如此了，就连英国脱欧事件都无法引起太大的波澜，买也不是，卖也不是，目前顶多就做一做偏态交易吧。不过目前的偏差仍不到阈值，等一两天或许有机会。”

面对这样的回答，对方似乎并没有准备放过他，反而一条条的语音发过来，“最近观察到一个有趣的现象，就是市场的看法从 6 月份开始明显的改变，6 月之前行情下跌时负偏变得比较严重，但反弹后反而负偏消失不见了，但 6 月之后，偏态却呈另一种情况：行情回调呈现正偏，行情上涨后正偏反而消失。从现象上解释可以是行情一回调大家反而去买入虚值的认购，但是行情上涨时，大家会获利了结认购，使得正偏消失。”

“所以我们可以利用这个现象，在行情回调时建立 delta 偏多的比例式价差，买入平值的认购，卖出 2 倍数量的虚值认购，因为虚值的认购价格（或 IV）较高，所以建立此仓位在波动率上有一定的优势存在。若行情反弹则因为大家的获利了结动作使虚值的认购 IV 降低，我们也可以趁势获利了结，只要抓到这节奏，因为和市场的投机散户动作相反，但看多的方向一致，不仅更容易成交，也可以赚到波动率偏态回归的钱。”

老徐想了一下，确实有此现象，为什么自己没有观察到，这确实是一个可以交易的机会，看来同行间的适度交流还是有益于打开思路的，还好自己从前不吝啬跟大家交流策略，也换回对方的坦诚直言。

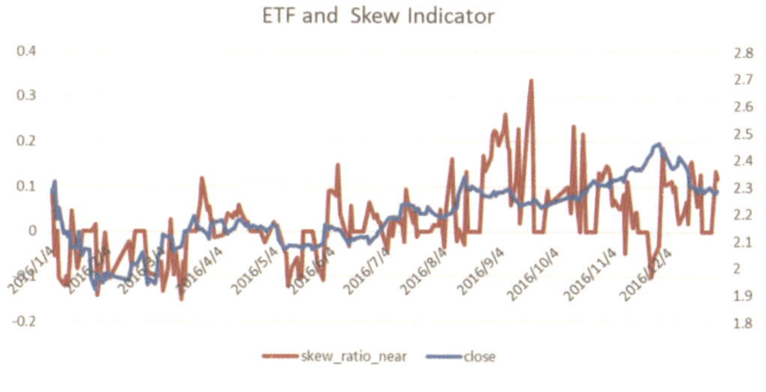

图 1　2016 年的 skew 与 50ETF 走势图

注：skew. indicator =（VOL（0. 25delta）－VOL（－0. 25delta））/VOL（0. 5delta）

8 月 4 日，行情小幅回调，偏态拉大，已经进入适合的建仓时机。不仅适合做多，也适合做偏态交易，卖出 2 个单位的 2. 25 的认购同时买入 1 单位 2. 20 的认购，比例式价差，仓位小幅偏多。

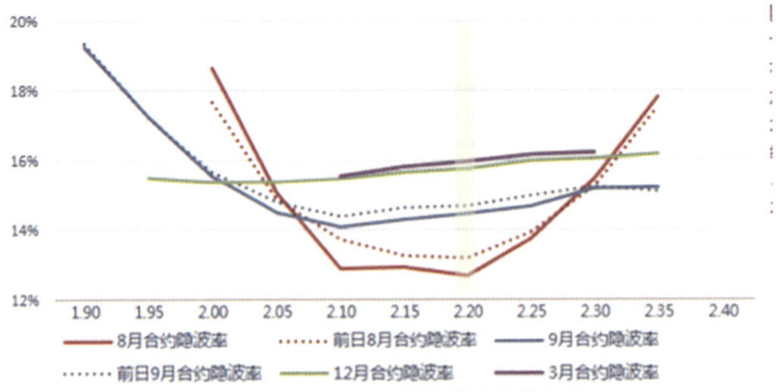

行权价	1.90	1.95	2.00	2.05	2.10	2.15	2.20	2.25	2.30	2.35	2.40
8月合约隐波率			18.64%	15.05%	12.89%	12.93%	12.68%	13.74%	15.46%	17.81%	
前日8月合约隐波率			17.66%	14.87%	13.72%	13.25%	13.19%	13.93%	15.24%	17.53%	
9月合约隐波率	19.24%	17.25%	15.53%	14.48%	14.08%	14.29%	14.46%	14.67%	15.18%	15.21%	
前日9月合约隐波率	19.34%	17.23%	15.65%	14.78%	14.38%	14.63%	14.68%	14.97%	15.24%	15.10%	
12月合约隐波率		15.49%	15.37%	15.37%	15.46%	15.65%	15.76%	15.99%	16.06%	16.19%	
3月合约隐波率					15.54%	15.81%	15.96%	16.16%	16.23%		

图 2　2016 年 8 月 4 日隐含波动率结构图

8 月 5 日，行情小幅反弹，不但没有拉平偏态，反而偏态进一步扩大，但由于 IV 降低，整体仓位损益不大（图 3）。

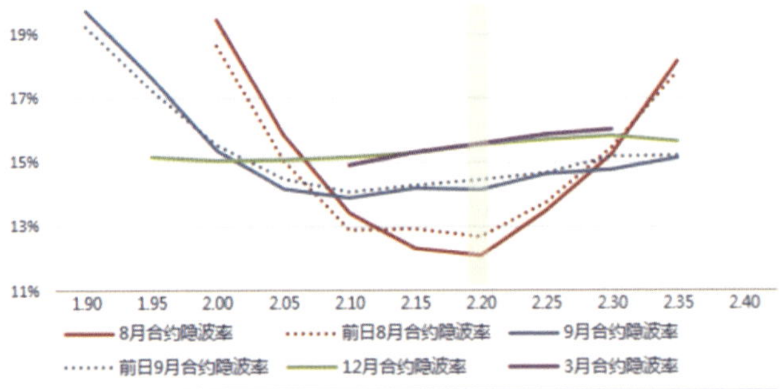

行权价	1.90	1.95	2.00	2.05	2.10	2.15	2.20	2.25	2.30	2.35	2.40
8月合约隐波率			19.45%	15.86%	13.42%	12.31%	12.08%	13.49%	15.24%	18.17%	
前日8月合约隐波率			18.64%	15.05%	12.89%	12.93%	12.68%	13.74%	15.46%	17.81%	
9月合约隐波率	19.73%	17.66%	15.36%	14.17%	13.89%	14.19%	14.15%	14.63%	14.76%	15.13%	
前日9月合约隐波率	19.24%	17.25%	15.53%	14.48%	14.08%	14.29%	14.46%	14.67%	15.18%	15.21%	
12月合约隐波率		15.17%	15.06%	15.08%	15.16%	15.30%	15.55%	15.71%	15.83%	15.65%	
3月合约隐波率					14.91%	15.31%	15.58%	15.86%	16.02%		

图 3　2016 年 8 月 5 日隐含波动率结构图

8 月 9 日，当日行情上涨 0.77%，确实使得 IV 下降，偏态缩小，市场确实出现了对虚值的认购出现获利了结情况，由于先前预判 2.25 的 IV 与 2.20 的 IV 仍有拉近的空间，所以按照计划再等（图 4）。

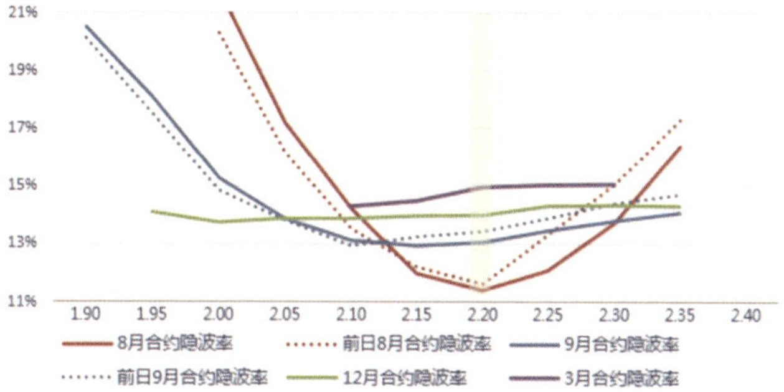

行权价	1.90	1.95	2.00	2.05	2.10	2.15	2.20	2.25	2.30	2.35	2.40
8月合约隐波率			21.80%	17.19%	14.21%	11.97%	11.39%	12.07%	13.70%	16.37%	
前日8月合约隐波率			20.29%	16.15%	13.51%	12.20%	11.61%	13.30%	15.04%	17.30%	
9月合约隐波率	20.50%	18.10%	15.27%	13.87%	13.11%	12.93%	13.05%	13.45%	13.79%	14.07%	
前日9月合约隐波率	20.11%	17.52%	14.85%	13.80%	12.92%	13.24%	13.43%	13.87%	14.39%	14.70%	
12月合约隐波率		14.09%	13.73%	13.87%	13.87%	13.96%	13.98%	14.30%	14.33%	14.30%	
3月合约隐波率					14.29%	14.48%	14.96%	15.03%	15.07%		

图 4　2016 年 8 月 9 日隐含波动率结构图

8 月 11 日，行情上涨 0.32%，2.20 元的 IV 已经比 2.25 元的 IV 要高 1.87 个 VOL，偏度由正偏变成负偏的型态，已达到获利了结目标区，在 delta 及偏态上获利，但由于整体的 IV 上移 1 个 VOL，获利并没有前一笔交易来得好（图 5）。

这一次的交易，他们对于行情及偏态的判断都颇为准确，唯一美中不足便是整体仓位仍为负 gamma 的交易方式，IV 的上涨在一定程度上降低了获利的潜能。如果做牛市垂差的话获利将会更好，但也没有什么特别期待，毕竟从 8 月 4 月到 8 月 12 日 5 个交易日间仅涨了 1.7%，符合交易预期而出场，无论如何都是对的。

出场之后次日，8 月 12 日及 8 月 13 日行情上涨 5%，事后来看偏多交易绝对是正确的选择，只是世上没有后悔药，赚钱的时候最后悔的是没有赚更多的钱。不过上涨过后，上证 50ETF 至 8 月底行情持续回调，这一切都没有预料到，但是又有谁能知道呢？

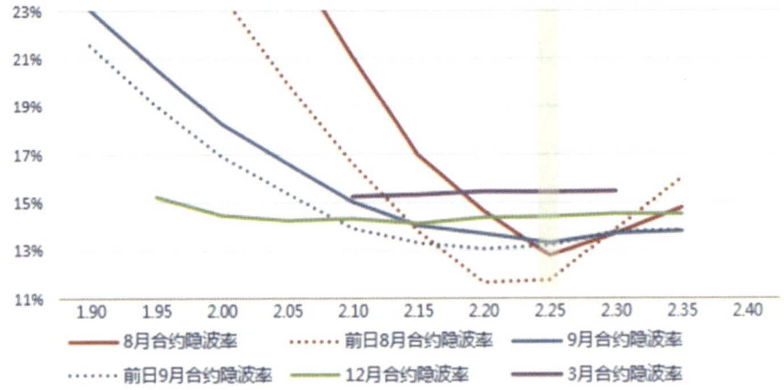

行权价	1.90	1.95	2.00	2.05	2.10	2.15	2.20	2.25	2.30	2.35	2.40
8月合约隐波率			28.00%	25.53%	21.12%	16.99%	14.66%	12.79%	13.70%	14.78%	
前日8月合约隐波率			23.71%	20.00%	16.64%	13.81%	11.66%	11.75%	13.88%	16.03%	
9月合约隐波率	23.04%	20.58%	18.28%	16.62%	15.03%	14.03%	13.70%	13.31%	13.71%	13.80%	
前日9月合约隐波率	21.57%	19.05%	16.91%	15.37%	13.91%	13.31%	13.07%	13.20%	13.79%	13.84%	
12月合约隐波率		15.24%	14.47%	14.26%	14.33%	14.13%	14.37%	14.41%	14.53%	14.52%	
3月合约隐波率					15.25%	15.32%	15.45%	15.43%	15.47%		

图 5　2016 年 8 月 11 日 IV 结构图

图 6　2016 年 3 月至 8 月底行情日线走势图

19. 傲慢与偏态?

转至9月，由于宏观方向一直没有看错，所以老徐他们的产品到目前为止每个月都是正报酬，绩效呈现一个非常稳定的情况，之之觉得以这样的绩效应该可以吸引更多资金的关注，有必要多找一些客户。

还没有来得及享受上海舒服的微风，他们就又开始了密集拜访客户的行程，也在各地办了一些大大小小的沙龙，当然这样的代价就是这个部门这个月全都是空中飞人，每个人都是昏天黑地的生活。老徐开始抱怨干嘛这么累啊?

之之毫不客气地说："徐总，马上就要十一长假了，这个月不好好拜访一下的话，我们要放假了骚扰客户吗? 您一直想要在年底增加交易资产，您以为钱会天上掉下来哦? 那是不可能的事。您看看人家做业务的艾薇……"突然被之之这样抢白的老徐，很不习惯，真的觉得之之和她的形像大不相同，东北的姑娘都这样直接吗?! 他又开始怀念台湾女生那种说话慢慢的语调，他突然觉得所有的东北女生，应该要多看一点台湾的偶像剧，这样外形和说话才会符合大多男性的想象，他又开始掉入自己惆怅的想象中。

确实对于找客户这件事，在祖国大陆老徐真的是一窍不通，他暗自思忖："要是之前找客户这件事能够办得好的话，当初在台湾曾经连续14

个月获利，报酬率在一年之内高达到30%之上，绩效在所有的资产管理上绝对是呱呱叫，可是管理的资产却一毛都没有增加!”但这种事他又不好意思对女神说。在台湾投资人习惯自己做交易，当地可以常常听到，有人一夕致富的故事，故对期权等衍生品，大多数人的感觉也是一年至少要数倍的报酬，否则，为什么要做期权？做股票风险没那么高，30%的报酬率做股票也达得到，这优势似乎没有那么明显。虽然台湾期权市场发展了十几年，但高净值人士的想法却没跟上，或许大多市场上营销“以小博大，利润无穷”的想法早已深入人心，改变不易。另一个去找资金最常见的话则是“交给你赔，我还不如自己赔掉算了”，可见其他的私募公司（台湾叫期货经理公司）的报酬率在衍生品市场做的到底是什么样的情况？大家可以自己想象。再则大多数的客户其实没有太多的耐心，当你在交易的时候，每天都盯着你的净值在看，你要是连续数天，甚至于一周没有赚到钱的话，客户马上就会开始指导你做交易，他会告诉你“你为什么不在这个地方买，为什么不在这个地方卖?”所以在产品的客户体验上，一定要使客户在持有产品的过程中非常舒服，否则一切都会使你的交易计划执行变得异常困难。在台湾交易的环境一切都和你想象的不一样。另一个最主要原因是台湾对资产管理行业的开放非常的晚，在此之前，地下代客理财非常猖獗，许多代客理财的地下机构常常拿着客户的资金去狂押一把，或对客户做出每月10%的承诺，结果常常是异常的惨烈，所以客户都会非常小心地每天看着你的交易，深怕一不小心，资产一下子就缩水了一大半。

另外，台湾对私募资产管理公司的管理非常奇葩，禁止自己公司资产及个人资产投入产品，并只允许做个人专户，明令禁止集合募集资金，也不许用过去你个人（或公司）好的绩效去募集资金，以免误导客户过去的绩效会代表未来，而所有的广告文宣必需先经过协会的审核才能发出。老徐曾经就有一个朋友因为网络广告改了一个无关大雅的字没有经过审核，而被送进期货协会的纪律委员会接受处分，很多事情是意想不到的，所以台湾的资产管理一直无法起飞，而券商的衍生品自营业务却可以维持不错的绩效，这种畸形的发展多年来一直无法改变。

这一次，天道酬勤，他们的苦累是值得的，出差回来后陆陆续续收到不少的反馈，十一长假后资产规模有望从 200 万的小游戏规模成长为 2000 万，虽然金额不大，但是这个好的开始却让他们充满了信心。

说回到市场表现，9 月份 50ETF 行情维持平稳，IV 虽比 8 月份高了一点，在 17% 附近震荡，但仍处于相对历史低位附近，历史波动率仅有 14.5% 左右，适合做的仍是偏态交易。市场的态度仍是偏多的，较高行权价的 IV 明显高于较低行权价的 IV 偏态的情况仍然相当明显，卖出较高行权价的 IV 买入较低行权价的 IV 成为 9 月份交易的重心，只要对冲得宜，获利虽然有限，但不会有什么较大的风险，这对于低风险偏好的我们是最佳的交易方式。

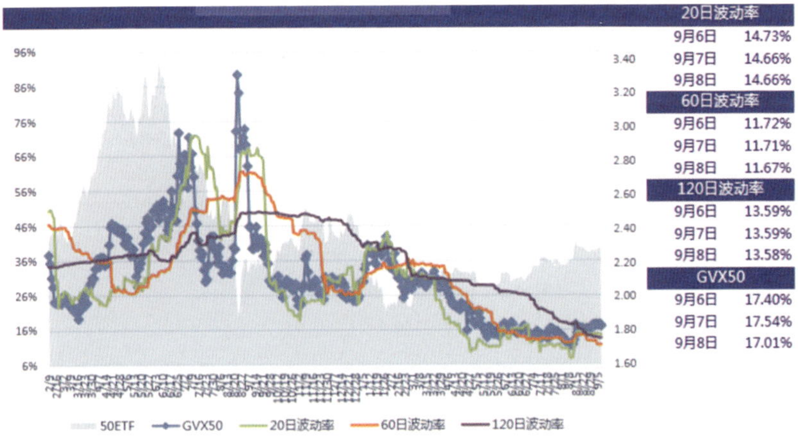

图 1　2016 年 9 月 8 日止，历史波动率与隐含波动率走势图

2016 年 9 月份，这个月的交易主要是买入 2.20 元的认沽及卖出 2.40 元的认购，再用合成期货来对冲，行情若是突然大幅下跌，会赚到正 gamma 的钱，若是行情缓步上涨，则会赚到负 gamma 的部分时间价值的钱，唯一的缺憾是报酬率不高，但是相对稳定的获利一直是他们所追求的。

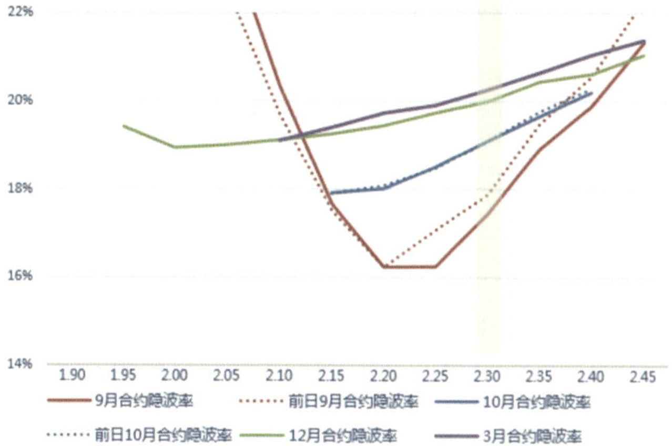

图 2　2016 年 9 月 8 日的 IV 结构图

图 3　2016 年 6 月至 9 月上证 50 走势图

9 月 12 日（见图 3）盘中突然下跌超 2%，虽然偏态并无明显修正，但由 gamma 所产生的 delta 已足够获利了结，加上募资之事正在紧锣密鼓的进行中，之之的交易节奏也放的比较缓一些，在行情相对平稳的月份中，维持稳定的绩效是交易者目前首要的事。事后看来，放大仓位持续卖出认购中性的策略后续仍能产生较好的绩效，但 9 月份风险的控制仍是当时最主要的考虑，所以小幅获利的结果也只能欣然接受了。

20. 日历价差

上海的 10 月，既是赏景佳季也是吃蟹的好时令，但忙碌的人们却无暇顾及这些生活享受，老徐他们希望在明年能够扩大资金仓位，便一直持续保持商务出差状态，所以没有法子像去年一样找个假期去好好享受一下秋季大块朵颐的快感。

这一日来到镇江，一座充满浓厚历史气息的小城。在拜会客户之后，老徐一行终于有机会到镇江逛一会儿。不过天公不作美，难得的空档却因为下雨而使得交通异常不便，但却因此更近距离感受到江南古城独特之美。街上行人稀少，少了一份熙熙攘攘，多了一份自在惬意，也能静静体味与历史对话之感，这在平日里观光客素多之时，是万万不敢想的。

创建于六朝的西津度古街被霏霏细雨淋洗得别显生机，烟雨江南的景象是他们先前在上海或其他城市无法体会到的，这是老徐在过去数十年一直想象中江南的情景。一时间想到李白、孟浩然、张祜、王安石、苏轼、米芾、陆游、马可·波罗等都曾在此候船或登岸，也留下了很多脍炙人口的诗文集萃，便觉古街乃是镇江“文脉”所在。

别过古街，一行匆忙赶往金山寺，出来后去访中冷泉。茶圣陆羽品中冷泉水为天下第一，后唐名士刘伯刍分全国水为七等，扬子江的中冷泉为第一，从此中冷泉被誉为“天下第一泉”。中冷泉的旁边则是有名的芙蓉楼，王昌龄的名诗《芙蓉楼送辛渐》“寒雨连江夜入吴，平明送客楚山孤。洛阳亲友如相问，一片冰心在玉壶”便是此处了，虽是仿古建筑，但是古蕴犹存，他们点了一杯镇江金山翠芽及茅山长青。

金山翠芽浸饮时犹如春笋滴翠，看起来令人赏心悦目，汤色明亮，滋味鲜纯；茅山长青则扁直挺秀，汤色明亮，滋味鲜爽。

正在思古悠情之际，当地陪同的一位同事突然问老徐10月份行情怎么看？

虽然有点煞风景，但自觉吃人嘴短拿人手短，况且这位同事作为当地向导陪他们走了一天，老徐老实回答：“我一路看多，这几个月都一样，从没改变，我看这行情是有良心的，不会随波逐流，可真是一片冰心在玉壶呢。”

老徐若有所思，资金可能年底就要到位了，也应该计划一下较大资金的交易模式了。他决定回去好好讨论一下。老徐又补充说道：“不过10月份虽然行情看多，但是长假过后波动率应该会有比较大的变化。”

“为什么？现在的隐含波动率已经掉到11%以下了，还会怎么样掉？”

“长假效应一般还是有的。赌节后波动的资金理论应该先出场了，而且大会也在10月24至27日举行，但是10月26日时，10月份的期权合约就结束了，所以波动可能会更稳定，说不定会掉到10%以下呢。”

“就算掉到10%以下，但卖出的风险可能会太大了吧？您的‘变化很大’也实在太小了吧！”

一时之间老徐竟无言以对，本想展现自己洞悉行情的能力，反而却被取笑，这却是他始料未及的。

回到上海办公室，老徐长吁一口气，终于不用拉着行李箱挤高铁了，也不用忍受火车上一些人无素质的举动，更不用苦口婆心地从期权基础讲起。回想起出差时说过的行情，便叫之之一起开会讨论接下来的做法。

以目前的隐含波动率来看，做卖方如同鸡肋，实是食之无味、弃之可惜，但是做买方却是一个不确定何时会有波动的猜想，也是一场赌博。

老徐开门见山："如果我们假定行情是稳定的，行情波动率应该只会下且不会上，你可能没看过台湾的 IV 曾经一度到 6% 以下。"

图 1　2016 年 7 月至 10 月 12 日走势图

之之有点无奈，"我可不愿意冒着太大的 gamma 风险去赚这种小钱，赔了夫人又折兵。"

老徐又说，"这样好了，我们可以卖远月合约例如 11 月份的期权合约，因为短期行情波动不大，虽然会议之后可能有大行情，但是如果连续 10 个交易日行情没什么波动，远月的隐含波动率也不可能一直在高档，多多少少也会掉一点下来，而且 gamma 也较卖出近月 10 月份合约小很多，风险也小很多，说不定比单纯卖出近月 10 月份合约赚得更多。"

之之左手托腮，想了一下："不如这样子吧，我们可以做一个卖出日历价差的交易，买入 10 月份的期权跨式仓位，同时卖出 11 月份的期权跨式仓位，这是一个正 gamma 及卖出波动率的交易。"

"以目前 10.74% 这样偏低的隐含波动率，假设一年交易日有 256 个，在一个标准偏差是 68% 的概率的假设下，理论上每 3 天至少有 2 天的涨跌要在 0.67%（10.74/16 = 0.671）之下，若是行情的涨跌突然超过 1.2% 以上，即超过市场预期的 2 倍左右，近月的隐含波动率将会快速的上来，而远月的 IV 由于在 18% 附近，其数字符合其市场波动，故理论上应不会有太多的变化，我们应该可以在此情况下获利了结；要是没什么波动，一旦远月的隐含波动率掉下，我们在远月合约赚的钱比近月合约损失的时间价值还多也可以从容获利了结，所以仓位应该易赚难亏。”

老徐想了一下，这与原先想做的策略虽然不太相像，但这交易策略像是买了一个免费的不用钱的短暂 long gamma 仓位，在近月与次月合约 IV 相差颇大的情况下，这确实风险不大，只要不放到最后两三天，时间价值的损失风险确实没有想象中来得大，值得一搏。

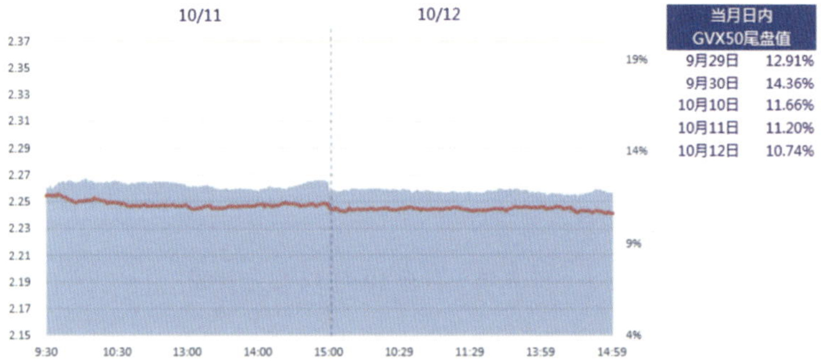

图 2 2016 年 10 月 11 日及 12 日的隐含率日内走势图

聊完行情，老徐自在地喝了一口咖啡，说道：“有点想念前几天在镇江喝的金芽，芙蓉楼里品茶也算是雅士作为了。我们当时还吟诵了古诗呢，《芙蓉楼送辛渐》你知道吗？”

之之装作羡慕嫉妒恨的样子，却开口说道：“徐总，您知道芙容楼有两座吗？一个在湖南黔城，另一个则在镇江，这两座都是天下闻名的芙蓉楼，但是当时王昌龄在江宁，即是现在的南京当官，而后又被贬到湖南的黔城，不过以这《芙蓉楼送辛渐》的年代来看，镇江这座才是送辛渐所在的芙蓉楼。”

老徐本想炫耀一下，可又莫名被抢白，突然觉得之之可能是被期权耽误的文艺小青年。

隔日开始，他们卖出 11 月份行权价 2.25 元的认购及认沽，买入 10 月份的认购及认沽，做成一个卖出日历价差交易。

表 1　　10 月 12 日至 18 日认购及认沽价格

日期	10 月合约		11 月合约	
	认购	认沽	认购	认沽
10 月 12 日	0. 0174	0. 0231	0. 0391	0. 0435
10 月 13 日	0. 0170	0. 0208	0. 0380	0. 0408
10 月 14 日	0. 0112	0. 0248	0. 0318	0. 0422
10 月 17 日	0. 0123	0. 0172	0. 0296	0. 0375
10 月 18 日	0. 0342	0. 0059	0. 0466	0. 0232

连续数日的行情波动确如意料般的小，还好 11 月合约的隐含波动率持续再下，使得日均有获利。

他们将 11 月合约行权价 2. 25 元的认购及认沽相加后减去 10 月份行权价 2. 25 元的认购及认沽之和，可以得到一个日历价差的权利金变化图（图 3），卖出日历价这次在波动率及 gamma 上都有一定获利。这 5 日总计获利 124 元/组，最终的结果比单纯地卖出 10 月的跨式效果要好一些。

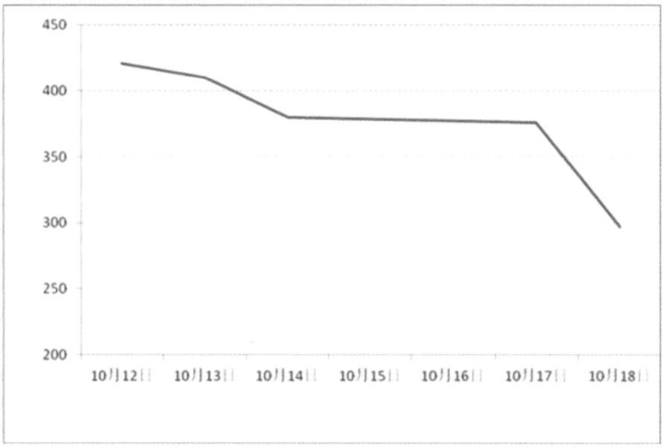

图 3　日历价差权利金变化图

虽然将仓位持续持有到 10 月 24 日会赚更多，但交易要遵从计划，某日行情突然上涨 1. 2% 以上则获利了结，所以在 10 月 18 日开始平仓出场（上涨 1. 42%），这一次的交易可以说是时间短且效率高，日历价差的贡献还是很大的。

图 4　2016 年 8 月至 10 月底走势图

21. 我要稳稳的获利

趋势中，可以采用的低风险策略是什么?

11 月 8 日，等待漫长的开户期。

11 月的多头走势十分明显，老徐看行情虽然没有这么准，但是在多头走势中，他通常是不会缺席的，这是他多年的习惯。在过去的交易经验中，产品的客户其实是很挑剔的，如果股市行情不好，你没有赚钱或小赚，由于当时整个大盘指数是下跌的，你可能不会受到什么责难，甚至会被客户称赞风险控制得宜。但是大盘行情大涨的话，你的报酬率没有跟上去，通常客户的脸色都会很难看，更有甚者，骂人投诉等事情都有可能发生，毕竟不管何种产品，客户大多都会用指数当成比较标准，这也是在这一行，特别是证券体系从业人员的宿命。所以我们在做产品交易的时候，比较习惯去设计一个跟随指数的交易模型，若是指数上涨就能赚钱，但是指数下跌，你能够守住回调的交易方式。这也是我们在做这个产品刚开始设计的思路。

老徐看似问之之，实则自言自语道："你知道吗?其实我最不喜欢的走势不是下跌，而是行情不断地上涨。"他见之之没什么反应，便自顾自说："因为要获利能跟上去，可不是一件非常容易的事。在行情上涨的过程中，你会不断怀疑猜测到底明天会不会回档?害怕因行情突然回调而使净值下跌这样的心理状态会让仓位的 delta 有的时候跟不上去，这是我觉得比较困难的地方。毕竟我们希望在回档的时候，净值不要往下掉，所以在 delta 的拿捏上需要仔细琢磨。”

之之看似同意地点了点头，老徐不知道她心里是怎么想的，大概希望我们的产品上涨能赚，下跌也能赚到钱，老徐这样猜想。

图 1　2016 年 6 月至 11 月的日线走势图

虽然说当时做多是很容易获利的，但问题是你要能够坚持看多且做多才可以。看多容易，但是气定神闲地拿住仓位却不容易，没有亲身经历过此种情况的人是很难理解这件事的。

之之接着问老徐：“那这种你看多，却又怕拿不住，用什么策略比较好呀？”

他笑着说：“其实你也知道的，就是使用牛市垂差或是使用日价差，然后每达到一个目标区就先获利了结，用更虚值的行权价再做一次，但是我个人比较喜欢使用卖出日历价差（卖出远月买入近月的价差交易）。”

之之一副虚心求教的样子，心中却想着，“还不是担心行情突然大幅回档能否赚到钱吧”，但手里的笔抵住脸颊，侧身转向老徐，问道：“为什么呢？”

老徐故意提高了音调，“因为如果当行情正在一个波段的半路上，那时其实我们并不知道行情是否会继续往上行或是回头下跌，只要行情不会停留在原地，那么我们一定可以赚到钱，当然我们都很想赚到钱的，但是能够稳稳地赚到钱，才是第一要务。”

之之双眉微蹙，“但是日历价差也有不适合的情况吧？”

老徐还是很有耐心，“你明明知道还问我，通常我做卖出日历价差，卖出远月，买入近月，是一个正 gamma 的交易，是希望行情会在短时间有波动的。由于是买入 gamma，所以一般当时结构上是近月的合约低于次月的合约，而行情一开始动，不管上涨或下跌，只要幅度够，近月的隐含波动率就会上升，而近月的隐含波动率通常会先于次月上升。但如果有时近月合约的隐含波动率上升或是行情不动，而远月的隐含波动率下降的结构调整，我们也有机会获利，就算没有赚到行情方向的钱，也有可能赚到隐含波动率的钱，虽然这可能不是我的初衷。”说完，他又干笑了两声。

他们看到 11 月的行情后，模拟了一下如果使用日历价差会有什么样的结果：

图 2　2016 年 6 月至 11 月底上证 50ETF 走势

2016 年 11 月 11 日（见图 2），行情向上突破，虽然行情从 10 月份已经走了一段了，但可能仍有机会往上走，收盘前进场建立卖出日历价差的仓位。而当时的各个月份的隐含波动率如图 3 所示，各月份的隐含波动率呈现出 11 月最低、12 月次之、2017 年 3 月份再高一点的形态，最远月的 2017 年 6 月份合约最高。

买入 11 月行权价 2. 35 元的跨式仓位，付出权利金 422 元；同时卖出 12 月份行权价 2. 35 元的跨式合约，收取权利金 887 元。在未来一段时间，只要 12 月份的 2. 35 元行权价跨式权利金与 11 月份 2. 35 元跨式权利金的差额比现在小，也就是金额小于 465 元（887 - 422 = 465）即可获利。各位可以想象一下，如果你买入的 11 月跨式仓位上涨而卖出的 12 月跨式仓获利，那么你就可以赚钱了。

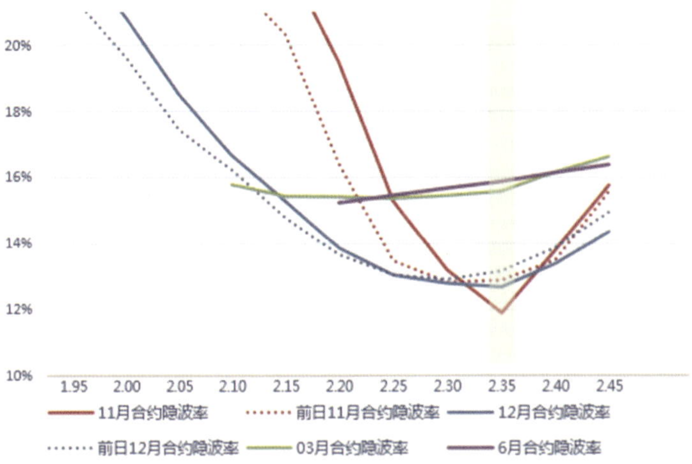

图 3　2016 年 11 月 11 日各月份的隐含波动率结构图

表 1　　2016 年 11 月 11 日 11 月份合约期权各行权价报价

T字报价										
认购期权					1611	认沽期权				
持仓量	成交量	涨跌额	最新价	合理价格	行权价	合理价格	最新价	涨跌额	成交量	持仓量
3548	5255	0.0218	0.2627	0.2628	2.10	0.0002	0.0001	0.0000	531	8069
4483	7747	0.0213	0.2120	0.2127	2.15	0.0004	0.0004	-0.0001	1373	18118
9295	12414	0.0211	0.1635	0.1634	2.20	0.0007	0.0006	-0.0001	3019	27065
21198	31090	0.0200	0.1135	0.1134	2.25	0.0010	0.0009	-0.0008	13051	55599
55692	75896	0.0172	0.0665	0.0665	2.30	0.0036	0.0036	-0.0042	32511	67487
84318	87182	0.0087	0.0278	0.0277	2.35	0.0145	0.0145	-0.0125	51654	51248
68864	42824	0.0039	0.0096	0.0096	2.40	0.0458	0.0457	-0.0187	35327	17043
19793	15456	0.0012	0.0033	0.0034	2.45	0.0907	0.0905	-0.0198	11329	5462

表 2　　2016 年 11 月 11 日 12 月份合约期权各行权价之报价

T字报价										
认购期权					1612	认沽期权				
持仓量	成交量	涨跌额	最新价	合理价格	行权价	合理价格	最新价	涨跌额	成交量	持仓量
8700	1967	0.0205	0.4074	0.4084	1.95	0.0008	0.0008	0.0000	512	21896
5927	1960	0.0193	0.3575	0.3588	2.00	0.0009	0.0009	0.0000	376	18502
3895	2013	0.0199	0.3094	0.3092	2.05	0.0011	0.0010	-0.0001	969	18258
5620	3662	0.0183	0.2595	0.2592	2.10	0.0016	0.0016	-0.0005	2438	17387
7328	3361	0.0180	0.2104	0.2100	2.15	0.0027	0.0026	-0.0008	7093	20962
12718	5901	0.0180	0.1636	0.1636	2.20	0.0047	0.0045	-0.0020	10003	35673
21567	9478	0.0158	0.1183	0.1182	2.25	0.0096	0.0095	-0.0043	16318	36362
38136	17501	0.0130	0.0799	0.0799	2.30	0.0207	0.0204	-0.0079	17418	35170
43760	25123	0.0082	0.0489	0.0489	2.35	0.0398	0.0397	-0.0115	20642	27321
47306	21085	0.0047	0.0290	0.0290	2.40	0.0699	0.0701	-0.0150	6541	11777
77313	19436	0.0025	0.0176	0.0175	2.45	0.1081	0.1083	-0.0183	4198	20656

次日，2016 年 11 月 14 日星期一，行情上涨 0. 11（0. 465%），11 月份的跨式权利金为 433 元，较前一日上涨了 11 元，而 12 月的 2. 35 元行权价权利金为 912 元，亦涨了 25 元，其权利金差为 479 元，其差额较前一交易日 465 上升了 14 元，所以仍是亏损的。

表 3　　2016 年 11 月 14 日 11 月份之期权各行权价之报价

T字报价										
认购期权					1611	认沽期权				
持仓量	成交量	涨跌额	最新价	合理价格	行权价	合理价格	最新价	涨跌额	成交量	持仓量
3040	7217	0.0048	0.2675	0.2677	2.10	0.0002	0.0001	0.0000	1082	7844
4074	7420	0.0053	0.2173	0.2174	2.15	0.0002	0.0003	-0.0001	2053	17072
7531	13221	0.0038	0.1673	0.1680	2.20	0.0006	0.0005	-0.0001	3588	25963
16036	24283	0.0047	0.1182	0.1182	2.25	0.0010	0.0009	0.0000	7731	53223
44739	80220	0.0037	0.0702	0.0702	2.30	0.0032	0.0033	-0.0003	28169	68926
75544	103268	0.0027	0.0305	0.0303	2.35	0.0130	0.0129	-0.0016	58879	55721
71810	58479	-0.0006	0.0090	0.0089	2.40	0.0413	0.0414	-0.0043	53092	20171
23935	23679	-0.0005	0.0028	0.0027	2.45	0.0842	0.0845	-0.0060	18262	5847

表 4　　2016 年 11 月 14 日 12 月份之期权各行权价之报价

T字报价										
认购期权					1612	认沽期权				
持仓量	成交量	涨跌额	最新价	合理价格	行权价	合理价格	最新价	涨跌额	成交量	持仓量
8306	3155	0.0043	0.4117	0.4132	1.95	0.0007	0.0007	-0.0001	528	21833
5606	3254	0.0063	0.3638	0.3632	2.00	0.0008	0.0008	-0.0001	539	18463
3483	3076	0.0041	0.3135	0.3140	2.05	0.0009	0.0008	-0.0002	996	17833
5131	3609	0.0038	0.2633	0.2642	2.10	0.0017	0.0017	0.0001	1949	16957
7277	3601	0.0059	0.2163	0.2169	2.15	0.0028	0.0027	0.0001	6457	20603
12332	4999	0.0048	0.1684	0.1681	2.20	0.0047	0.0046	0.0001	7058	34883
19769	11142	0.0049	0.1232	0.1232	2.25	0.0095	0.0094	-0.0001	14524	36633
38528	24220	0.0039	0.0838	0.0838	2.30	0.0204	0.0203	-0.0001	20407	37524
44510	31784	0.0035	0.0524	0.0525	2.35	0.0387	0.0383	-0.0014	26625	29564
49846	37455	0.0016	0.0306	0.0307	2.40	0.0672	0.0671	-0.0030	15458	14376
84775	34030	0.0000	0.0176	0.0177	2.45	0.1045	0.1047	-0.0036	11454	23922

接下来一个星期，由于行情陷入整理，持续小赚小赔，获利还处于梦想阶段，此时的心态就显得颇为重要了。直到 6 个交易日后，11 月 21 日行情上涨 1.14%，刚好 6 天前也是上涨 1.14%，当天的 11 月份行权价 2.35 元的跨式权利金为 366 元，而 12 月份行权价 2.35 元的跨式权利金为 799 元，两者之间的差值为 433 元，较原先进场的 465 元少了 33 元，虽然获利不多，但聊胜于无。

当然，这种小本买卖的原因是行情没有真的走出来，走了 6 个交易日才 1.14%，还好当时的隐含波动率也不是很高，所以在最后交易日的前两天才能获利了结，其获利只不过潦潦草草狼狈不堪。虽然后来看两天后行情又多走了 1.04%（盘中最多 1.69%），但是未来的事情无法确定，最后一周时，时间价值已进入快速的衰退区间内，在获利潜能已经开始快速降低的情况落袋为安才是上策，赌博的事，交给赌徒来做就行了。

表 5　　2016 年 11 月 21 之期权各行权价之报价

T字报价										
认购期权					1611	认沽期权				
持仓量	成交量	涨跌额	最新价	合理价格	行权价	合理价格	最新价	涨跌额	成交量	持仓量
1926	4578	0.0260	0.2840	0.2840	2.10	0.0000	0.0001	0.0000	567	7508
2550	4596	0.0254	0.2337	0.2339	2.15	0.0001	0.0001	-0.0001	1906	16904
3653	7680	0.0231	0.1832	0.1839	2.20	0.0000	0.0001	0.0000	920	23705
7639	14591	0.0241	0.1340	0.1343	2.25	0.0002	0.0002	0.0001	10569	40199
16454	43955	0.0233	0.0834	0.0839	2.30	0.0003	0.0003	-0.0002	10200	45358
31640	86778	0.0181	0.0351	0.0352	2.35	0.0014	0.0014	-0.0050	37474	43897
64799	58739	0.0035	0.0056	0.0056	2.40	0.0196	0.0195	-0.0202	49493	15923
19686	10930	0.0001	0.0005	0.0004	2.45	0.0661	0.0645	-0.0235	20103	3889

表 6　　2016 年 11 月 21 日之期权各行权价之报价

T字报价										
认购期权					1612	认沽期权				
持仓量	成交量	涨跌额	最新价	合理价格	行权价	合理价格	最新价	涨跌额	成交量	持仓量
7075	4534	0.0235	0.4304	0.4304	1.95	0.0006	0.0005	-0.0002	778	21832
4766	4668	0.0236	0.3799	0.3815	2.00	0.0007	0.0007	-0.0001	355	18509
3252	3841	0.0240	0.3301	0.3318	2.05	0.0008	0.0008	-0.0002	736	17221
4577	5499	0.0232	0.2818	0.2804	2.10	0.0010	0.0011	-0.0002	1655	16380
6427	6590	0.0239	0.2315	0.2323	2.15	0.0018	0.0018	-0.0004	5340	18624
11197	9484	0.0212	0.1822	0.1819	2.20	0.0025	0.0024	-0.0012	8256	33829
19802	14040	0.0199	0.1353	0.1351	2.25	0.0045	0.0045	-0.0029	14382	40670
42978	30735	0.0167	0.0918	0.0916	2.30	0.0107	0.0106	-0.0069	30276	53536
61875	49676	0.0111	0.0555	0.0555	2.35	0.0244	0.0243	-0.0123	51181	49438
79267	59655	0.0059	0.0294	0.0294	2.40	0.0475	0.0471	-0.0181	47982	37131
116504	39716	0.0028	0.0148	0.0148	2.45	0.0847	0.0844	-0.0166	17761	24935

图 4 2016 年 9 月至 11 月上证 50ETF 走势图

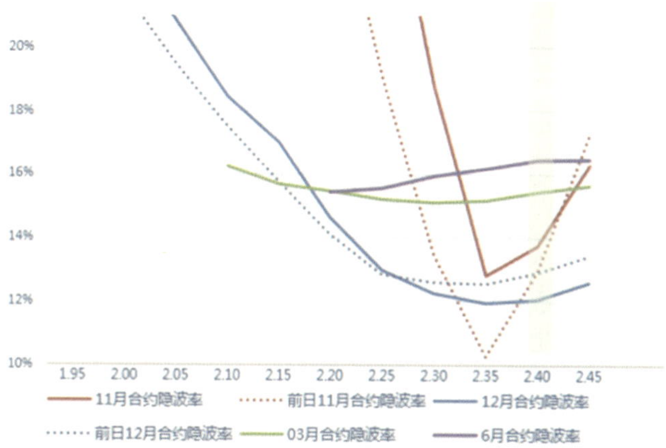

图 5 2016 年 11 月 21 日隐含波动率结构图

22. 不可抗力

上海的冬天，出奇地让人产生敬畏感，阴湿寒冷刺到骨髓，好不容易从室外的寒冷逃入室内，却又只能吹干巴巴的空调暖风。这样的冬天对老徐这个台湾人来说更是不友好，他暗暗感叹："上海的天气真是折磨人，什么时候才能习惯这边的冬天呢？听说在上海市有超过一百万个台湾人在此工作定居，他们会不会每到冬天就像候鸟一样的回台过冬？"

冬日虽冷，但资金募集进度如火如荼，很快就达到了2000万。老徐心中盘算了一下，折合台币有接近1亿元，不小的金额，全部用来做期权，任重而道远。很多朋友都来电祝贺，办公室的很多同事也都摩拳擦掌跃跃欲试，眼神中蹦出希望的光芒，渴望自己能参与到策略设计之中。许久不见的期权大师古纪也跑来凑热闹了，老徐实在不喜欢这个人，不过，能让他不喜欢的人还真不多，做人能做到这个份上，实在很不容易。老徐在心中默念最近可能要出门小心一点，多烧香念经才行。

12月份一到，行情立即结束来个反转向下，一时杀得许多人措手不及，他们正好才开始建立仓位，运气算是比较好的，没受到影响。

在行情下跌的过程中，12月15日平值的隐含波动率终于向上攀升到16%～17%附近（见图1和图2），虽然这个数字与以往动辄30以上相比较低，但也已经算是这半年来的高点了。如此看来，这样有波动的行情，也是绝佳的交易机会。

图 1　2016 年 9 月至 12 月上证 50ETF 走势图

老徐和之之观察到，伴随近期不小的波动，期权的偏态上却出现了难得一见的机会——虚值认购合约的隐含波动率大幅上升，但是实值隐含波动率的变化却不大。难道许多投资者想趁下跌比较便宜之时疯狂买入，等到反弹之后再卖出吗？

他们开始建立新仓位之际，古纪拖着笨重的身躯，突然跑过来打听："你们在做什么仓位？"

老徐实在不太想理他，因为古纪他们也会交易期权，并且以专家的身份自居，最主要的，古纪实在是口无遮拦，到处会说一些奇怪的言语，常常让人非常生气。

由于行情的偏态十分明显，老徐并不打算隐瞒，坦言："虚值的隐波率实在太高了，我们建立了一些偏态的仓位，卖出虚值的认购，同时买入了一些实值的认购。"说完便坐下继续关注行情。

之之坐在一边忙着建立仓位，没有什么时间关心他们聊天的内容，一时间沉浸在自己的下单世界里，其他人也都劈里啪啦地忙着自己的单子，古纪见他们不理自己，便径自跑到老徐领导的办公室去聊天了。

老徐心中一直想着，到底是谁让这个家伙进来的，居然老板也认识他，不知道他跑去跟老板吹什么风。其实，老徐在台湾就认识他，也很了解这家伙的个性，他总是希望别人犯错，这样他就可以一直无情地嘲笑别人，实在不清楚，这样有什么好处？也许只想证明自己比别人优越，但老徐真心不喜欢他。

或许古纪并不是一个在传统意义中真正的坏人，而且看起来就是貌似忠厚老实的那一种，但就如钱钟书在《围城》一书所述“忠厚老实人的恶毒，像饭菜里的砂砾或者出骨鱼片里未净的刺，会给人一种不期待的痛”。在交易中却常常发生这种不期待的痛，让人措手不及却又无可奈何。

之之不断地买入行权价 2.25 元的认购同时卖出行权价 2.348 元的认购，以 1∶3 的比例交易，即买入一张行权价 2.25 元的认购，同时会卖出 3 张行权价 2.348 元的认购，让 delta 保持中性。为了下这些单子，她连水也顾不上喝一口，手眼不停歇，直到收盘前才将当日所要建立的仓位建好。

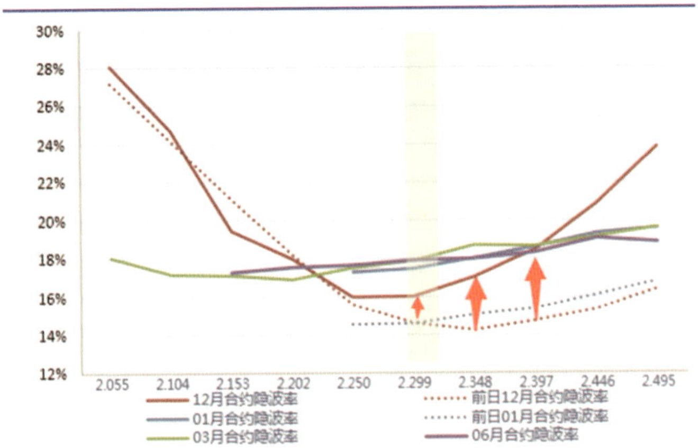

图 2　2016 年 12 月 15 日隐含波动率结构图

在此过程中，老徐和之之被老板叫过去了一次，“听说你们新的产品建立了很大的仓位，风险很高？”老板直奔主题。

他们一脸不解，风险为什么很高？

老板用笔敲了敲桌面，略显严肃：“我听古纪说，你们在这个月做了大量卖出期权的交易。”

之之解释道：“不是仅仅的卖出期权呀，这是一个波动率的交易，是中性的交易。”

表 1　　2015 年 12 月 15 日 12 月份合约之期权报价

T字报价XD										
认购期权					1612	认沽期权				
持仓量	成交量	涨跌额	最新价	合理价格	行权价	合理价格	最新价	涨跌额	成交量	持仓量
6154	4346	-0.0552	0.4003	0.4009	1.908	0.0005	0.0003	0.0002	334	21867
1701	2555	-0.0537	0.3519	0.3521	1.957	0.0004	0.0003	0.0001	189	16495
1257	2102	-0.0545	0.3034	0.3028	2.006	0.0005	0.0005	0.0003	562	14861
1739	2174	-0.0556	0.2542	0.2538	2.055	0.0006	0.0006	0.0001	956	12351
3135	2880	-0.0548	0.2057	0.2048	2.104	0.0010	0.0009	0.0005	869	14135
4725	4092	-0.0540	0.1569	0.1558	2.153	0.0010	0.0012	0.0006	1864	18781
9492	6435	-0.0521	0.1100	0.1109	2.202	0.0030	0.0030	0.0023	5445	23808
13751	12637	-0.0487	0.0666	0.0666	2.250	0.0079	0.0078	0.0063	19897	49474
19634	17720	-0.0373	0.0344	0.0342	2.299	0.0236	0.0236	0.0171	33092	33695
31839	25178	-0.0211	0.0149	0.0148	2.348	0.0537	0.0536	0.0329	37300	27919
49865	26303	-0.0095	0.0060	0.0062	2.397	0.0926	0.0928	0.0439	25658	15363
42894	13457	-0.0020	0.0031	0.0032	2.446	0.1394	0.1390	0.0519	17117	5833
31635	7115	0.0000	0.0020	0.0020	2.495	0.1868	0.1855	0.0528	4184	2349

老板打断之之的话：“把仓位降下来吧，我们要听专家的话。”说完便看向自己的电脑屏幕，并不给他们解释的机会，就差直接说慢走不送了。

此后老徐又留下来跟老板据理力争了十几分钟，结果还是没有改变，产品的仓位硬生生被减少了 2/3，实在让他们感到有些心塞。

接下来两个交易日行情并没有太大的变化。

12 月 20 日，行情再度下挫 0. 52%，来到 2. 28 元附近，这三天上证 50ETF 也下跌了将近 1%，波动实在不大。

表 2　　2016 年 12 月 20 日期权 T 字报价

T字报价XD										
认购期权					1612	认沽期权				
持仓量	成交量	涨跌额	最新价	合理价格	行权价	合理价格	最新价	涨跌额	成交量	持仓量
5097	2535	-0.0179	0.3633	0.3637	1.908	0.0002	0.0001	-0.0001	85	21786
1457	1909	-0.0207	0.3118	0.3147	1.957	0.0001	0.0002	0.0000	160	16266
1129	1623	-0.0184	0.2642	0.2657	2.006	0.0002	0.0002	0.0000	248	14630
1487	1808	-0.0158	0.2186	0.2193	2.055	0.0004	0.0003	0.0000	171	11776
3012	2209	-0.0182	0.1675	0.1678	2.104	0.0005	0.0006	0.0002	794	13514
4295	3161	-0.0174	0.1194	0.1195	2.153	0.0011	0.0011	0.0004	3630	18772
8210	6569	-0.0151	0.0741	0.0740	2.202	0.0037	0.0039	0.0015	8451	20935
11319	15931	-0.0127	0.0346	0.0346	2.250	0.0128	0.0127	0.0051	22646	32703
19906	14832	-0.0051	0.0128	0.0129	2.299	0.0387	0.0386	0.0118	24493	24049
30843	12011	-0.0019	0.0045	0.0044	2.348	0.0811	0.0810	0.0165	21264	17330
42925	13862	-0.0006	0.0020	0.0021	2.397	0.1271	0.1270	0.0177	13145	8663
37439	7715	-0.0003	0.0011	0.0010	2.446	0.1753	0.1757	0.0187	6224	4505
29941	3018	-0.0003	0.0006	0.0006	2.495	0.2236	0.2248	0.0197	2925	2104

delta 当时的改变不大，操作上并没有太多的调整，2016 年 12 月 20 日当日的损益为：

表 3　　12 月 15 日至 20 日之损益表

行权价	2.250 元	2.348 元（3 张）	
12 月 15 日价格	0.0666	0.0148	
12 月 20 日价格	0.0346	0.0044	
损益（元）	-320	+312	-8（元）

但是 2016 年 12 月 21 日开始行情反弹，原先的偏度情况大幅改变。

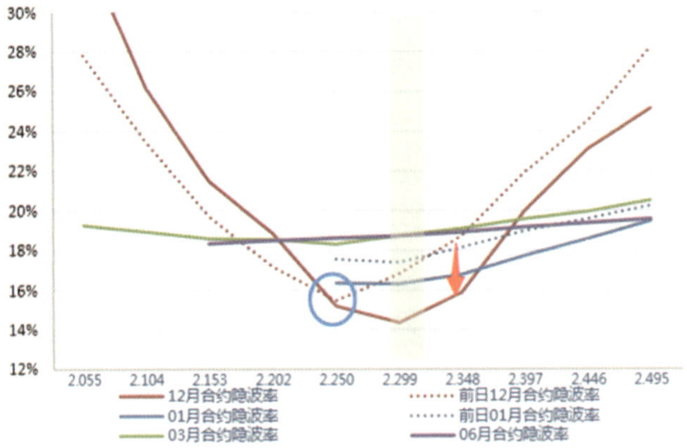

图 4　2016 年 12 月 21 日隐含波动率结构图

由于偏度已经回到正常情况，之之准备获利了结，又开始忙碌地交易。还好古纪不在身边。另一边的老徐开启了碎碎念抱怨模式："这次的交易实在不是很顺利，虽然是赚钱的，但是仓位却是原先想要建立的 1/3 而已，总共仅获利了 0.5%，若没有减码，可以在第一个月的交易立即获利 1% 以上！"

之之一面下单一面开导他，"算了，徐总。就当突发风险吧，哈哈，也有可能是不可抗力。"

老徐虽然不太喜欢这样的事情，但已既成事实，只好聊自安慰："算是送给他的圣诞礼物好了。我的圣诞礼物是，希望他别再出现了。"

之之却被他逗笑了。他看见之之笑了之后，心情好多了。

所以交易除了市场中的事之外，市场外的事常常也会让你无能为力，而且无法对外解释，因为愈解释愈显得你在推卸责任。

表 4　　2016 年 12 月 21 日 12 月份 T 字报价

T字报价XD										
认购期权					1612	认沽期权				
持仓量	成交量	张跌额	最新价	合理价格	行权价	合理价格	最新价	张跌额	成交量	持仓量
4701	1559	0.0271	0.3904	0.3915	1.908	0.0001	0.0002	0.0001	249	21754
1417	1089	0.0282	0.3400	0.3425	1.957	0.0001	0.0001	-0.0001	82	16226
1107	1098	0.0286	0.2928	0.2935	2.006	0.0002	0.0002	0.0000	129	14623
1423	1594	0.0260	0.2446	0.2446	2.055	0.0004	0.0002	-0.0001	136	11754
2806	1586	0.0280	0.1955	0.1955	2.104	0.0002	0.0003	-0.0003	77	13514
3750	2636	0.0276	0.1470	0.1465	2.153	0.0004	0.0005	-0.0006	1487	17642
7620	4406	0.0244	0.0985	0.0988	2.202	0.0014	0.0013	-0.0026	2333	19919
11677	12789	0.0189	0.0535	0.0534	2.250	0.0041	0.0041	-0.0086	10902	30089
21776	15780	0.0067	0.0195	0.0196	2.299	0.0186	0.0187	-0.0199	15462	23112
31390	19244	0.0007	0.0052	0.0051	2.348	0.0533	0.0534	-0.0276	10466	15463
40825	13147	0.0001	0.0021	0.0022	2.397	0.0993	0.0997	-0.0273	5257	7867
35588	3465	-0.0001	0.0010	0.0010	2.446	0.1470	0.1470	-0.0287	2596	3663
27401	3089	-0.0003	0.0003	0.0004	2.495	0.1955	0.1952	-0.0296	1409	1758

表 5　　2016 年 12 月 15 日至 12 月 21 日之交易损益

行权价	2. 250 元	2. 348 元（3 张）	
12 月 15 日价格	0. 0666	0. 0148	
12 月 21 日价格	0. 0534	0. 0051	
损益（元）	－132	＋291	＋159（元）

23. 耳边风的功力

2017 年 1 月份，上海仍是冷冷的天气，老徐仍在办公室说着话，已经持续了半小时以上。

交易这件事，还是很容易受到别人影响的，不管主观愿不愿意，被动接受杂讯这类事还是时常发生的。不做交易的人，总是很乐意去“指导”别人做交易，甚至三不五时的反复来确认你到底有没有按他的建议操作。老徐本以为古纪这类的事，不可能会发生在他身上，这一遭吃尽了苦头，只能靠吐苦水来排解：“哼，事不关己的人，总是会给别人过多不切实际的指导，只要赚钱，就总是认为是自己指导有功，若是赔钱，也总是拍一拍屁股走人，谁叫你偏要听信呢，又没有人拿着刀逼迫你照此执行。所以做投资者一定要小心，提防那些自以为是的人给出的‘宝贵的经验’”。

文武耷搭着脑袋，靠在椅背上，听老徐喋喋不休讲了好久，有点按耐不住了，“大家早知道古纪是这样的人了，为什么还不醒悟呢？”

老徐只好双手一摊，“事事总是难料，总会有人喜欢这样的人。”

文武怕老徐继续撒播负面情绪，身体朝老徐靠过去，话锋一转，“别说不快乐的事了，这一段感觉你们期权做的很自在，每次交易好像都不长，但报酬率也还可以，到底有什么要诀呀？”

老徐瞪了他一眼，“你这样不像是请教人的态度，什么叫报酬率还可以？”

文武笑着说：“我这个人没什么优点，就是诚实和帅！”

“这两个优点，我完全不认同，你居然把我的缺点当成你自己的优点了。”老徐故意很夸张地睁大眼睛笑着说，“其实期权在这边的历史实在是不长，大家的经验大多从教科书来的，而我的经验是从实战中得来的，虽然类似，但在本质上有很大的不同。”

文武说：“得了，得了，徐总，我对您的尊敬开始一点一点的减少了。”

老徐假装语重心长地说：“年轻人要有耐心听完长辈说话，我只要一句话就可以解释完了。”

文武说：“好，您继续吹，我拿个板凳。”

老徐也不生气，每次和文武说话他总是这样，难怪可以到处撩妹，所谓人不要脸天下无敌，便是他最好的写照了。

老徐接着说：“因为经验都从教科书而来，而教科书或市面上教期权的书，几乎都讲期权的到期损益，怎么可以最大收益，将期权的利益发挥到最大。这个立意是好的，但是在实际的交易上会误导大多数的交易者。”

文武说：“您继续吹。”

老徐只好白了他一眼，“在实务上，我们作为期权的交易者，绝大多数不会将仓位抱到最后。你一定有经验，就是每次持有仓位，不会在持有时间内总是亏的，除非你是持有纯方向性的仓位。”

文武歪着头想了一下，“是呀，但是那一点点利润不是我想要的。”

老徐继续启发，“你一定常常听到，我最常说的话之一就是——你要赚什么钱？你要赚波动率或是 delta 或是 gamma 的钱？你一定要搞清楚要赚的钱，很多人刚开始觉得隐含波动率很高，初衷想赚 IV 的钱，但是当隐含波动率掉下来之后，由于对冲避险花了一些成本，觉得这些钱赚的实在太少了，我都花了精神去对冲，为何不多赚一些呢？然后又突然想多捞一些时间价值，就持续持有仓位，后来不小心行情波动一大，不仅时间价值没有赚到，连先前赚到的隐含波动率都赔回去了！这是常常会发生的。”

“所以在持有期权的过程中，你想赚到的钱赚到了，就应该获利了结，我是一向如此的。另外，你在交易上，一定要有定见，只要风险有控制，就去做，别担心太多。别像古纪一样，去年当隐含波动率 70% 以上，结果怕的要死，然后事后一直跟别人说当初一直叫大家卖出波动率结果没有敢卖，当时圈子内，只有他一个人不敢卖而已，被取笑了大半年。”

文武说：“这事你还记得呀，可见你有多气了，有时间不如多找几个美女聊聊天，你就是不够浪漫呀。”

老徐先把气事抛到一边，拿出了一些图形和他解释了一下：“我用一个简单的波动率交易的例子来说，这也是我们最常使用做的波动率偏态的策略。”

图 1　2016 年 12 月至 2017 年 1 月上证 50ETF 走势图

“在 2017 年的元月，行情下跌企稳后，市场的情绪仍不稳定。我们却没有那么悲观的认为行情会进一步的再下跌。假定行情应该会在一个区间内移动，在各个行权价的隐含波动率的情况似乎有交易的空间，尽管获利空间不大，但加上行情的波动是有利的情况下，仍然可以小幅获利出场。”

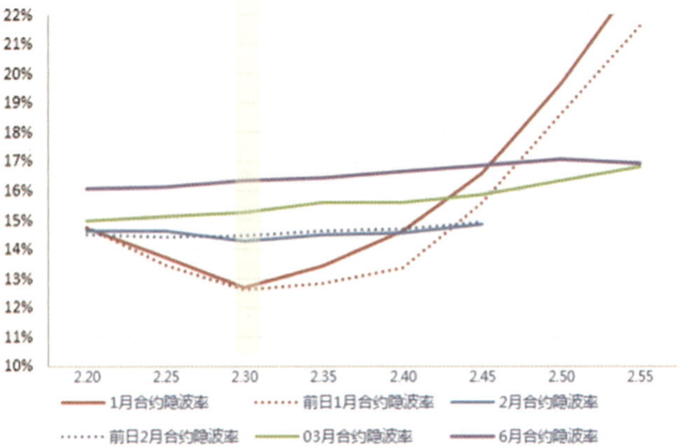

图 2　2017 年 1 月 11 日

“1 月 11 日 2.40 元行权价的隐含波动率明显高于 2.30 元行权价的隐含波动率 1.9 个 VOL。这时，我们可以去买入 10 张 2.30 元行权价的认沽，同时卖出 10 张 2.40 元的认购，由于此仓位偏空，我们可以再使用 5 张合成期货去对冲。”老徐一边说，一边指着图片：“它的损益图形将是这样的（如图 3）。”

“以损益图的情况来看，我们希望行情会大跌，这对我们相对有利，但只要行情没有大涨其实风险也不高，只要跳空高开不超过 2% 以上，对冲也是轻而易举的事。但是实际上我们建立仓位时，却希望 2.40 元的行权价的隐含波动率下跌，或是 2.30 元的隐含波动率上升，这其实是非常有机会的。”老徐也不管文武听没听懂，继续说道：“但这仅仅是当日的损益情况。三天后的损益情况可能是这样（如图 4）”。

“这时我们可能希望行情是小涨 2% 以内或是大跌，小跌或大涨是相对不利的情况。如果小涨又配合着 2.40 元行权价的隐含波动率掉下来且 2.30 元行权价的隐含波动率上升，那就更好，这是完全有可能的，因为行情上涨会使隐含波动率下降，在统计上也是最常发生的，在实际上就是那些买入虚值认购的人获利了结所造成的，所以通常行情小涨伴随着的就是虚值隐含波动率的下降，在国内这情况特别明显。”

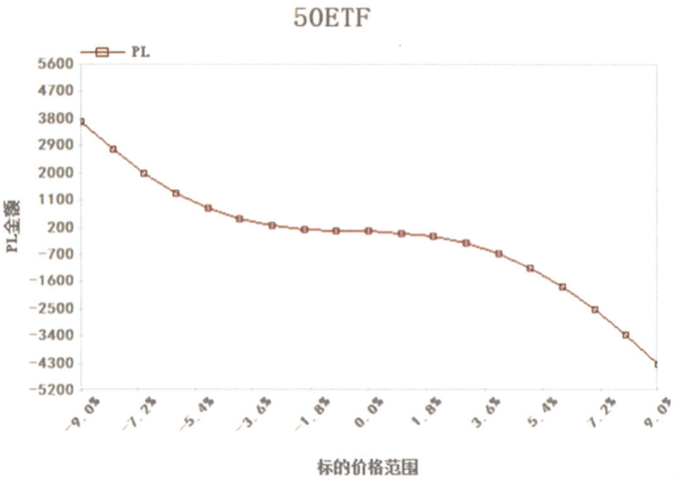

图 3　持有仓位当日损益图

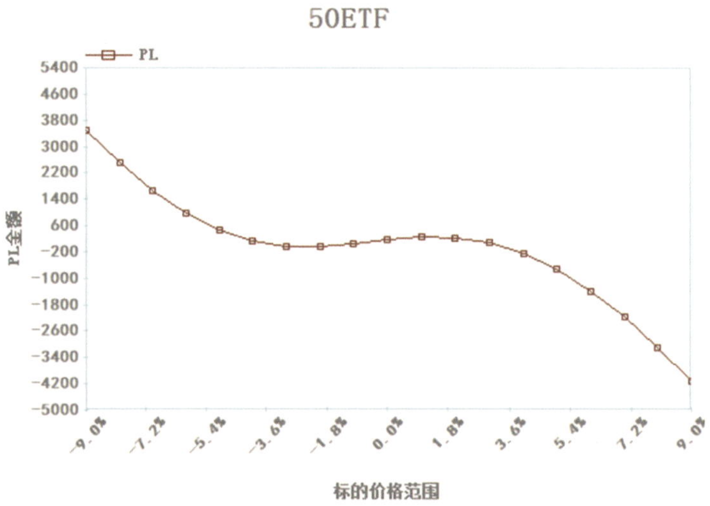

图 4　其他情况不变之下，持仓后 5 日之损益图

说完，老徐又将 3 天后、6 天后及到期时的损益图再画出来给文武参考（如图 5 所示）：

“所以在未来我们可以发现，在六个交易日内的小跌我可以接受，甚

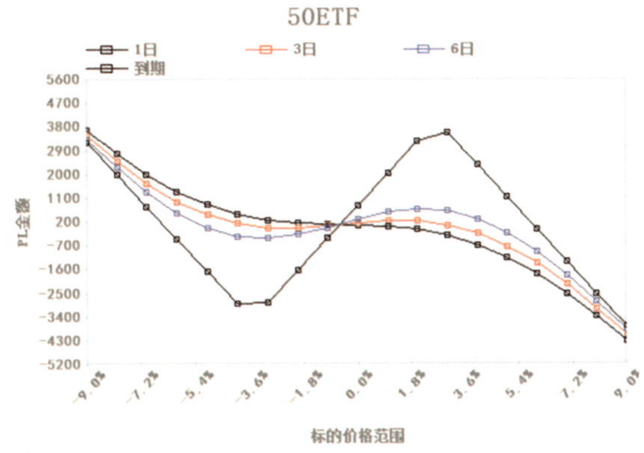

图 5　当日、3 日后、6 日后及到期日的损益图

至不用去对冲风险，但小涨后就可以获利了，但是我们的初衷是针对隐含波动率的看法而建立的仓位，所以当行情小涨而隐含波动率又符合，我们就会出场，并不会改为去赌行情将会掉到那儿而获利。”老徐一股脑说完这些，才开始把脸扭向文武，试图捕捉文武理解他这一番话的确认眼神。

文武眯着眼，想了一会儿，突然问：“如果 2.40 元行权价的隐含波动率掉下来，或 2.30 元行权价的隐含波动率升上去，我们所预期的情况发生了，但是没有获利，是否会平仓?”

老徐很自然的接道：“当然会了，因为我们当初建立仓位的初衷就是如此。”他指着图：“3 天后，1 月 17 日，行情上涨 1.26%，当天的隐含波动率确实掉下来了，2.40 元的隐含波动率由 14.6% 掉到 13.6%，而 2.30 元行权价的隐含波动率由 12.7% 上升到 13.1%，我们对波动率的预估完全正符合预期（如图 6）。”

老徐很自豪地说；“当你持有的时间越短，你的风险就越低，我们这是大概率可以赚钱的，就好比打牌，你要赢一个打牌都不放炮的人的钱，这是一件很难的事，市场要赚到我的钱也是如此，你要如何赢我呢?”

文武很小声说了一句“我靠自摸……”

老徐很正经地拉回话题：“我们的判断不会那么准确地断定到期那天

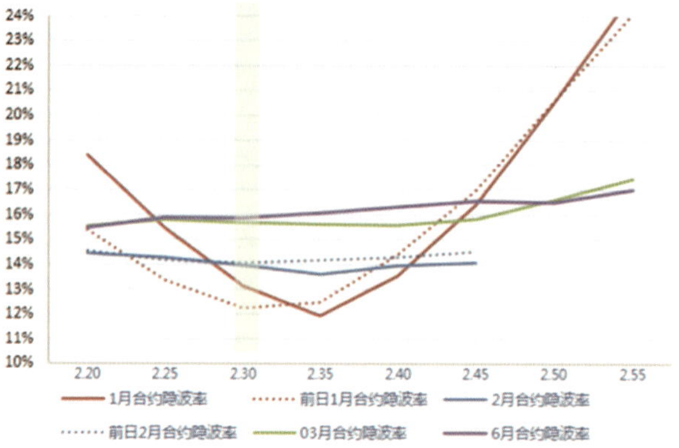

图 6　2017 年 1 月 17 日隐含波动率结构图

刚好涨了 3% 或是涨多少，若是如此，我们一定可以用大量买入认购来获利了，如此，我也不会在这里和你讨论交易了，我应该在太平洋的某个地方度假，不会在那么冷的上海和你一起在这小房间内看盘说行情了，所以我们交易在正常情况下，一年应该可以很低风险地赚个 20% 左右，虽然偶有损失，但一定也在可控的范围之内。”

文武看似了解了之后点了点头。

1 月到期时，行情居然离他们建仓涨了接近 3%，原先偏多的仓位若放到最后真的可以获利最大！不过当时他们真的不知道会如此，也只能接受策略结果。如果想着下次要放到最后赌一下，也或许会面临较大的损失，这就是交易心理需要克服的地方。

图 7　2016 年 12 月至 2017 年 1 月之上证 50ETF 走势

24. 春天在哪儿

2017 年 2 月，春寒料峭，似乎比实际意义上的冬天还要寒冷，但是市场的表现却如一股暖流淌入人心。除了过完年后第一天的立春之日下跌 1.01% 之外，上证 50ETF 的走势已趋稳定，只是行情实在是太小，隐含波动率也一直降低，甚至于已经掉到 10% 附近，这是以前都没见到过的情况。老徐没想到，50ETF 期权刚上市两年，居然波动率能掉到那么低。而只要波动率很低，交易节奏没那么快的波动率交易就会发挥得相对有限，虽然滑价成本相对变得较小，但是这的确不是他所喜欢的情境。

图 1　2016 年 12 月至 2017 年 2 月份上证 50ETF 走势图

过完年后第一个工作日，办公室的人都齐整整地坐在里面，没有一个人请假，似乎也是在期待市场上春天的来临。互道了新年快乐及分享了各自家乡特产之后，又都开始各自忙碌。

“又是新的一年，之之，你有什么想法？”老徐不知道是不是被年后一片祥和的气氛所感染，一脸和蔼可亲地问了起来。

“现在的隐含波动率，有两种做法，一个是我努力做短线的波动率对冲，另外就是做空日历价差，买入 2 月的合约，同时卖出 3 月份的合约。做空波动率，但不小心行情波动变大，一定是短期的波动率上升，加上 gamma 的获利，应该可以赚一点点钱，补贴我们的产品。”她的这一番话显然是经过深思熟虑的打算。2016 年 10 月份，上次才说过的交易方式，之之居然马上可以熟悉运用上。

老徐讶异地看着她，和他想的一模一样，但是他又不甘示弱地说：“还差一点点，如果是我的话，还会再卖出 6 月份的波动率，说不定还可以赚一点时间价值或者碰到波动率再度下跌的机会。”

之之却说：“得了吧您呐，做一个卖出日历价差已经够复杂了，您还要再卖远月份的合约，到时候波动突然上升，就怕我们来不及出场，又怪流动性太差，到时候偷鸡不成倒蚀把米呢。”

“就你留意风险，3 月份的流动性也不见得太好啊。”老徐不甘示弱地回应着。

“至少比 6 月份的好很多，如果波动率突然上升很多，那表示什么？表示行情一定出现了重大走势，若是卖出日历价差，刚好遇到行情的大波动，若是如此，虽然在 IV 上会有损失，但是在 gamma 上却能赚得更多，所以只怕行情不动，就让暴风骤雨来得更猛烈些吧！”

老徐知道之之说的是对的，心里觉得也不便一直死缠烂打，要不然女神一翻脸可不是好玩的。而日历价差，在目前的波动率情况下，只要一周内行情移动 2% 左右，绝对会有利润，只是会不会有这样的走势，却不好说，不过若是 3 月的隐含波动率能下来 1% 却也是不错的，目前这样的策略也算是稳中求胜了。

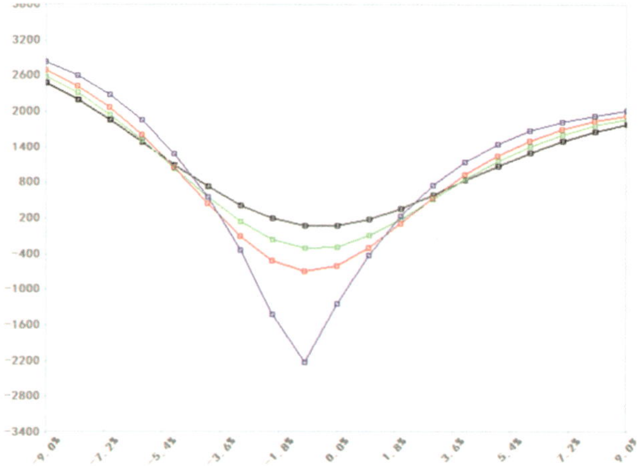

图 2　卖出日历价差 3 日后、5 日后及到期损益图

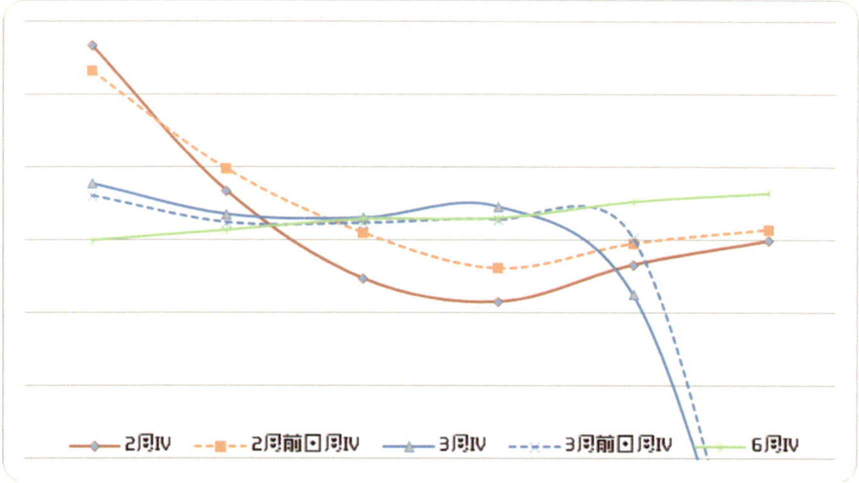

图 3　2017 年 2 月 9 日隐含波动率结构图

2 月 9 日，2 月份隐含波动率正好较前一日大幅滑落 1%，也许正是个进场的好时机，由于正好 2 月份的隐含波动率也大幅低于 3 月份的隐含波动率，在理论上应该是个胜率还不错的进场机会。

在当时 2 月份的期权及 3 月份的期权报价是这样的（如表 1 所示），我们买入平值 2.35 元行权价的跨式仓位，同时卖出 3 月份 2.35 元行权价的跨式仓位，即买入 2 月 2.35 元的认购及认沽，同时卖出 3 月份 2.35 元行权价的认购及认沽。付出权利金总计 378 元，收入权利金 739 元，权利金总收入计 361 元/组策略。

表 1　　2017 年 2 月 9 日的期权 2 月及 3 月份合约报价表

T字报价										
认购期权					1702	认沽期权				
持仓量	成交量	涨跌额	最新价	合理价格	行权价	合理价格	最新价	涨跌额	成交量	持仓量
9908	9084	0.0070	0.1565	0.1566	2.20	0.0006	0.0006	-0.0001	1767	17755
13897	13975	0.0070	0.1073	0.1077	2.25	0.0008	0.0008	0.0000	3431	23664
44395	39708	0.0068	0.0604	0.0604	2.30	0.0031	0.0031	-0.0008	16224	46547
116752	91030	0.0034	0.0224	0.0223	2.35	0.0155	0.0155	-0.0037	52613	72051
66192	23099	0.0001	0.0059	0.0059	2.40	0.0496	0.0496	-0.0057	24098	23347
28779	7235	-0.0001	0.0011	0.0011	2.45	0.0946	0.0949	-0.0068	12310	7955

认购期权					1703	认沽期权				
持仓量	成交量	涨跌额	最新价	合理价格	行权价	合理价格	最新价	涨跌额	成交量	持仓量
4813	3505	0.0069	0.1610	0.1701	2.20	0.0026	0.0026	-0.0003	3720	15066
7784	4111	0.0057	0.1144	0.1201	2.25	0.0059	0.0059	-0.0012	8849	31697
19942	10022	0.0050	0.0740	0.0741	2.30	0.0148	0.0149	-0.0020	15828	38357
48534	27620	0.0030	0.0412	0.0411	2.35	0.0328	0.0327	-0.0033	20149	42243
34820	23641	-0.0003	0.0215	0.0217	2.40	0.0628	0.0631	-0.0049	6549	11010
30913	11078	-0.0001	0.0011	0.0011	2.45	0.0946	0.0949	-0.0068	2639	6773
28481	6352	-0.0068	0.0949	0.0946	2.50	0.1672	0.1677	0.0097	2366	12152
52181	3299	0.0097	0.1677	0.1673	2.55	0.1799	0.1368	0.0088	4233	11419

三日后，2 月 14 日情人节，虽然累计行情仅涨了 0.69%，但想不到 3 月的隐含波动率却突然下降，获利了结，更待何时?!

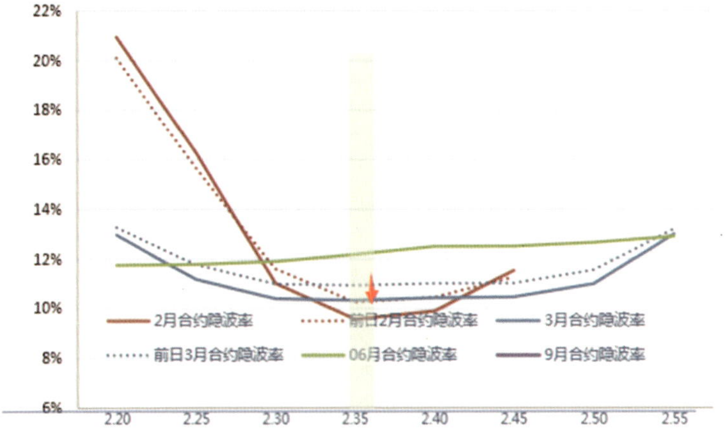

图 4　2017 年 2 月 14 隐含波动率结构图

虽然2月份的隐含波动率也较前一日下降，但是以3月份的vega较大的情况，获利已然是产生了，3月2.35元行权价的vega有30元，加上一些gamma的获利，这报酬率足足有使用资金的0.5%，虽然不多，却也是真金白银，而且仅仅三个交易日。

表2　　2017年2月14日2月及3月份期权的报价

T字报价										
认购期权					1702	认沽期权				
持仓量	成交量	涨跌额	最新价	合理价格	行权价	合理价格	最新价	涨跌额	成交量	持仓量
8216	3421	-0.0029	0.1706	0.1709	2.20	0.0003	0.0004	0.0000	815	17148
12871	4308	-0.0030	0.1210	0.1209	2.25	0.0004	0.0004	-0.0001	4567	21872
31663	16175	-0.0042	0.0713	0.0714	2.30	0.0006	0.0007	-0.0004	6495	44299
97387	46772	-0.0033	0.0272	0.0273	2.35	0.0061	0.0061	-0.0010	26018	80082
65293	20566	-0.0024	0.0045	0.0045	2.40	0.0336	0.0336	0.0011	26149	35037
27988	2347	-0.0004	0.0006	0.0006	2.45	0.0799	0.0799	0.0037	9094	9767
认购期权					1703	认沽期权				
持仓量	成交量	涨跌额	最新价	合理价格	行权价	合理价格	最新价	涨跌额	成交量	持仓量
5482	1668	-0.0036	0.1716	0.1727	2.20	0.0014	0.0015	-0.0001	2425	13164
9263	1768	-0.0038	0.1243	0.1245	2.25	0.0028	0.0027	-0.0006	5023	32597
20984	5846	-0.0043	0.0796	0.0798	2.30	0.0078	0.0077	-0.0010	9083	43110
53572	15953	-0.0046	0.0435	0.0434	2.35	0.0218	0.0217	-0.0010	16526	48882
48968	20907	-0.0038	0.0207	0.0207	2.40	0.0479	0.0479	-0.0009	6995	16822
40662	7434	-0.0025	0.0077	0.0078	2.45	0.0799	0.0799	0.0037	2096	7219
29566	3560	-0.0012	0.0030	0.0029	2.50	0.1673	0.1679	-0.0055	1410	12332
53063	3593	-0.0006	0.0019	0.0019	2.55	0.1773	0.1353	-0.0074	1968	12427

在收盘前平仓卖出2月份行权价2.35元的期权权利金333元，再买回3月份行权价2.35元的期权，权利金652元，其权利金差319元/组，总计获利42元/组交易。

当然其中最主要的收入来自于3月份合约因隐含波动率的下降而获利87元，而2月份的合约则损失45元。事后思考，若是仅卖出3月份的合约，那不就可以获利87元？或是仅卖出2月份的合约而非买入2月份合约，也可以获利45元，不管如何，结果似乎都比做这个日历价差好，而且手续费也少了不少。

反过来想，当初我们也是担心行情会有较大幅度的移动，导致gamma的损失，才做了这个long gamma且short vega的交易策略，较低的风险总伴有较低的获利，似乎是千古不变的道理。

25. 胆识较量

“徐总，徐总，隐含波动率已经够低了，现在可以做买进策略了吧?”之之似乎等待了许久，迫不及待地问了起来。

老徐点点头默认，然后又搬出台湾曾经有过更低的例子，准备大说一番，不想被之之白了一眼，又被揶揄，“您这个故事以前说过好几次了，有没有新一点的?”

说者无意，听者有心，老徐不好意思地说：“我就只有这些故事……”

之之见自己的话有点伤人，忙打趣道：“那您的意思是什么都不做啦?”

老徐倒是没有介意，很认真地回答：“我们如果做卖方的话，可以做一些 GUTS 策略。”见之之饶有兴趣，他便准备逗逗这个年轻人，趁机“报复”一下，故作神秘地说：“收盘再告诉你，想想怎么收买我。”

收盘之后，之之忙端着号称虹口区最贵的咖啡去找老徐，“徐总，这咖啡诚意十足。快讲讲 GUTS 的事情。”

老徐抿了一口咖啡，不慌不忙，先跟之之开起了玩笑：“咖啡不错，下次可以继续买，哈哈，不过我猜你是觉得楼下咖啡店的法国老板长得帅才去买的吧。哼哼。”

“我才没那么花痴，我可是很爱国，男人也是喜欢国产的。食君之禄，担君之忧，您快讲吧。”

在之之这种不客气的请教下，老徐终于不卖关子：“所谓的 GUTS 策略就是我们可以卖出一些深度实值的认购及一些深度实值的认沽，上次古纪问我的时候，我跟他说，这是要有胆量的策略呢，胆小鬼不合适。”

其实卖出深度的宽跨期权在本质上与卖出宽跨是同一个意思，只是在实物交易的目标上，却有意不想到的套利空间，这也是为什么有些交易员喜欢卖出实值的期权，宁愿牺牲一点流动性，却去赚取一些急于出场或保证金不足的投资者的钱。

举例来说，在 2017 年 3 月份，你去卖出 2. 15 元的认购同时卖出 2. 35 元的认沽，与卖出 2. 15 元的认沽同时卖出 2. 35 元的认购其实是同一件事，但是要注意，由于交易所的交易规则规定，这两者所使用的保证金却大不相同，加上卖出 GUTS 策略，两者都是深度实值的期权，所以被行权的概率非常大。而这“被行权概率非常大”则是该策略可能有超额利润的来源。

由于卖方大多数都是机构或私募客户，资金方面没有明显压力，卖出 GUTS 策略，理论上只要准备足够的资金，到时卖出认沽获取 50ETF 的现券，再经由卖出认购将其交割出去，根本没有风险，加上偶尔有些买入认沽或买入认购的客户放弃行权，自然会有一些额外的报酬。在今年 2 月份，实值一档期权的行权率居然仅有 88% 左右，也就是说，如果卖出 100 张实值期权，实际来行权的仅有 88 张，以 2 月份的合约来看，2 月 22 日收盘为 2. 306 元，若是行权价 2. 25 元的认购期权的最后报价为 0. 0560 元，但权利方却放弃行权，卖方就犹如空手套白狼一般赚取一张期权 560 元的利润，以保证金仅需要 4000 元的情况，当月的报酬可高达 14%，年化报酬为 168%，这对当时卖出实值期权的交易者来说算是一笔不错的额外回馈。

从另一方面考虑，由于大多数的权利方均为散户或是仅想做一个短线交易的投资者，在不愿意行权的前提下，越靠近到期结算前就有越大的出场压力，加上实值的考虑，所以常常在到期结算前一周甚至更早就出现“负时间价值”的期权，而我们也可以趁机将卖出的认购回补，同时买回当时卖出的认沽，在这样的“负时间价值”常出现的情况下，卖出实值期权确实比卖出虚值期权有更好的获利机会。

图1　2017 年 1 月至 3 月的走势图

之之尖锐地指出：“如果不做卖方呢？因为现在的隐含波动率实在是太低了，居然最近月份可以跌到 8% 附近，要我去卖这种东西，我宁愿去做逆回购的交易。”

确实在隐含波动率已到了历史低点时，特别是卖出 10% 以下的隐含波动率，的确是一个高风险低回报的投资，只要市场突然有个风吹草动，损失可不是一点点，也不是说说笑笑就可以轻易带过的事。

老徐说道：“连续三个月隐含波动率的下降，对很多要求稳收益的交易策略来说空间的确比较窄了，要不然，我们再做一次买 3 月卖 4 月的卖出日历价差也可以，以目前的隐含波动率，只要在一周内行情走出 1% ~ 2% 的幅度，大概就不会亏了，理论上是非常容易赚到钱的，赚钱绝对是大概率事件。”

之之紧接着说：“好像上个月觉得隐含波动率太低时，您也说了这个策略。”

“但是在低波动率时，由于最近月的隐含波动率也低，所以通常会突然走出一个方向。套句你常说的话，国内的股市从来不缺波动；而没有方向时，远月也会一直掉，所以这个策略真的挺有效的，而且风险也很低呢。”

此时，久久一直没有发声，一直坐在附近的刘轻云却嘴角挂笑，突然插嘴道，“这些招式我都听会了。”

老徐宠辱不惊，虽然心里不满刘轻云偷听他们讲话，但还是平和地说道，“交易本来就是这些招式而已，重点是纪律与风险管理，一直以来都没有变过。”

老徐继续发挥：“很多人都以为一直有不同的招式可以面对千变万化的行情，其实变化是有的，只是一些基本招式的变型而已，例如，我们可以卖出 6 月的宽跨式，然后买入 3 月份的跨式，也可以卖出 4 月份的宽跨式，然后买入 3 月份的跨式，或者你发现远月份某些行权价的隐含波动率明显太高，而卖出这些偏高的行权价，然后买入近月份偏低隐含波动率，做出一些 long gamma 但是卖出波动率的策略，这些都是很类以的策略。每当行情开始变化剧烈时，近月先开始变化，隐含波动率会上升的非常大，这时绝对有机会先获利了结，反而怕行情完全不动呢。在跨月的交易中，各不同的月份变化是很微妙且有趣的，我们未来应该会有很多机会去交易的。”

之之一直觉得自己是老徐的弟子，而刘轻云这样偷学算什么，在这件事情上不自觉地小气起来，便也不理刘轻云，附和老徐，“徐总，对于低波动率时的交易，我也是觉得比较难处理的，根据我浅薄的经验，以卖方为主的交易根本没法子卖出太多的仓位，如果卖得太多，行情一开始波动，损失就会加大，然后陷入进退失据的窘况。做卖方，其实最喜欢的并不是很平稳的行情，因为行情平稳在建仓时根本没有什么利润；如果开始时波动很剧烈，而后趋向平稳，通常这个月份很可能会获利良好。最讨厌开始时行情很平稳，然后建好仓位时变化开始加大，这个月份的交易就会变得很痛苦。”

老徐点点头，“没错，看来你交易的经验虽然没有我多，但是也掌握了精髓，知道用长远的眼光来看这些交易了，就像下棋一样，已经想到别人如果这样下，那会有什么样的变化，很多人做很多年都还不知道这些事呢，就像古纪一样，只知道卖出是危险的，其他的事都不知道。”看来老徐对古纪还是耿耿于怀，以至于大多数反面教材都拿他打趣。

交易本来就是需要思维逻辑的，没有一个固定的公式，但是有一个大道理在，和所有的交易都是一样的。

他们一起笑了起来，毕竟在交易的路上遇到想法相近而心胸宽大的人确实是不容易啊。

26. 人间四月芳菲尽

人间四月芳菲尽，期权市场何逢春？4 月份 50ETF 行情仍是不温不火，总是在狭幅区间里不断徘徊。从 2 月份开始，每日的涨跌幅都很小，甚至连续 14 周连 2 个点的涨跌幅都没有出现，这样的行情就在不断地挠动人心。老徐心中一直在犹疑波动率是否已经到了低点，期权的买方当然是相对有利的，有潜在的低风险与高报酬，但是不知何时“高报酬”的那一天会来，这种提心吊胆的担忧常使交易者陷入该不该续继买入的泥沼中；而卖方虽然看起来可以获利，但期权的交易风险将大大的提高，买卖似乎只在一念之间，但决断难下。

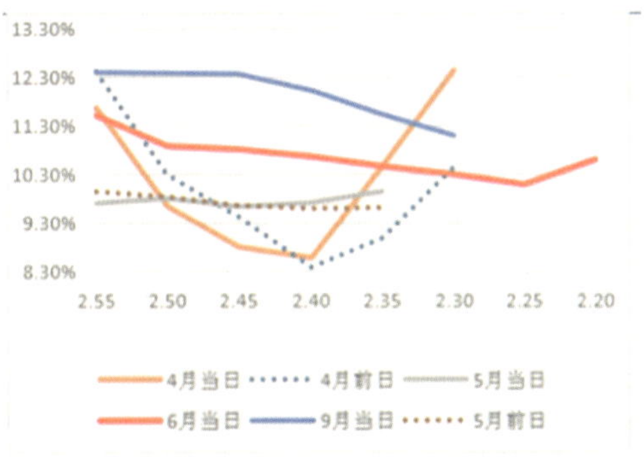

图 1　2017 年 4 月 5 日隐含波动率结构图

交易室里的人又陷入了重复的话题讨论中。

之之一边看聊天记录，一边跟老徐说："徐总，我们继续保持优良传统吗，招式延续？文武那边有点不满足呢，还来问是不是又要用一样的交易招式？我看文武就没有阿川长情，不管什么行情，坚持卖卖卖，哈哈。"

老徐笑着回答："似乎没有更好的方式了，如果相同的招式一直可以赚钱的话，我觉得倒没有什么不好。"

"买入近月同时卖出远月份，会不会突然导致重大风险呢？"之之追问。

老徐还是那副不慌不慢的样子，衬得这帮年轻人倒像是没见过什么大世面。他喝了一口茶水，解释道："除非行情一动不动，然后我们买入的近月合约都损失掉，然后远月份的隐含波动率仍然上涨。但是这样的情况不容易发生，市场的惯性很少发生不合逻辑的事，正常的情况下，长期的隐含波动率会再次向下探，向近期的隐含波动率靠近才对。如果行情不动而长期 IV 向上这种事就算真的发生了，哈哈。"他一边说一边环顾四周，看了大家一圈："表示我们平常坏事做的太多，上天在惩罚我们才会如此。"

之之知道老徐在开玩笑，故意装作一本正经的样子："徐总，我可是仰不愧天，俯不愧人，内不愧心。至于您，嘿嘿，就不知道了。"之之又补充了一下"所以我也在常常关注波动率锥，留意长期的波动率目前在那个水位，好让我们不要在极端情况下一直用相同套路来做。"

老徐说，"这必需的。"

老徐似乎想转话题，所以突然严肃起来，似乎想找机会教育一下年轻人："不开玩笑，2013 年台湾也发生过类似情况，同样是隐含波动率太低，台湾还曾经低到只有 6% 的隐含波动率，但这也不是首次发生的，2005 年也发生过，而台湾在 2013 年发生此情况时，当时做期权的比只做期货日内交易或只做趋势的交易方式的绩效好得多，而且做日内交易的的绩效是最不好的，因为行情实在是不够大，加上跳空走势大幅减少，以为用日内交易是风险最低的方式，结果恰好相反，你越想当然认为保险的方式反而风险越高。”

“那我们要用些高风险的策略啰？”

老徐说：“这确实是一个思路，因为每次有这种情况出现时，不久后行情都出现明确的走势，而且大部份是多头的走势，只要市场的筹码沉淀够多的话，离有方向的走势也不会太远了。所以利用一些逆势指标，趁机逢低建立一些多头垂直价差，才不负市场啊。这种仓位的优势是现在近月的 IV 够低，行情下跌波动率会上升，就算我们止损，损失也不会太大。我们也可以建立一些相对比较复杂的对角比率价差，每组买入近月的平值认购 2 张，卖出次月的虚值认购 3 张，同样利用了隐含波动率结构上的优势，如此才能将交易风险控制在较低水平，否则当行情开始动起来，那真的去为了赚卖白菜的利润而担卖白粉的风险。”

老徐见之之若有所思，也不答话，又补充道：“交易就一直是如此，除了纪律之外，其他的都是一些类似的交易模式，只要我们利用现有行情的优势制定策略就能一击即中，这也是为什么我们一直比较喜欢做期权而不喜欢做像期货或股票那么线型损益的交易的原因。”

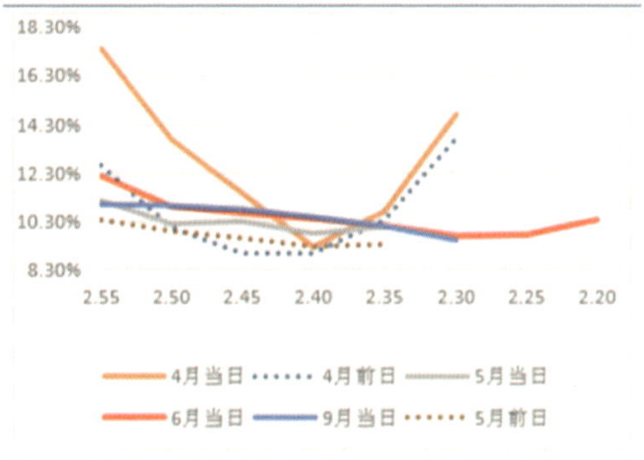

图 2　2017 年 4 月 14 日隐含波动率结构图

事后检视了一下 2017 年 4 月份隐含波动率的变化，的确，行情波动率维持低档，远月份的隐含波动率持续向下，平值的隐含波动率各个月份将不断接近，由于行情没有太大的变化，远月份向近月份靠近收敛，这样的情况会被敏锐交易者嗅到一丝机会。当他们觉得 IV 已经很低了，但是远月份仍会由“长期均数”向“短期均数”收敛，卖出远月份买入近月份的交易将可以赚到远月份的 vega 的利润，为了避免近月的时间价值快速衰减，可以通过 delta 对冲的方式减少这方面的损失。

2017 年 4 月份从 4 月 5 日至 25 日，每 30 分钟各月份 IV 的变化如下图所示：

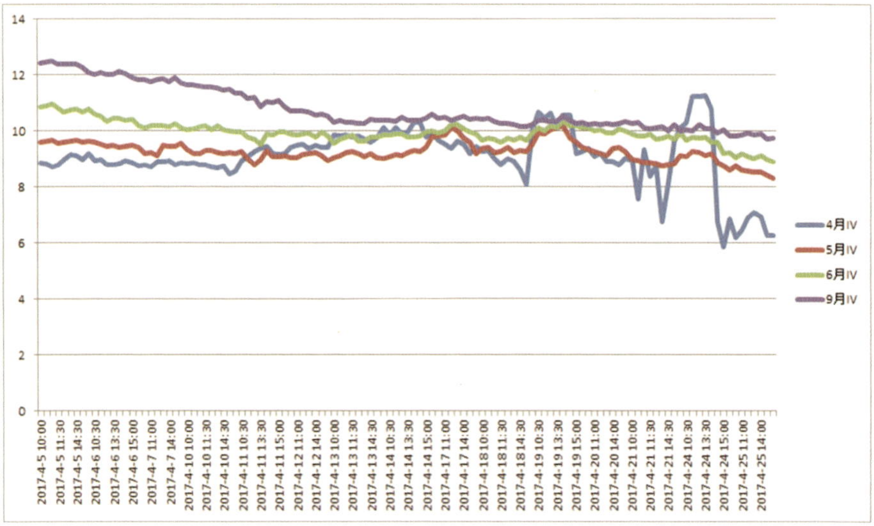

图 3　2017 年 4 月 5 日至 4 月 25 日每 30 分钟各月份 IV 走势图

从图 3 中也可以发现许多交易机会，例如，可以买入 5 月份的 straddle 同时卖出 6 月份的 straddle，避掉 4 月份合约时间价值快速损失的窘境，以交易次月及季月为主。而该交易也可以在 4 月 14 日至 4 月 19 日之间任何时间点平仓获利了结，每组可获利至少 50 元以上，这在低波动率的交易中也算是上等策略了。

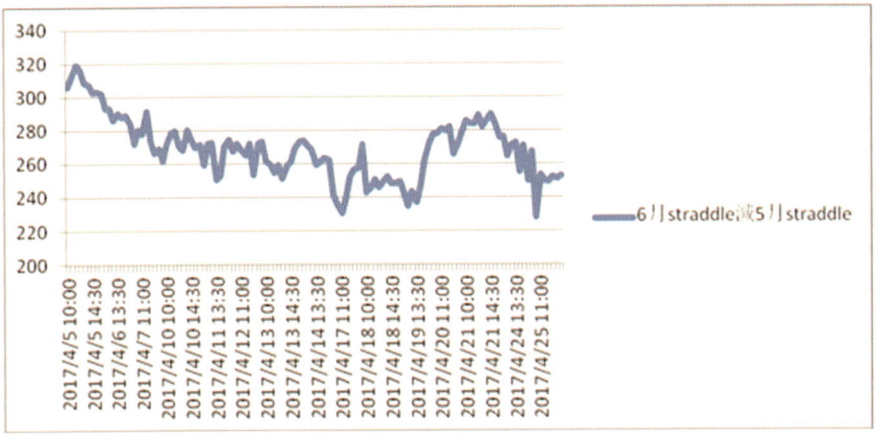

图 4　2017 年 4 月 5 日至 4 月 25 日，每 30 分钟 6 月合约跨式减去 5 月跨式的权利金值

27. 砍仓风波

五一过后，上证 50 依旧持续在偏低的隐含波动率，市场无聊到了极点。办公室里的绿植似乎都没有了生机，一切在大家眼里都显得百无聊赖。

“这个时候应该可以去休个假吧？”之之抬起头无奈地感叹。

老徐转过头，露出一副惊讶的神情说：“才刚放完假，你又想去休假？”

之之却说：“这种行情，放完假回来，说不定行情还是一样，不可能跑太远。”

老徐摘下眼镜，翘起腿，“市场就在等你不注意的时候，给你一个惊喜，然后问你，惊不惊喜？讶不讶异？”

之之又把脸板起来说：“最好是这样，我现在已经心如止水了。您不是曾经说过，台湾曾经二年以上都是低于 10% 以下的隐含波动率？我现在已经完全可以了解，你会在何时再做一个日历价差，然后再找机会出场，我已经学会这一千零一招，应该可以让我休个假吧？”

老徐把上证 50ETF 的走势图和中国平安的走势图拿出来给她看，然后面带神秘地说：“这个月不一样，行情可能要开始动了，行情可能会开始走一个多头走势，然后把满脸错愕的你狠狠打一个耳光，让你们这号以为会一直整理的人不敢进场，然后眼睁睁看着一大波行情永远与你无关。不知你到时候会不会追悔莫及和痛不欲生，哈哈。”

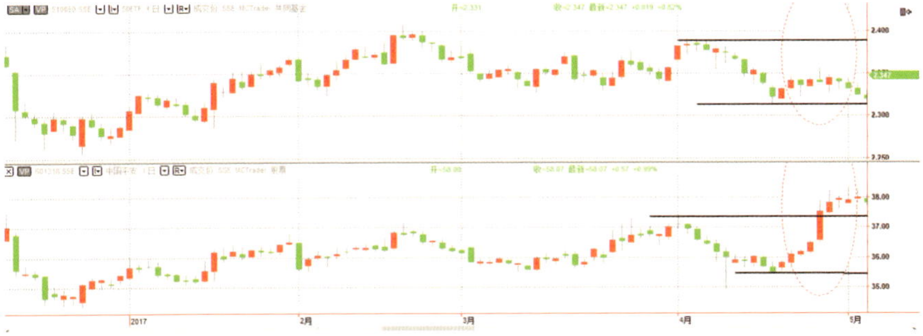

图 1　2017 年 1 月至 5 月初走势图

老徐指着图型上的中国平安走势，“你有没有发现我们权值最大的个股已经率先突破了二年来的高点？我觉得这是一个非常好的机会，今年可能再也没有比这个更好的机会了，如果不勇敢做多的话，一定会后悔的，有没有胆子和我一起来玩一把？”

之之同意了他的看法，认为这是一个很好的机会，他们用先前累积的盈余来押注这一次难得的机会，因为从 2015 年到现在，确实也没有一次较像样的多头走势，这一次可能是今年最好的机会了。他和之之开始从 5 月初买入 delta，预计买入与产品等市值的仓位，如此一来，如果 5 月份能上涨 5% 以上，当月应可赚到 5% 的报酬。

理想是完美的，但现实却有其困难性。当买入到 delta = 0. 5 市值时，5 月 5 日（如图 2A 处），行情跌破 4 月份的低点，并留下长下影线，许久不见的老板突然现身惊恐大叫：“这怎么可以做多呢？这行情怕是要崩盘了，我听古纪说这时千万不能做多呀！现在的多头仓位必须立即出清，明天开盘时立即出清！”

老徐左右为难，他心里是极其不愿照做的，因为他知道这样的风险是可控的，也没有违反当初既定的风险控制要求，可是，领导的要求还是要遵从。无奈之下，他又一次次地跑进老板的办公室去解释这样的风险是不高的，在支撑价位之下，他会逐步将 delta 对冲掉，当行情回到支撑价位之上再将对冲仓位补回，当价位站上 B 价位之上，才会将 delta 逐步放大至 delta = 1 的市值附近。

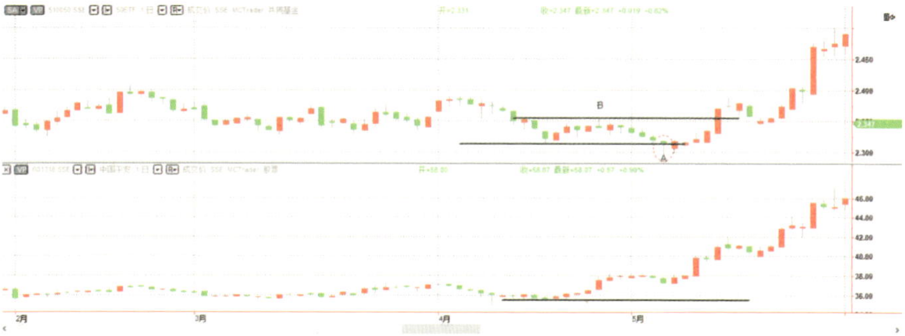

图 2　上证 50ETF 与中国平安 2017 年 2 月至 5 月走势比较图

但害怕损失的恐惧像是无形的病毒一样，总是让人以为世界末日立即就会来临。如同巴菲特所说的："这是很难的，因为人会恐惧。"不管他如何解释风险有限，目前的损失还没有超过 0.5%，但老板就像中了古纪的毒，一意孤行，甚至于决定第二天亲自监督他们处理掉仓位。

第二天一开盘，多头仓位全部砍仓，损失达到了 1%。当时老徐更确信了这一定是波段的最低点了，因为这种事他已经不是第一次遇到了，反向指标百试百灵，就如同市场上的许多散户一样，多单总是舍不得卖出时，行情总是不涨。那什么时候才会上涨呢？当多单砍掉时，立即就会涨了。相信很多人也有相同的经验，这情况，他在过去 20 年间不止一次的看过，想不到现在又让他亲身经历了一次，从旁观者到当事人，仿佛经历了沧海桑田。

当多单出场后，行情开始走稳并反弹，5 月 12 日行情顺利涨过了 2.356 元的图 2B 点压力，但是老徐他们却没有一点点的偏多仓位，这也是连续 20 个月获利以来的第一次亏损月份，被执行和被亏损这种事情让他和之之心情都很低落，一时间竟不知道要保持沉默是金还是要借酒消愁才能排遣这份郁闷。老板说了要砍仓之后再也没说任何一句话，古纪也没说任何一句话，好像这件事完全不关他们的事，又好像这件事从来没有发生过。

他们后来也没有建立偏多的仓位，甚至没有做什么交易，2017 年的 5 月份就这样的过去了，老徐将这件事记录下来，他永远不会忘记这次的交易，也永远不会忘记这笔交易的刽子手，这也为他后来离开这家公司埋下伏笔。

28. 宠辱不惊

大清早，老徐满面春风地从外面进来，手里还提了两大袋咖啡，请办公室里每个人喝上一杯，不难看出，他一定有什么喜事。有人打趣老徐，问徐总是加薪了还是升职了，还是捡到了钱。老徐一脸神秘，笑而不语，似乎不想与外人言谈，直摆手，说道："喝咖啡也堵不住你们的嘴，就是开心哈哈哈。"

"徐总，刽子手事件以来，难得见您这么高兴。"之之打趣。

老徐并没有在办公室搭话，而是拽着之之到角落，神秘兮兮地说道："你知道吗？5 月 25 日上涨 2.96% 那天，古纪他们好像亏了一大笔，因为他好像只会卖出波动率，而行情在动的时候又一直犹豫不决，听说他一直怪交易员没管控好，还一连开了好几天的会。"他说完满脸尽是难以言说的喜悦，似乎等着看好戏的劲头。

之之似乎并不意外，"刘轻云也是这样，只会做卖方，然后亏一点点就大惊小怪的，难道他们师出同门?!"

老徐点点头表示赞同，"你倒是挺了解的，确实绝大多数人都是如此，他们大多只有投顾的经验，然后以专家的名义硬扛。"

老徐话锋一转，"从 2015 年开始，隐含波动率的确太高了，高到一个只懂得卖出的方式就可以赚钱的市场，但自从 2017 年开始，市场隐含波动率开始变低了，许多用卖出当成唯一武器的投资人似乎越来越讨不到便宜了，还好有我这种有经验的人在输出经验，让市场的交易更多元化。”

之之又白了他一眼：“是是是，您英明神武。一招两式闯天下。”

老徐故作夸张地说：“2015 年之前，有人在做这些所谓的统计数值吗？这就是进步呀，这一两招在这几年是一大进步呀，我根本就是点燃了期权交易的明灯呀，否则到现在期权交易一定是一片黑暗，你不是认识有些人，号称交易了二十年的期权，连个跨期交易都没做过，难道这不是一大进步吗？”

之之一直点头笑，心中想着老徐心中似乎有些不愉快的压抑，但徐总于她，既是交易上的老师，又是工作上的朋友，她想她应该会一直支持他。

老徐突然问之之，“6 月份有什么看法？我们现在丢失了原先的多头仓位，我的心理很不平衡，想法有一些不愉快，这对交易并不是很正面的，要听一听你的看法，看看是否和我的想法差不多？”

“您就是想考考我而已吧，每次您都是早就有想法了。您不如去问问刘轻云来的直接。”说完这句，她自己也愣住了，怎么最近总是有意无意地拿刘轻云说事，自己有那么看不惯他偷学的方式吗？

老徐也笑了一下：“还是算了，他走平地都会摔倒，我还得弯腰扶住他。”

之之却还是一直笑，也不接话，直接说道：“5 月以后，形势很明朗，一路看多，一路向北，至少在 50ETF 的走势上看来是如此的明显，如果不顺势而为，就是头脑坏掉。不如做一个适合这种缓步上涨行情的策略，退可守，进可攻，才妙。只希望节奏尽量控制在一个波段就能获利，不要被拉拉扯扯太久。”

老徐认可这种观点，跟着说：“我们未来几个月都可以如此设计，趋势已成，就让我们随波逐流吧。只是细部的交易可以好好的发挥一下，预防快速回调时净值大幅拉回的情况。”

之之随即开窍，“其实也简单，在先前的低档拉起来时，我们可以趁机用卖出认沽或是用认沽做出一个收取权利金的垂差，比如，上证50ETF拉回跌破2.45元的时候，我们认为行情不可能跌至5月25日长红的低点，就可以趁隐含波动率较高时买入2.35元的认沽同时卖出2.40元的认沽，做一个净收权利金的多头垂差交易（见图1），以收权利金为主，先防守再获利。接下来持续上涨后，当行情平稳波动率变低时，可以改成买入平值认购同时卖出虚值认购做一个多头垂差，就算行情回调而波动率上升止损时，会因隐含波动率的上升而损失极小。”说完心理还暗想，这般有如排兵布阵，似乎很有趣。

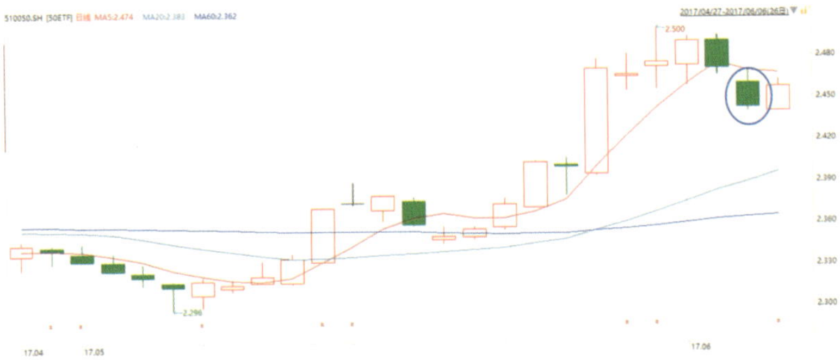

图1　2017年5月至6月初上证50ETF的走势图

之之又接着说，“我们使用两只脚的垂差做法，风险在一定程度上是可控的，但是近期的波动率变化着实有趣，似乎我们可以尝试改变一下交易方式，不走趋势路线。”她用征询的眼光看着老徐，见他没有反对，便指着上证50ETF的K线图接着说道：“今年5月份之后的走势波动情况和先前4个月完全不是同一个量级，到了5月中旬突然波动就起来了，而且行情也拉了一个两年来新高价。这样的话，接下来的波动率还会维持在一个接近历史低点的走势吗？我觉得机会不大，隐含波动率有机会再往上拉高。现在隐含波动率才10%～11%左右，太低了。”

接着她又指着历史波动率图形（见图3），“5月份的历史波动率看起来就不是和先前的四个月同一个等级，所以趁回调卖出波动率的垂差策略恐怕这次会行不通了，但可以趁现在回调隐含波动率偏低时买入波动率。”

图 2　2017 年 1 月份至 5 月底日线走势

图 3　2017 年 1 月至 5 月底 5 日历史波动率与 20 日历史波动率走势图

老徐在一旁仔细听着，频频点头，似乎对自己这个学生的想法颇为赞同。

接着之之拿出一段她计算的 6 月份合约的 4 个月份的隐含波动率记录，每 30 分钟记录一次，从 2 月 25 日开始，一直到 2017 年 6 月 5 日。她看着这些记录一丝不苟地说："如果行情再往高点走，6 月份的隐含波动率一定会再到 13% 以上的，那么目前至少有 2 个 VOL 的空间可以交易，或者可以买入 6 月的波动率，以简单的买入跨式的方式来做也不错。您说呢，徐总？"

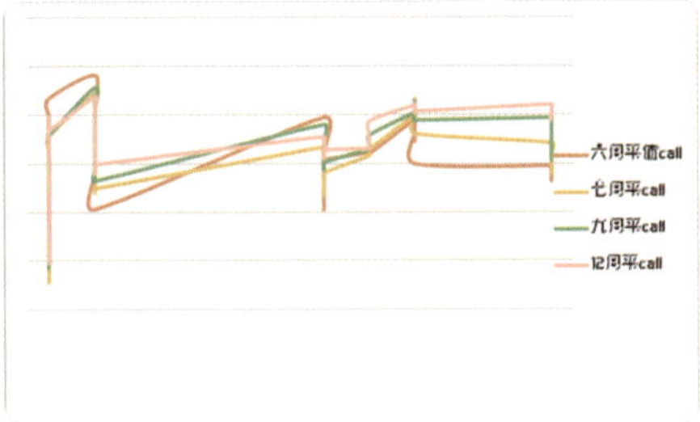

图 4　2017 年 5 月 25 日至 6 月 5 日每 30 分钟平值买权隐含波动率走势图

“看来你对行情想了相当久的时间，上个月的刽子手事件并没有对你造成任何心理不适，有点宠辱不惊的味道啊！”

“哈哈哈，宠辱不惊，闲看行情大起大落；去留无意，漫随波动此起彼伏。”

最后由于 6 月份虚值期权的隐含波动率较高，交易仍以多头垂差为主，但事后检讨却发现以买入跨式的策略获利较佳，以下以买入跨式及买入垂差两种交易方式分别计算 6 月 5 日至 6 月 8 日的损益。

图 5　上证 50ETF6 月走势图

表 1　　买入跨式仓位未来三天损益图

认购价格		认沽价格	跨式价位和	当日损益（元）
6/5	0.0237	0.0313	0.0550	0
6/6	0.0302	0.0235	0.0537	-13
6/7	0.0482	0.0186	0.0668	131
6/8	0.0664	0.0128	0.0792	124
总和				242

表 2　　　　　　　　买入垂直价差未来三天损益图

平值认购价格		虚值一档认购价格	权利金净值	当日损益（元）
6/5	0.0237	0.0091	0.0146	0
6/6	0.0302	0.0125	0.0177	31
6/7	0.0482	0.0219	0.0263	86
6/8	0.0664	0.0333	0.0331	68
总和				185

由上可知，买入跨式总获利每一组为 242 元，垂直价差则每组获利 185 元。

而整个 6 月份的平值隐含波动率果然向上走了一段，一切如之之所预料，30 分钟的平值买权波动率走势图如下：

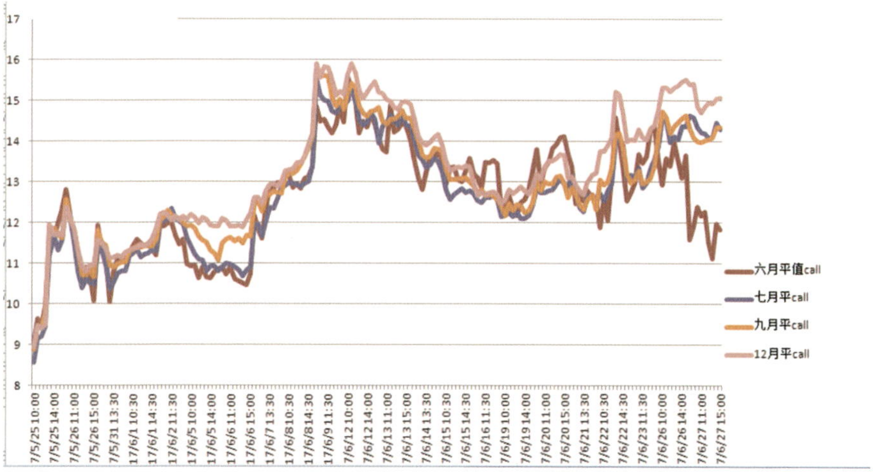

图 6　2017 年 6 月份合约时，各个月份平值认购隐含波动率走势图

29. 贪心是错？

大清早办公室里响起了噔噔的高跟鞋声，出差很久的艾薇回来了。依旧是艾薇风格的穿搭——大红的裙子，细高跟的皮鞋。这样的醒目，让人想忽视都难。之之一度怀疑她是不是仔细钻研了红楼梦里人未到声先闻的技术，远远就听见她说道：“徐总，好久不见。下月我准备去台湾玩呢，您能推荐些有趣的地方吗？”

“吼，下个月台湾很热，你去不会中暑吗？”老徐温吞吞地给艾薇浇了一盆冷水。

“没有办法啊，只有下个月有时间。”说完，艾薇见老徐似乎很忙，也没有要热情推荐的意思，便讪讪地走了。

7 月份的市场似乎很不平静，自从 5 月份波动率上来以后，群聚效应很明显，反正当隐含波动率从低点上来后，不可能一下子又回到以前那种 10% 以下的隐含波动率了。但是这样子也好，低波动率的时候，站在卖方一边风险实在太大，站在买方一边又不知道行情何时才会动一下，每天等待实在不是很舒服，总是担心连续 5 天以上行情都不动，以前在台湾就是如此，挺揪心的。

2017 年 7 月 11 日行情顺利站上新高，技术指标也明显偏多了，出现了可以开始建立多头仓位的时机了。

图 1　2017 年 5 月至 7 月 11 日上证 50ETF 走势图

下午的时候，艾薇似乎心有不甘，又跑过来凑话题，“徐总，您是以交易波动率为主吗？听着很是高大上呢。”

老徐一本正经地回答：“我对于隐含波动率的判断其实不太拿手，但根据经验，我判断波动率的变动还是有相当的准确度的。隐含波动率的变化有一定规律，主要是越近月变化的越快，越远月的变化越慢。”

之之在一旁一边听一边觉得好笑，老徐就是这样，说话模棱两可的，说半天也不知道到底回答到人家的问题没有，而且似乎艾薇醉翁之意不在酒呢。看来接下来艾薇要为她的问题付出惨痛的时间代价。

果然，老徐又继续解释：“举例来说，若行情开始上涨，至少在日内隐含波动率会开始下降，最近月份首当其冲，随后次月、季月、次季月依次跟上；下降的幅度也以近月下降最大，次月次之，再依次是季月和次季月。”

说完了在艾薇看来近似于绕口令的一段话之后，老徐并没有关注艾薇的反应，依旧继续说下去：“只要行情开始动，就可以在过程中建立你想要的仓位，并且配合一些方向来加大获利或减少损失。这也是我们在过去的行情中常用的方法，例如我们上个月所用的牛市垂差，当然跨期的日历价差或比例式也可以有异曲同工的效果，但是通常越简单越好。”

艾薇似懂非懂，想问却不知从何问起，不问又怕让人觉得听的不认真，只好硬着头皮挤出了一个问题：“那您现在做的是什么策略呢？”

“现在波动的态势还不错，趋势又已经相当明显，而且现在又出现了认购虚值隐含波动率较低的情况，加上现在的隐含波动率并不特别高，所以在突破时做逆比例的价差或许是不错的选择。”

老徐似乎意犹未尽，但见艾薇没什么反应，便点名：“之之，你来说，为什么这时候我们不做垂差，要做逆比率。”

之之却不想打破艾薇这样带目的请教的美好氛围，只得装傻摇摇头。而在一旁自觉是听天书的艾薇，则趁着老徐解释的时机，偷偷溜走了，这次居然没有人听见她噔噔噔的高跟鞋声。

老徐得意的解释，“还不是虚值认购的隐含波动率不高，垂差虽然风险有限，但是卖出隐含波动率较低的虚值认购又买了隐含波动率较高的平值认购，在波动率上实在不划算。使用卖出隐含波动率较高的买入较低的似乎比较合算，而逆比例价差就是有这个功能，最重要的是，损失的时间价值也比较小。”

2017 年 7 月 14 日，行情持续上涨，进场后涨了 2.3%，3 天的时间。

这几天逆比例价差，卖出行权价 2.60 元认购 1 张，买入行权价 2.65 元认购 2 张的损益情况如下：

日期	认购 2.60	认购 2.65	损益
7/11	0.0301	0.0108	0
7/12	0.0270	0.0105	+25
7/13	0.0498	0.0216	−6
7/14	0.0695	0.0324	+19
7/17	0.0796	0.0425	+101
			+139

每一组逆比例价差获利 139 元，若以投入资金 10000 元计算，报酬率为 1.39%，虽然实际需要的资金不足 4000 元，但实际在交易时，会以 10000 元来计算，以防在出场使用卖开时资金不足。

在老徐看来，这样的报酬仅能算是差强人意，认为如果持有到 7 月 20 日行情涨至波段高点时可以再多赚 1.05%，但之之安慰他说人又不是神，持有5个交易日的long gamma策略，也到了极限了，加上到期日一日日接近，落袋为安才是正经事。

图2　5月至7月上证50ETF之走势

事后再复盘，如果持有买入2.60元认购卖出2.65元认购的垂差，居然可以赚178元（每组），以10000元计之报酬有1.78%，果然又是简单策略大胜，当然直接买入2.60元的认购，报酬更可达4.95%。

这边，之之一笔一笔在算着它们之间的差异。

老徐苦笑着对之之说："当时看2.65元的隐含波动率真的太低，而2.60元行权价的认购相对太高，以为可以占个波动率的便宜，想不到人算不如天算，2.65元行权价的认购居然一直往下走，还好delta赚到钱，否则的话，可能更难看呢。"

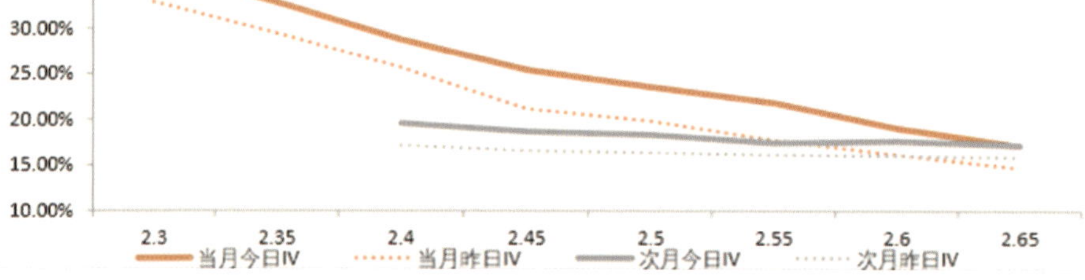

图3　2017年7月17日，7月份及8月份隐含波动率结构图

之之认真的分析："看来如果激情不够，市场就没有足够多的热情将虚值的认购拉到更高，反而若有回调，才有一些投机资金趁回调买入虚值认购，但那时 delta 一定会损失，最好的情况应该只有打平而已。说不定来回做一些 gamma scalping 策略也行呢。不过没关系啦，徐总，我们这一单是赚的就好了，做人不能太贪心。"

老徐红着脸，本以为自己历尽沧桑，看惯风浪，没想到还没有一个小女生想得通透。不过贪心本就是人性啊。

30. 吸星大法

恰逢文武出差来到上海，收盘后他便神神秘秘地要求跟老徐私聊，“徐总，我请您喝咖啡。”

“好好好，喝咖啡，聊是非，哈哈！”

文武告诉老徐，古纪好像要跳槽，有一家大私募向他招手。文武羡慕地对老徐表示台湾人真好，好像天生被人认为会交易一样。

老徐一笑：“并不是所有的人都天生会交易的，有的人是后天学习的，还有边做边学的，更有的人也只是自己拿账户交易而已，其实并非土生土长的交易员，对外宣称经验丰富罢了，不过你也不能否认，人家确实交易过嘛，反正有人愿意花冤枉钱买单，你有什么好抱怨的？”

文武有些不甘心，“我觉得古纪不太懂交易，我知道他没带过交易团队，但他好像也没有交易过耶。”

老徐八卦且好奇的问：“你怎么会知道的？很多公司的人根本不知道。”

文武说：“哈哈哈，上次我去拜访他们公司的时候认识的。深深感觉他对交易有阻挡不了的热情，对于很多交易策略的原理细节一直在问，而且只要一抓到机会就不停地问一些交易策略的事，美其名曰是讨论，但我被问的实在太烦了。不过这点么，倒是和我很像，因为我也对其他交易员的策略感兴趣，虽然我好面子不好意思问一些低级的问题，但好奇及想问的点都差不多，有人当天赚钱，一定会仔细研讨某人是怎么做的。很多方面，都是我这种入门没多久的人才会一直在做这些事的，但古纪居然一模一样，可是他是台湾的专家呢。”

文武又补了一句：“他实在太充满初学者的热情了！”

老徐突然恍然大悟，原来如此，我只是觉得他很烦，像一个小偷一样，想不到居然是：“初学者的热情呀。”

文武说：“是呀，我问你的时候，你都没有什么热情，总是说，交易就是如此，口口声声说交易很无聊，常常想找机会脱离行情，而且交易体系都已经固定了，这些年的风格都一模一样呀什么的。不像古纪，学了别的交易员的东西后，又再教他们如何交易。”

老徐边笑边咳，“这种事你也知道，看来你被挖的都生气了呢。”

文武狠狠喝了一口咖啡，摇了摇头，“唉唉还是不说他了。到今年7月底为止，行情已经涨到了两年来的高点了，行情会突破新高吗？你有没有想到要怎么做呀？”

老徐故作惊恐，“看来你被古纪吸的太多了，现在要来吸我的功力了？”

文武说：“您别闹了，最近行情到这儿，确实会让人迷惑，连续涨了两个月，不知会不会休息一下或大幅回调呢。”

“别想那个，当行情还没有回调之前，都是偏多呢。有听过华尔街名言吗？做多就像攀爬忧虑之墙，孤单而漫长。大多数人想持有多单赚钱，但由于速度慢，所以很难持有而赚到一个波段呢。”

老徐继续说：“通常这种在趋势中的行情，是我最喜欢的，因为只要用固定的模式来交易，通常都可以赚到钱，哈哈之之一定知道我会用什么样的策略的。”

文武用期待的眼神看着他问：“别卖关子了，到底是什么样的策略呢？”

图 1　2015 年 8 月至 2017 年 7 月周线走势图

“非常简单，在趋势中，我会假定行情不会停留在附近，只要近一周有 2% 左右的变动，就可以获利了结，所以我会用卖出日历价差的方式来做，而我们近几个月一直用这样的方式，目前看起来也是挺适合了。因为近月的隐含波动率低于远月份，而这种情况通常表示行情是稳定的，市场目前没有明显出现在大幅波动的迹像。”（见图 2）

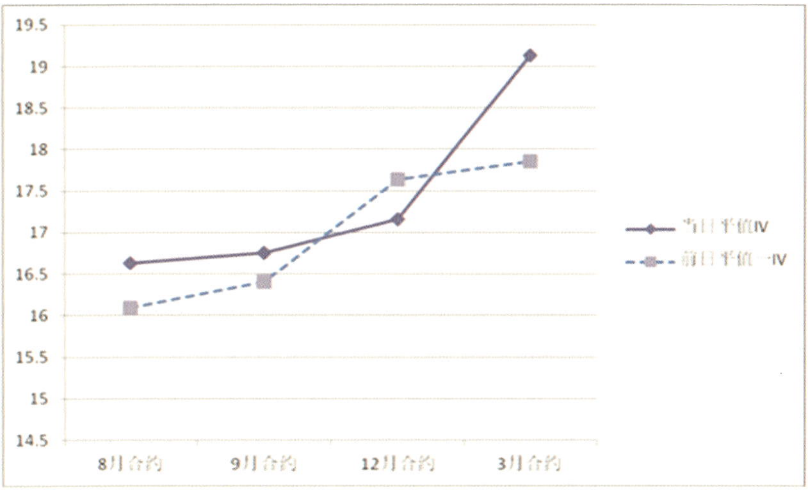

图 2　2017 年 8 月 1 日各月份隐含波动率结构图

文武也没多想，直言道：“说了老半天，您还是用那千篇一律招式呀，看来你是没有东西被吸呀？会不会你也不知道该怎么做呢？”

老徐的确对目前行情没有什么信心，但在后辈面前不免要保持权威，便白了一眼文武，接着拿起了杯子，自顾自抿了一口咖啡，也不说话。

文武接着又说："那种娘娘腔的做法，亏了也没亏几块钱，就算赚了，也没有中大奖的感觉，实在是很不过瘾，像我们这种直男，实在不想做那样的方式，这些套路您还是去骗骗美女好了，女孩子比较适合那种交易方式，以免亏钱了，一天到晚要找你负责的。"

"最好是，我巴不得美女天天找我负责，反正我双手一摊，用身体去还就好了？"老徐笑着说。

"用身体还？那么好的事，我这么帅都遇不到呢！"文武反唇相讥道。

"在想什么呢？用体力去做苦工也不行？"老徐一脸无辜的说道。

两人说笑了一番，文武还是忍不住去问，"徐总，这种情况，到底您会用什么方法来交易呢？"

老徐又开始苦口婆心的教育了，"其实别先想用什么方法交易，我们先问自己，要赚什么钱？这样我们才能针对要赚的钱加以分析呀。在过去，我们一直在赚 gamma 的钱和时间价值的钱，所以我们会希望在隐含波动率偏高而未来预计波动比较小的时候建立较近月份卖出期权的仓位，但在隐含波动率偏低时，我们也会在短线建立一些买入 gamma 但会损失时间价值的仓位。一定是我们风险控制的太好了，所以一直有娘娘腔的误会，但实际上交易都是之之在做，她做得很好，我们的绩效一直很稳定。"

文武若有所思，"我就希望能多加利用期权的杠杆，先前一直在卖出波动率，做些对冲，但是做法实在太单一，我也应该多方发展，多学习一些来自宝岛台湾专家的交易方式，因为好不容易才来一个真正的专家呢。"

"那古纪就不是台湾来的专家了？他还早我一年多来呢？"

"古纪是不是专家，我不知道，但是他来一年，他们公司的人真的是没学到什么，就只知道买入期权而已，一天到晚要他们去忽悠客户本小利大，一次几百倍的交易，说了一年，要是真有这种方法，古纪会来这儿一直忽悠大家吗？从逻辑上来说，如果能一年几百倍，那准备个一万元就够了，只要两年能赚个一次，那也够了，根本不用出来工作呀，这个在逻辑上就有问题？所以古纪是不是专家？他当然也是专家，只不过是个忽悠专家，而且是专门忽悠老板的专家，这一点他是做得非常好的。”

“好吧，别再说古纪了，我上次也被气到了。”老徐深呼吸了一口气，努力让自己平静下来，继续说道：“你知道吗？其实交易没有真正最好的方法，只要你有一个好的计划，有个缜密且合理的逻辑，然后有纪律的去执行，应该都没有太大的问题，你要去寻找适合你自己节奏的交易方法。再接下来，有个好一点的资金计划即可，通常用赚的钱来扩大你的仓位，长久下来，一定可以有很好的报酬率。你有没有留意，我的交易都有一个周期，跟随着上证 50ETF 每个月的到期，将交易划分成每个月一个周期，然后再根据波动率的高低或进场机会，划分成更小的周期，我可能一个月只有两个小周期，而其他没有更好机会的时候，我的仓位都是非常非常小的，有了机会后才会将仓位放大，希望能在那个机会中有较好的收益。目前我个人是没有太多想法的，我只是将交易划分成一个一个进出场的机会，真实的掌握自己能控制的部位，而我能掌握的就只有何时进场、进多少、何时出场而已。出场就是游戏结束，而进场则是开启另一场新的游戏。”

文武听了瞪大眼睛，难以置信地问道：“你将每次的交易看成是一场一场的游戏？”

老徐看着他的表情很有趣，但还是认真的回答：“其实我没那么正经的，我的确是这么看，所以每一次开局，我都会看成一场游戏的开始，这样我的压力才不会那么大，在市场才能长长久久，而且也变得很有趣，一面玩，一面赚钱。”

“过两天有机会，我再来讨论一下吧。”说完便一边打着哈欠一边拖着文武走出咖啡厅，各回各家。

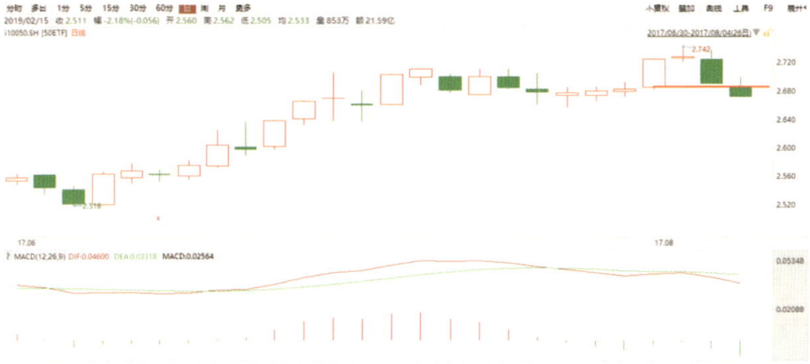

图3　2017年6月30日至8月4日上证50ETF走势图

果然，8月4日出现了老徐认为可以建仓的时机，他很守约地给文武发了微信告知：

“由于行情向上创新高后拉回，多头趋势进入整理，这通常也是我喜欢的进场机会。”

文武问：“你觉得会大跌吗?”

“不知道，但是这个走势我会有一些想法，也会按这个思路来建立仓位。行情创新高后回调，接下来应该会进入到一个多头趋势的回调整理格局中，但这并不代表行情一定会回调，或许，在此处建立一个比例式价差比较稳妥，也就是买入一张平值的认购，同时卖出两张虚值的认购。这个比例式价差每日会有个正值的 charm，每日的 delta 会逐日增加，我刚开始建立了中性仓位，但几天之后这个仓位会变成一个偏多的仓位，当回调整理结束后，若遇上反弹，可以趁机获利了结，若不反弹，我也不会损失。这是一个很不错的建仓时机啊!”

老徐又继续补充：“此外，目前虚值的隐含波动率比较高，也适合建立这样的仓位。现在行权价2.65元的认购IV是13.52%而虚值的行权值2.70元的认购IV为14.78%，虚值的认购高了1.26个点，显然，市场上大家也趁回调买入了虚值的认购，不像台湾，一下跌大家都立即卖出虚值的认购，使得负偏的skew更严重，根本没机会建立这样的仓位。”

文武似乎很不领情，“我实在对这种交易方式没有兴趣，实在太没意思了，我真的对娘娘腔的交易模式没有任何的兴趣。”

老徐也不生气，“先别急，行情刚开始回调，现在可以开始观察并且寻找进场买入的机会。我猜市场上大家都趁回调买入虚值的认购，不过现在去买入认购实在是没有什么便宜可占，但是可以开始找机会做多头了，说不定可以再买到一个波段的低点。当然了，若是没有反弹，那你就看看好了。”

文武追问：“那到底何时才能确认开始反弹呢？”

“人有千千万，法有万万千。但是我的确认方法是，若行情破近期低点，当天的阴线最高点被涨回去，表示那时卖出的人都卖错了，当有这种情况出现时，很有可能是上涨的第一天。”

文武心不甘情不愿的表示，“好的，那我就看看吧。”

接下来的几天，行情确实出现了回调整理的情况，到了 8 月 15 日，即 7 个交易日后，因为老徐持有的仓位是不担心会损失的，所以一直在等机会出场。那么问题来了，到底什么才是出场的机会呢？由于是趁虚值的 IV 较平值的 IV 高 1.26 个点进场的，那么只要平值的 IV 与虚值的 IV 回到统计的中位数时，大约是虚值的 IV 比平值的 IV 高 0.12 个点时即可出场。

图 4　2017 年 6 月 28 日至 8 月 15 日上证 50ETF 走势图

2017 年 8 月 15 日早上 10：00 出现了可以出场的讯号。

表 1　卖出 2 张行权价 2. 70 元认购，同时买入一张行权价 2. 65 元认购之比例价差每日损益

日期	2. 65 认购	2. 65 隐含波动率	2. 70 认购	2. 70 隐含波动率	损益
8/04	0. 0480	13. 52%	0. 0241	14. 78%	0
8/07	0. 0521	14. 13%	0. 0266	14. 60%	-9
8/08	0. 0530	13. 91%	0. 0260	14. 66%	21
8/09	0. 0362	12. 57%	0. 0145	13. 21%	62
9/10	0. 0279	12. 32%	0. 0118	14. 09%	-29
8/11	0. 0126	13. 28%	0. 0050	14. 30%	-17
8/14	0. 0150	12. 48%	0. 0040	12. 61%	44
8/15（10：00）	0. 0284	12. 37%	0. 0079	12. 41%	56
					128

若以这样比例式价差的仓位来看，由于 8 月 23 日结算当天，上证 50ETF 收盘为 2. 708 元，刚好结算到建仓最大获利的范围，当时 2. 65 认购收盘价为 0. 0949 元，而 2. 70 认购收盘价为 0. 0013 元，若持有至到期日，每一组比例式价差可获利 470 元，比实际获利的 128 元好太多了，但是计划就是如此，老徐只好再一次的捶心肝了。

不过，在 8 月 15 日，上证 5ETF 出现了预期中的回调修正结束讯号，在此可以建立多头仓位，因为在 8 月 15 日行情在收盘时，站上了 8 月 13 日的阴线高点，而 8 月 13 日的阴线则是目前可看到的 8 月份这个波段回调的最低点，虽然未来也有可能更低，但是如果猜想多头趋势没有结束，在 8 月 15 日此处是可以尝试建立多单的，若是这个趋势能持续，行情应该会再创新高，比 8 月 1 日的 2. 741 元更高，毕竟趋势的定义是在行情的行进中，一个高点爬得比前一个高点要高。

后来的结果是上证 50ETF 在 8 月 28 日再站上高点，不过老徐没有再问文武有没有进场，因为那一阵子，他突然消失在老徐的聊天圈中。老徐有些腹诽，可能赚了一笔不想请客吧。

图 5　2017 年 6 月 8 日至 8 月 31 日上证 50ETF 走势图

31. 选择题

到了 2017 年 9 月，上海的天气依旧很热，并没有早秋的势头，这种热度在市场上也一直持续，老徐已经开始在猜测，多方行情是不是即将结束。但是多头行情要断定头部高点，一向是一个很不精准的科学，说是科学，不如说是艺术，这门艺术做得好的人真的不多，而他虽然对过几次，但每次总是战战兢兢，一直计算付出的机会成本合不合算，到底要不要保守一点，最多是放弃了未来可能的一波上涨，这种忐忑纠结近期一直伴随着老徐。

根据展望理论，人们做决策时，会根据目前所在的位置而有所不同。如果先前是赚钱的，人们在做决策的时候就会偏向保守。如果先前没有赚钱的话，决策就会偏向冒险。他们的产品先前一直有在赚钱，所以每次到了他们心中想象的高点的时候，就会开始加倍的保守。

他知道这不合理，但是就是没有办法在某些情况作出相对准确的判断。这就是人性吧。

2017 年 9 月 7 日，行情下跌，跌破了 9 月 4 日一个回调的低点，创了 8 个交易日来的新低（图 1）。此刻，老徐更加保守起来，心中想着今年的行情应该已经结束，犹豫不决中，便找之之来讨论展望理论的决策偏误。

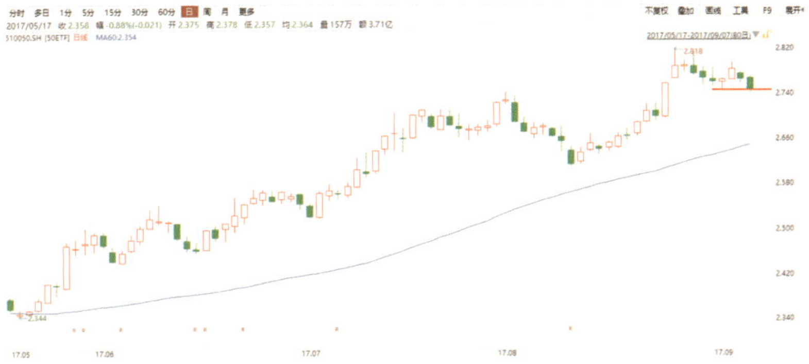

图 1　2017 年 5 月至 9 月初日线走势

这一次他没有直奔主题聊市场行情，而是从网络上找了一些题目，问了之之几个问题。

①有 80% 的情况会赚 4000 元；②有 100% 会赚 3000 元。这两种情况会选择哪种？

之之毫不犹豫选了第一种情况。

老徐惊讶地看着她，问她为什么？

想不到之之一点不啰嗦，很简单地回答说："因为期望值比较高啊。"

老徐悠悠地说："你知道吗？这是个获得诺贝尔经济学奖的研究呢。根据研究调查，选择情况一的投资人仅有 20%，即接受有 80% 的概率会赚 4000 元的人较少，而选择情况二的投资人却有 80%，他们宁可赚的少也会接受可以 100% 赚钱。这显示了，人们在确定可获利的前提下会变得异常保守，连一点点的风险都不愿意承担，所以绝多数的人都赚不到大钱。"

"让获利奔跑"看来不是件简单的事。

之之有点迫切地想知道下一题，赶紧提醒老徐公布下一道题目。下一题是：①有 80% 情况会损失 4000 元，20% 不会损失一毛钱；②100% 情况会损失 3000 元。你会选择哪一种？

老徐以为大多数人跟他一样有选择恐惧症，说完题目就抿了一口茶，等之之选择。谁料，之之又是一点迟疑都没有，快速选择了第二种情况。

这时他深深地怀疑之之一定看过这篇研究报告的论文。

因为有92%的人会选择第一种情况，并觉得他自己“应该”是那20%的人，否则怎么会进到衍生品市场来交易呢?

人们在面对获利的情况，会偏向保守的选择，但是面对损失的不确定性，却会选择偏向风险。

老徐灵机一动，将原本的问题改动了一下，问出大多数女生比较有兴趣的问题：①50%的机会得到香奈尔的眼线膏，YSL唇膏，及纪梵希小牛皮口红等三个精品。②100%的机会得到香奈尔的眼线膏。

之之调侃道：“咦，徐总，您知道这么多，难道私下周末也化妆吗，哈哈。”

老徐得意地说：“我也是混时尚圈的好吗！我的隐藏职业是代购!”

之之偷笑了一下又快速选了第二种情况，又不解地问：“为什么一直问简单问题呀?”

“你知道吗?有22%的人选择了一，而78%的人选择了二，你终于站在了普罗大众一方了，但这是不理性的。

“我我我，我真的比较想要有香奈尔的眼线膏呀。”

老徐却看了看之之的眼睛，心中却想，她有用眼线膏哦。

在之之的一再催促下，老徐又公布了最后一道题目：①5%的机会得到香奈尔的眼线膏，YSL唇膏，及纪梵希小牛皮口红等三个精品。②10%的机会得到香奈尔的眼线膏。

之之选择了一，按照统计，67%的人选择了一，而33%的人选择了二，与前一个相比，确定性影响了决策。

之之不以为然的“吱”了一声，老徐不知道那是什么意思?他想，是已经知道了我想说什么，还是嗤之以鼻呢?

老徐知道，自己这样去猜想头部，想对先前的多单减少一点仓位，这有些不合理，但是，就像展望理论一样，在过去已经赚钱的前提下，他变得更保守，人性啊，又是人性！他不断地说服自己，过去绝大多数的判断还算准确，而展望理论只是有效地解释了人们赚小赔大的心理因素，说明了人们不止损的心理原因，但是自己仍严格执行每一笔交易的止损止盈，只是对看法有点改变而已。

当他把这些心理变化跟之之聊过之后，之之却毫不避讳直接指出："您还不是一样，仍然选择了100%会赚3000元而不是80%会赚4000元，在提问时，您应该有了答案，但您仍然不想选正确的，真的很奇怪。您因为过去赚了钱，在这个前提下，却做了相对保守的决定，目前行情没有跌破60日均线，而又没有跌破8月中旬的低位，根本没有必要改变长期偏多的看法，除非您真的太怕输钱了。"

老徐听了之之这一番话有些惊讶，没想到自己心理上的弱点一下子被说中了。确实是如此，有时交易需要一个理性的人在身边才能帮忙解决心理上一时的犹豫。他的理智告诉自己这是错的，但心里面偏偏想选这个错误的答案。人就是这么奇怪，真的需要有人在身边提醒一下，帮忙不要做错误的决定，否则未来可能会错过今年的行情，而老徐当时并不知道，今年趋势的主要波段正在不远的前方等待着他。

32. 老徐的猜想

9 月 7 日行情跌破 8 天以来的低点，但老徐却一直在纠结，似乎难以决定什么。当时 9 月份的隐含波动率已有准备回头的迹象，可股票或是股价指数下跌的速度总是比上升速度快，若是未来下跌的话，隐含波动率很有上升的可能性，这时候如果决定卖出波动率，感觉手段不高明。他又很犹豫，隐含波动率明明呈现出一副要下跌的样子。

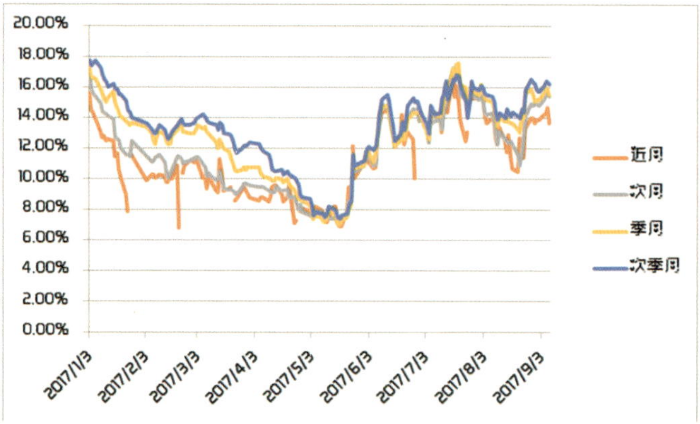

图 1　2017 年 1 月至 9 月 7 日各月份隐含波动率走势图

但是以今年一直偏低的隐含波动率来看，9 月份合约 13.7% 的波动率也不算低，历史波动率也仅有 12.8% 而已，整个波动率结构是属于越近合约的 IV 越低的稳定结构，除非出现意料之外的波动，否则波动率应该有下跌的空间。

表 1　　2017 年 9 月 7 日波动率表

历史波动率	9 月 IV	10 月 IV	12 月 IV	3 月 IV
12.8%	13.7%	15.4%	15.5%	16.2%

但是凭什么行情向下跌破近期的低点，隐含波动率却不上升，市场一点恐慌都没有？市场或许压根就觉得不会跌，从 5 月下旬起涨以来，一没暴量，二有暴跌，对于行情会持续下跌的猜想，实在没有什么根据。

老徐决定与其默默折磨自己，不如大家有福同享、有难同当，一起来煎熬一下吧。他坐在转椅上，转了半圈，这个角度正可以环看四周，将办公室里面的人一眼望尽。

“目前的波动率情况，市场上的看法很平静呢，大家都没有对短期未来有大幅波动的看法，愈近月的隐含波动愈低，你们怎么看？”老徐的提问，打破了原本安静得只能听到键盘声响的氛围。他一边问一边用期待的眼神望着大家，当然这其中也有瞧好戏的意味，他心里也很想知道这些人修仙修到了哪一级。

刘轻云今日没有选择“倾听”，当仁不让地率先开口：“我觉得是多头趋势，从 2017 年 5 月 25 日开始，在上涨的过程中，高点一个比一个高，低点也是一个比一个低，加上目前仍在 60 日均线之上，如果这不是多头趋势，那什么才是多头趋势？”

这一次之之难得与刘轻云意见一致，也补充说道：“我同意刘老师的观点。目前仍在多头市场中，行情相对稳定的情况下，近月合约隐含波动率低也是合理现象，那么，想着回调而隐含波动率上升，不符合目前的心理状态。”她接着用调侃的口吻提出：“在多头走势中当然要不断找寻进场的机会呀！如果确定了方向，那下一步就是做不做、怎么做、做多少的问题了。”之之则在心里暗自得意，哼，把问题弹回去，看你们怎么说吧。

此时办公室里其他人也都开始各抒己见，有技术面的代表，也有基本面的粉丝，但整体想法都是比较乐观的。老徐心中的疑惑也渐渐明朗起来，觉得自己不能一味猜测行情而忽略市场的客观情况，总结性地来了一句没有观点的观点："我只不过想考考你们对市场的观察罢了。"然后就轻快地走出办公室，留下一堆人目瞪口呆。

之之转过头，对着电脑屏幕思索一阵，心中暗暗有了主意："若是如此的话，在多头回调走势下，比例式价差应该会相当合适呢。"

9 月 7 日当天上证 50ETF 收盘价为 2.743 元，老徐留意了一下平值期权的买权与虚一档买权的隐含波动率，发现市场投资人没有因为市场的下跌而寻找避险港口，反而趁回调买入虚值的认购，使当天的虚一档的隐含波动率比平值的隐含波动率高了 1.02，即高了 7.5%。

表 2　　2017 年 9 月 7 日期权 T 字报价

认购期权					1709	认沽期权				
持仓量	成交量	涨跌额	最新价	虚值隐波	执行价	虚值隐波	最新价	涨跌额	成交量	持仓量
12116	4427	-0.0243	0.2481	20.15%	2.50	20.15%	0.0011	0.0000	1103	41841
8886	4662	-0.0247	0.1988	17.29%	2.55	17.29%	0.0014	-0.0001	1820	35986
15438	8064	-0.0237	0.1499	14.97%	2.60	14.97%	0.0025	0.0004	4896	53747
35710	16331	-0.0239	0.1035	13.21%	2.65	13.21%	0.0054	0.0009	17329	78795
52121	33713	-0.0208	0.0639	13.40%	2.70	13.40%	0.0160	0.0035	43592	108283
89787	91566	-0.0173	0.0345	13.52%	2.75	13.52%	0.0371	0.0087	65157	75419
142607	73312	-0.0119	0.0179	14.54%	2.80	14.54%	0.0691	0.0134	52494	50787
120569	48664	-0.0080	0.0080	14.95%	2.85	14.95%	0.1102	0.0172	12828	21801
65357	30387	-0.0047	0.0033	15.37%	2.90	15.37%	0.1561	0.0211	5224	5884

之之这边按照自己的想法，构建了比例式价差仓位，价格也出奇的好，与前日收盘价几近相同。

表 3　　建立比例式价差损益图

日期	2.75 认购（x1）	2.80 认购（x2）	损益
2017 年 9 月 7 日	345	179	0
2017 年 9 月 13 日	314	151	25
2017 年 9 月 18 日	166	51	52
			+77

老徐想到自己最初明显发现波动率下降的情况，然后便跟着担心行

情下跌对卖出波动率交易策略不利，还曾一度犹豫是否要卖出波动率，不禁觉得好笑，他看着之之发过来的交易记录，觉得这次的比例式价差用的甚好，这实际上就是一个卖出波动率的策略，但因为没有下档风险，在这一次的多头回调走势中又被运用了一次，也成功地赚到本月份应该有的利润。

最后回过头来看看，9 月份确实是回调，没有任何的像样反弹，似乎只有无穷无尽的狭幅整理，整个月都在回调，使 IV 下跌，市场就是如此，有时没有太出乎意料的走势。

图 2　2017 年 5 月 10 日至 9 月 29 日上证 50ETF 日线

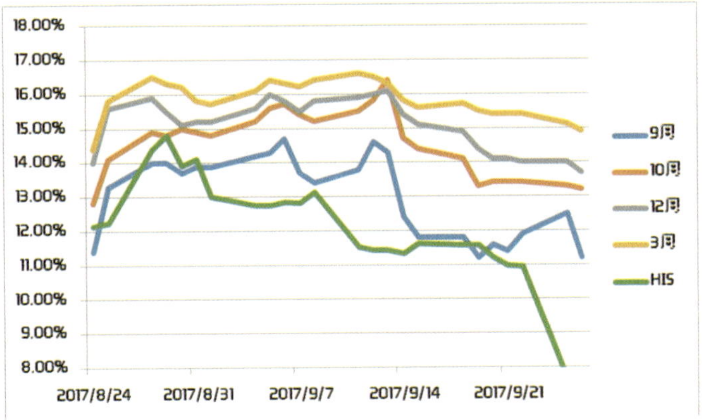

图 3　9 月份每日各月份 IV 及历史波动率图

33. 又是一年长假时

年年岁岁假相似，岁岁年年意不同。转眼又到了10月，这是老徐来上海的第三个十一长假了，生活方面他早已习惯，但对于每年的这个时候可以回台湾补充体力和胃动力这件事他一直期待不已，又能大块朵颐台湾各种小吃了，还有每次回台必吃的上海菜。伴随长假期间国内外市场的不确定因素，期权交易似乎在长假里变成了赌注，通常在长假前他们都不会留有较大的仓位。9月底的时候，消息已经是满天飞了。在国际方面，美国的核心通胀高于市场预期，美联储又上调了2017年GDP的增速，全球景气明显复苏，但又同时表示将在10月按计划启动渐进性缩表，显示年底仍有一次加息机会。但目前经济景气下降，会议又即将召开，一大堆因素相互干扰，要做个指数那么困难，留个太大的仓位，可能连放个假都放不安稳，老徐他们商量，长假前都尽量轻仓，目标一年就只赚个10%～20%就好了，保持稳定的盈利曲线才是王道。

办公室里互相闲聊假期规划，刘轻云已经定好去广州的机票，自从上次有私募邀请他去广州讲课回来后，他便念念不忘那边的美食，这次他定义自己的度假主题为寻味潮汕，听起来让人神向往之。艾薇表示自己要冲出亚洲，可能会去欧洲那边玩耍，还说回来要给大家带礼物。其他人也有去周边国家的，也有人准备宅在家里睡他个昏天黑地。之之则决定去桐庐走走，看看富春江、新安江，要领略江南山的伟岸、石的气势、水的灵韵、林的秀色，欣赏一下自古有“奇山异水，天下独绝”之誉的景色，听起来很矫情，但显得很有文化。

老徐心想，去玩就去玩，干嘛说的那么有文化的样子，这样子显得自己十分没有底蕴。这一对比之下，实在太让人觉得书到用时方恨少，话到嘴边，却只能一直保持“正在输入”状态。

他只好说：“快去玩，好好休息，到了冬天，上海就要冷得到处都去不了了。”

“那您打算要去那儿玩？回台湾吗？”之之故意用可爱的台湾腔问道。

“还能去哪儿呢？一样是旅游圣地——台湾，可能就呆在台北吧，吃个包子喝个茶，吃个月饼赏个月，吃个烤肉兜个风吧。”他努力拼凑了一下，尽量显示自己假期生活丰富多彩不输旁人，以免自己因为没有生活品味而被嫌弃。

他又进一步解释：“到这边工作，节奏实在比较快，回到台湾就像到了旅游区，以前在台湾从来没有这种感觉，想不到我曾经想象繁华的台北市，现在也变成旅游城市而非商业城市了，这些年的改变真的很大。”

大家各自安排精彩行程，假期就这样子过去了。

放假期间，国际股市表现平稳，美国标普 500 指数上涨 1.56%，但由于央行的定向降准，聚焦单户授信500 万元以下的小微企业贷款、个体工商户和小微企业主经营性贷款，使得股市一开盘就应声跳空 2.28%。

但当日也一如既往，只要是央行的货币政策，不管降息或降准，总是高开低走，市场总会趁机先走一趟。这样的走势使老徐想到以前在台湾做交易的情景，如果能稍微精准地预估公司的营收表现良好，在短线的交易层面上就可以提前买入；当公司在报纸上刊登营收好消息后，就可以逢高卖出，先走一趟，做到在平静中买入，在激情中卖出。而货币

图 1　2017 年 5 月至 10 月 9 日走势图

政策也不断出现类似的情况，可见 A 股市场对某种讯息存在一定的惯性。

现在问题来了，国庆节后的长阴但是上涨，要如何交易？

办公室里面，刘轻云首先抛出这个问题。

老徐一脸淡定："这个问题倒是还好，因为我们并不一定要判断行情是涨或是跌。"

之之则一脸坏笑看着他们："一样的我们，一样的套路，历史一直在重演，我们的徐总又要买近月卖远月了吧，我想总有一次，市场会看破您的小心思，然后给我们致命的一击。"

"应该还好吧？主要我们只要在长阴线的上缘或下缘，建立有方向的仓位，赌行情在到期的前一天会向下或向上突破，大概就可以赚钱了，理论上，行情不容易一直在 10 月 9 日的长阴下缘停留，只要有行情就好。"

刘轻云趁机插了一句，"主要是 10 月份的隐含波动率实在是太低了，平值行权价的隐含居然仅有 9.81%，在这个时点卖出实在是不能呀!"然后又讪讪的转过头去，自己琢磨起来。

表 1　　2017 年 10 月 9 日的期权 T 字报价

T字报价										
认购期权					1710	认沽期权				
持仓量	成交量	涨跌额	最新价	虚值隐波	执行价	虚值隐波	最新价	涨跌额	成交量	持仓量
22612	9281	-0.0050	0.1532	14.29%	2.60	14.29%	0.0008	-0.0001	5988	39451
24436	22352	-0.0050	0.1045	11.08%	2.65	11.08%	0.0013	0.0000	10528	42419
73886	73786	-0.0050	0.0583	9.31%	2.70	9.31%	0.0045	-0.0006	41734	84960
156967	121358	-0.0038	0.0258	9.81%	2.75	9.81%	0.0209	0.0006	89815	96436
139146	58516	-0.0024	0.0102	11.61%	2.80	11.61%	0.0553	0.0013	52746	39614
88931	26206	-0.0014	0.0042	13.27%	2.85	13.27%	0.1011	0.0043	10525	15918
89090	16168	-0.0011	0.0019	14.93%	2.90	14.93%	0.1475	0.0036	5077	10479

他们又照着相同的套路建立了一样的仓位，买近月卖远月，同样去赌行情不会停在 2.75 元附近。

表 2　　10 月 10 日近月及次月跨式仓位损益表

	10 月 2.75 跨式买入	损益	11 月 2.75 跨式卖出	损益	当日总损益
10/10	467	0	891	0	0
10/11	447	-20	858	+33	+13
10/12	428	-19	851	+7	-12
10/13	419	-9	828	+23	+14
10/16	454	+35	837	-9	+26
10/17	418	-36	795	+42	+6
10/18	556	+138	842	-47	+91
累计		+89		+49	138

过程是艰辛的，心情是忐忑的，他们再次轻车熟路地建立了买入近月并同时卖出远月的“卖出日历价差”仓位。此时近月与次月的波动率相差甚多，若是突然遇到一个大行情，说不定可以在 gamma 及波动率大赚。毕竟，只要有行情，近月的波动率一定会率先上升，而操作上一定要在次月波动率上升前立即出场，以免赚到的 gamma 又在波动率上输回去。刚开始，10 月 11 日即出现获利的情况，但第二天，10 月 12 日获利又吐回去，一直到 10 月 16 日，获利才算跑个安全垫出来。

10 月 18 日，行情终于慢吞吞地达到了 0.83% 的涨幅，次月（11 月）的隐含波动率快速下降，2.75 行权价的期权，10 月与 11 月合约的隐含波动率已无价差，此时之之的手飞快在键盘与鼠标中切换，迅速平仓，获利了结，这时的她已经动作娴熟，举手投足之间更多了一分自信（见图 3）。

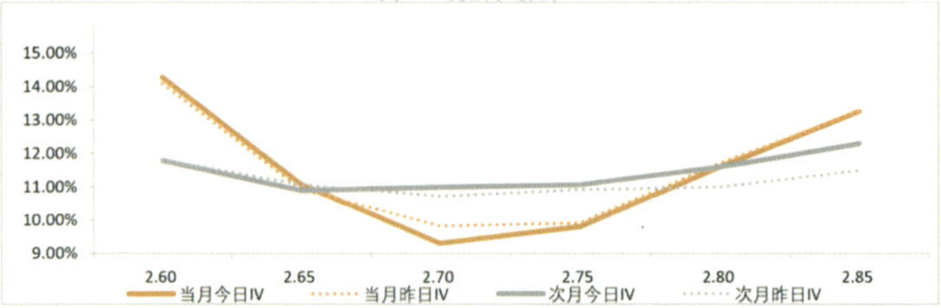

图 2　2017 年 10 月 10 日，10 月与 11 月份合约各行权价的隐含波动率

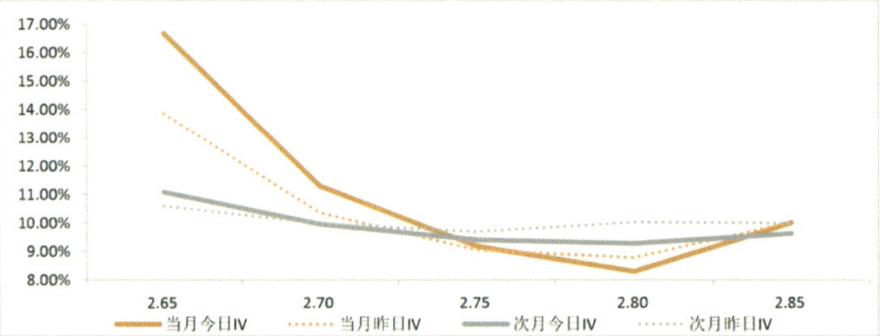

图 3　2017 年 10 月 18 日，10 月与 11 月合约各行权价含波动率图

照例，每一目标仓位出清之后，老徐拉着之之检讨交易。

“这次的交易是获利的，理想丰满、现实骨感这种情况在我们这里却被打脸，本来想象中会有一天遇到超过当日涨跌幅 1% 的情况，然后近月的合约赚到 gamma 而获利了结，没想到在 11 月份合约上也赚到了隐含波动率的下跌，一定是我们平常有做善事的功劳，这一次比想象中赚得多，哈哈!”

老徐似乎对这次交易十分满意，居然还调侃了起来，“整个 10 月份的行情涨的比想象中多了一些，实在是有些出乎意料。我们的这个交易，看来运气实在占了大多数的成份，因为我们卖出 11 月的仓位居然在隐含波动率相对高点，而出场却是在 11 月的 IV 相对低位，而且历史波动率实在低到恶心，否则这种仓位理论上根本赚不了多少的。”

之之却不以为然：“得啦得啦，徐总，您别得了便宜还卖乖，交易这种事本来就是如此，按照计划来做就错不了。”

图 4　2017 年 3 月至 10 月的走势图

“我知道，但我还是觉得这应该是我平常做了不少好事的结果吧。”老徐仍然强调这是他做善事的结果，也不知道他默默参加了什么大型慈善活动，捐了多少善款。

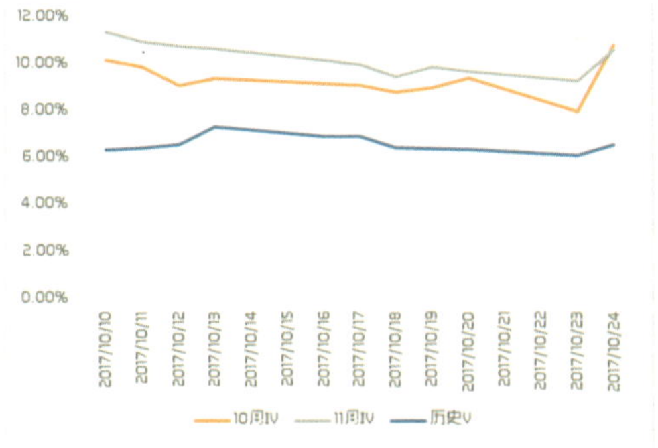

图 5　2017 年 10 月 10 日至 10 月 24 日，10 月、11 月隐含波动率及历史波动率

34. 论依计行事的重要性

上海的11月初，让人觉得凉而不寒，似乎有一种恰到好处的深秋之感，心里透着两个字：舒服！

可惜这样的日子老徐没有什么福气消受，又被安排了几次出差。虽然许多人认同他们的交易，觉得产品风险控制得很好，但是报酬率并没有给投资人带来冲浪般的快感，看来大部分人不太喜欢平稳的报酬。老徐只好多出去拜访客户，一整周的出差生活令久不运动的他有些吃不消，只待周末回到上海，睡个酣畅淋漓，元气满满。

周一早上之之从外面带来两杯咖啡，一杯在老徐的眼前晃了晃，一边说话一边把咖啡放到了老徐桌上，"徐总，您看起来不是很快乐？请您喝咖啡化解忧郁。"

老徐很惊讶地看着她，心想，自己活了这么久还是喜怒形于色，便说："对啊，不管是交易还是生活上，很多事情没有按照计划去做，总会有些意外事情发生，我需要有阿甘精神。"

还没等之之问老徐到底经历了什么，他便开始滔滔不绝地讲述遭遇：

这次衡阳出差，回来的时候从衡阳搭高铁到长沙南高铁站，当我走出长沙南高铁站，要搭出租车去机场的时候，遇到了意想不到的事情。我刚走出闸门，门口就有穿着制服的服务人员立刻问我是不是要去机场，如果是请走左边。

我心想，哇！现在湖南的服务这么好，一出来就有人引路，服务太好了，当时在买票窗口也有好多志愿者服务，高铁站真的不得了了，上海一定要好好地学习一下，不然也太说不过去了。

我听话地往左边走，虽然我当时眼睛看到站内的出租车标示明明是往右走，但我脑中却想，可能是搭磁悬浮列车的，这样也行，差别不大。结果走了一段路，遇到了有转角的地方，我犹豫了一下，不知往那儿走，这时又有一位穿着服务人员制服的大妈热情地指路给我，还说要是去机场，请往左走，前方右边。

我走了过去，以为马上就可以找到往机场的车。

走着走着，被引导去了一个巴士站，边上停了一辆旧旧的巴士，让人不安。但是我想我已经走了很久，实在不愿走回头路。我又询问了一下坐在那儿招呼的一位壮汉需要要多久到机场?

他很亲切地告诉我需要 20 分钟。我想这样时间也来得及，就迷迷糊糊上车了。

一切都那么的自然，完全没有违和的感觉。这一切的一切都与我先前的计划完全不一样，我坐在了一辆我完全没想过的车上，而我在陌生的城市中，一切都没有奇怪的感觉。

我正准备小憩一下，接着事情有了改变，原先一直口口声声地跟我说 20 分钟就可以到机场的人，却迟迟没有开车。

老徐一口气说了许多。

“那种车好像要等人数够了，坐得差不多满，才愿意开动吧。”之之终于插了一句话。

老徐点点头，继续讲道：“接着我就问他到底什么时候开车，他完全没有了之前的热情，语气淡淡地告诉我马上就要开了。我只好继续等，实在百无聊赖，我又问他什么时候开车，结果这位先前亲切的壮汉非常凶狠地对我吼上了，还一直强调马上就要开车了，不要催催催，接着又用很嫌弃厌恶的眼神看着我，态度与半小时前有天壤之别。

我跟他说你不开车，我就要退票了。

他就很生气地说一分钟后开，又夹了一句脏话，我人在外地又孤身一人，虽然当时心中很生气，但怼他两句对我而言好像也没什么意义，我又不想第二天上新闻，只好忍气吞声地回到车上。

过了几分钟后，车果然就开了。

在车上听到坐在附近的大妈说‘坐这个车真方便啊，只要 20 块钱。’

坐在旁边的一位大爷也接着说‘真的好便宜啊，坐这个方便又便宜，以后都可以坐这个。’

但是我心中却想着从高铁站到机场搭巴士 40 块钱，你们两个人正好搭出租车也是 40 块啊！

在车上很多人两个，或者是三个人的，他们都在快乐地聊着天，一直说坐这个车又快又便宜，我一度认为整车都是托，洗脑我下次要搭巴士去机场。

接着我联想到交易。在这个市场上，好像也有很多类似的事。真实的情况明明是两个人以上同行，搭出租车又快又方便，但是却不知道打出租车是比较便宜的，直觉反应是，巴士怎么会比出租车贵呢？在判断上，总是认为自己是对的，而不知道真实的情况如何。

而我呢？虽然损失不多，只有无法报销的巴士票，及被人凶了一顿。最大损失仅仅是脆弱幼小的心灵受到一点小小的打击，加上 20 块钱，其它也没有太大的损失。

但是不按照计划，一切的发展却让人无法控制，我在发车前，永远不知何时才启程，何时可以到达机场，一切都无法控制，我一直在懊悔中问自己为什么不按原先计划行动呢？

虽然 20 多分钟后到了机场，我顺利搭上了飞机。但是我仍在不断想着我为什么不按照原先的计划呢？

原先的计划一定可以让我很顺利的搭上车，还可以报销，最重要的是我这颗小小脆弱的心灵不会受到这样的打击。计划实在是太重要了，这跟交易是一模一样的啊！

为了事情的结果能掌握在自己的手中，事后不要让自己后悔，交易计划的执行，在生活中一样随处可见。”

老徐眉飞色舞地讲述了自己出差的遭遇，又慷慨激昂地讲述自己的心得，接下来就用期盼的目光望着之之，希望自己的深刻觉悟能得到她的赞赏及认同。

结果之之只对他报以同情的目光，既没有安慰也没有赞赏，只说：“好的，那您对行情怎么看？”

老徐呆了一下：“那么感人的故事，你居然无动于衷。”

之之开玩笑地说：“您这个故事啊，可能连参加小学生作文比赛都获不了奖。”

老徐哑笑，只好讪讪地说：“好吧，还是说行情吧。把悲伤留给自己。”

图 1　2017 年 4 月至 10 月走势图

老徐调出走势图，侃侃而谈，一提到交易，话语中便多了很多自信的力量：“不难看出，目前行情已经来到近期的新高价位附近了，以多方思考就行了。10 月份行情走得还不错，IV 也不太高，交易量也不太大，趋势应该有延伸的可能性。反正在多头趋势中，唯一能做的还是只有做多，若是担心突然回调，我们可以考虑一些价差的策略。”

之之迷茫地看着他，“您不觉得今年涨太多了一些？虽然不认为会回调太多，但是看多确实让人有些走在钢索上的感觉。”

“确实是如此，华尔街名言——忧虑之墙与希望之坡，当行情一直涨总会让人感到担忧，怕它下跌；但行情一直跌，总会让人燃起希望。今年从5月份起涨后，回调时间都不会太长，所以一直会有让人想抓到它回调的欲望。”

他突然压低声音，“你知道古纪以前在台湾亏光过几次，是怎么死的吗？”

“他不是很厉害吗？传闻交易杠杠的啊？”

老徐鄙夷，“不是每一个懂期权的台湾人在台湾都是赚钱的，有很多只有亏钱的经验呢。最主要就是交易没有计划，以为自己可以看得懂行情，结果一下子就爆仓了，而且不止一次，现在自己也不敢做单子，然后在上海跟其他台湾的交易员偷学了一些，就变成期权专家了。”

“在我印象中，台湾期权环境应该比较好，市场很成熟了呀？”

“其实不然，台湾只有在交易圈子的才会互通有无，他在台湾搞了快二十年，削尖了脑袋也挤不进去呀。有一些在台湾不得志的交易员，慢慢把一些方法流传过来，所以才会被比较多的人了解一些对冲的手法及交易的套路。”

之之听了这话，突然想起了文武：“难怪您交易总是一些固定的套路。文武还说连他都学得差不多了，可能都比您厉害了。”

“哈哈，当然了，你们都是新时代的人才，你也学得挺好啊，而且这本来就没有那么困难，最困难的部分在于，你应该下单的时候，不要犹豫不决，这一部分学好，任何一个人都比号称台湾专家的古纪好上百倍。”

“那现在的套路是什么？”

老徐没有犹豫，“我的套路是，有机会就建仓，一个月赚个1%～2%，然后累积起来，一年就会很不错，其他时间就赚一点点的小钱，这样是最轻松的，我们过去不都是如此嘛，你没发现吗？”

之之不以为意，“呵呵，我是发现了，但我问的是，现在您想用哪个套路进场？”

图 2　2017 年 9 月至 11 月 8 日日线走势图

老徐动手指了指，“你看见 10 月 27 日那根大阳线没有？我通常会找一个基准点，当行情有所突破时，未来有走势或是假突破的概率可能性会比较大，所以在此可以做一个垂直价差或是卖出的日历价差，这套路我们已经一用再用了，毕竟现在是 IV 偏低的时刻，风险一般。”

之之有点失望，“我一直以为您会有新东西教我呢。”

老徐耐心地引导他这个小徒弟：“当然也有新东西，但是简单的动作可以完成的，我大多不会去费力做得太复杂。我认识许多交易员，他们也都是一招半式，但是用到炉火纯青时，就可以开宗立派了。在我的经验中，能赚最多钱且最稳定的，通常招式都不多，而那种很多招式打花腔的，多半赚的不多，而且没赚钱的时候又一堆借口，波动率又怎么了，行情又怎么了，其实很简单，就是做错了，唯一能做的事，就是认错。”

之之捂嘴偷笑，“您又在影射某人了，到底他又招惹您什么了？”

老徐又很生气的样子，重重地把水杯压在了桌上，“你不知道吗？他又偷了我们的交易模型，说是他在台湾发明的，太恶心了，我们所说的许多话，他又跑出去说一次，说是他在台湾交易室常说的话，问题是他在台湾从没进过交易室。”

之之说：“我们这边有他的间谍吧，他怎么消息那么灵通。不过，看开一点，反正人在做天在看呢。”

老徐又独自坐了许久，还是觉得烦闷，起身拿了包烟，就让这烟雾把幽怨排解出去吧。

这次的交易他们仍旧使用差直价差，然后在拉回时变成比例式价差来对冲：以 60 分 K 线为主，60 分钟做一次决策；每获利 2000 元增加一个单位；若本月上涨达 5% 时，达到目标区获利了结。

他们做了一个波段型的小型计划，这是在波段中还不错的方式，可以增加获利，也可以让损失不会太大，简单又明了，但这一次老徐把计划加密了，他是在担心自己的成果又被窃取，一度以为自己穿越了回去出演谍战剧。

纸上得来终觉浅，绝知此事要躬行。他们在参考报价时，发现这个交易模式在当前这种隐含波动率结构下并不理想，此时 2.95 元行权价的 IV 并没有高于 2.90 元太多，且其权利金也不高，若行情真的下跌时，无法完全覆盖其损失，充其量仅能减少一部分的损失而已。于是他们调整为做1∶3的比例式价差，这样的策略可以在行情真正回调时减少损失，但如果遇到行情反复则要从长计议了。

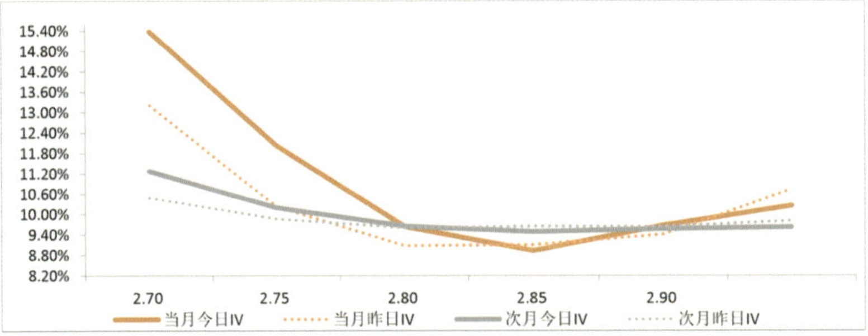

图 3　2017 年 11 月 7 日不同行权价之隐含波动率

当时行权价 2.90 元与 2.95 元的价格如下所示：

日期	时间	50ETF 价格	2. 90/价格	2. 95/价格
11/7	10：30	2. 877	0. 0128	0. 0035

之之提议考虑一下牛市垂差策略，“现在 50ETF 的价位是 2. 877 元，损益平衡点将在 2. 9093 元，即行情要上涨 1. 12% 才能达到损益平衡点，而且最多能赚 407 元/组：500 - （128 - 35） = 407。若行情无法上涨至 2. 9093 元之上（即上涨 1. 12%），则损失将有 93 元（128 - 35 = 93），在行情偏多的情况下，机会应该不少，况且我们还有一个对冲的动作，就算损失，理论上可能会更低。”

图 4　2017 年 11 月份上证 50ETF60 分钟走势图

他们根据 MACD 指标，在 11 月 7 日 10：30 分时，图 4 中 A 点时建立垂差进场，买入 2. 90 元的认购，同时卖出 2. 95 元的认购相同仓位。

当时的进场仓位如下：

日期	时间	2. 90/价格	仓位	损益	2. 95/价格	仓位	损益
11/7	10：30	0. 0128	+ 1	0	0. 0035	- 1	0

在 11 月 9 日 14：00 时由于 MACD 的柱状由红翻黑时，即图 4 中 B 点，再卖出行权价 2. 95 元的认购且比原先多一倍单位，形成认购 1∶3 的比例式价差。

日期	时间	2.90/价格	仓位	损益	2.95/价格	仓位	损益
11/9	14：00	0.0134	+1	+0.0006	0.0029	-3	+0.0006

累计损益：0.0006 +0.0006 = 0.0012

11 月 9 日 15：00 前，MACD 的柱状又由黑翻红，即图 4 中的 C 点，他们将卖出一个小时不到的行权价 2.85 元认购回补，再度变成买入 2.90 元认购及卖出 2.95 元认购的牛市垂直价差。

日期	时间	2.90/价格	仓位	损益	2.95/价格	仓位	损益
11/9	15：00	0.0155	+1	+0.0021	0.0043	-1	-0.0042

累计损益：0.0012 +0.0021 -0.0042 = -0.0009

11 月 14 日 15：00 收盘前，即图 4 中 D 点的部分，MACD 柱状由红翻黑，他们再卖出相同仓位的行权价 2.95 元认购，将仓位变成比例式价差，若行情就此回调，确实亏损有限，只怕行情一直反复，但以 60 分钟 K 线来看，就算反复损失应该也相当有限。

日期	时间	2.90/价格	仓位	损益	2.95/价格	仓位	损益
11/14	15：00	0.0276	+1	+0.0287	0.0066	-3	-0.0023

累计损益：-0.0009 +0.0121 -0.0023 =0.0089

11 月 17 日中午 11：29 分，即图 4 中 E 点，MACD 柱状又由黑翻红，他们只好再度将前天 11 月 13 日卖出的行权价 2.95 元的认购回补，将仓位再次调整成牛市垂差，看多行情，并祈祷行情能持续仍在 2.910 元之上，将获利稳稳地收入口袋中。

日期	时间	2.90/价格	仓位	损益	2.95/价格	仓位	损益
11/17	11：30	0.0386	+1	+0.0201	0.0069	-1	-0.0378

累计损益：0.0089 +0.0110 -0.0009 =0.0190

11 月 17 日下午开始，行情开始一路狂奔，下半场居然上涨 1.79%，顺利站上 2.99 元以上，接下来最后一周，上证 50ETF 连涨三天，11 月 21 日上午 10：30 已达出场目标区，11 月 22 日结算到最高点，11 月合约完美收官。

日期	时间	2.90/价格	仓位	损益	2.95/价格	仓位	损益
11/21	10：30	0.1322	+1	+0.1281	0.0824	-1	-0.1

累计损益：0.0190+0.0936-0.0755=0.0371

11月21日上午10：30行情到达目标价位，顺利出场，每一组仓位顺利获利371元，距离使用牛市垂差所能达到的最大获利目标407元仅差36元/组，算是相当好的结局。虽然仓位多留一日其获利可达到422元，但按照计划做总是对的，否则又要陷入未来总是要后悔的循环中。

日期	时间	2.90/价格	仓位	损益	2.95/价格	仓位	损益
11/22	15：00	0.1677	+1	+0.1281	0.1128	-1	-0.1294

累计损益：0.0190+0.1291-0.1059=0.0422

35. 大道至简

11 月已过完大半，市场依旧欣欣向荣，欢快气氛终结的一天出现了，伴随当月交割日结束，此后的 6 个交易日就跌了 5.9%，将这个月此前开创的涨幅抹杀了一大半。与此同时，隐含波动率也开始上升。

入冬的 12 月，上海的天气持续寒冷，每天不到 10 度的低温，虹口区虽偶有阳光，但仍抵不过北风所带来的寒意。之之好不容易有一个机会南下深圳拜访客户，可以暂别华东的寒冷，去南方短暂地享受一下温暖的阳光，这让老徐羡慕不已。在上海虹桥机场熙熙攘攘的人潮中，坐在候机楼中的女神，就算离开公司，在人群中也依然引人注意。淡淡 CHANEL GABRIELLE 的香水，一身标准工装，法式翻领袖白上衣配一件黑色香奈尔针织衫，很低调，但一点也掩不住女神迷人的风采。

之之看着手机又查了一下深圳的天气：16 度，不冷也不热，心想正好这次出差遇到上海气温陡降，就算是去避寒了。

这次有个客户，交易期权产品，在短短的三个月之内获取了 20% 的报酬率。在期权套利产品中这可是不得了的报酬率，毕竟在一般的期权交易中，利润主要来自 delta、gamma、vega 及 theta 四个部分，而套利交易，交易者通常会对冲掉 delta 的风险甚至 gamma 风险，而获取波动率（vega）的利润。但通常对冲风险的结果却是低报酬的套利。风险愈低的策略，报酬通常不会太高，除非多赚了技术（如高频）或其他风险的钱。

之之仔细看了深圳传来的资料，这应该是纯粹 short gamma 的交易策略，当然过去几年有许多卖出期权且 delta 中性的交易者，假借“套利”之名到市场募集资金，名义是低风险但实际的风险却没有想象中低。但她却不认为卖出 gamma 就是高风险，否则全球市场上超过 80% 的期权交易者及产品主要都靠卖出期权获利，期权交易岂不是一个高风险赌注？当然所有的交易主要都靠风险管控，衍生品交易，管理才是其中的精髓所在。

这次的深圳之行，一方面受到分公司的邀请，前来了解客户以此交易策略募集资金的风险性评估。另外也有机会和当地的交易员交流期权交易方面的心得。从此次分公司慎重的情况来看，除了对未来使用期权策略来发展产品线的目的溢于言表之外，也表现出对老徐他们的产品在期权策略专业的看重。

到了深圳之后她才知道情况并不单纯，原来就在财富管理部门准备发行产品之际，突然发现账户净值在 11 月行情急涨之后的下跌中急剧回调，一周之内，回调幅度居然高达 10% 以上。虽然账户运行三个月左右仍有近 10% 的报酬，但短时间内大幅震荡的净值，让人们的态度有了 180 度的转变，对原先“稳健”“低风险”的宣传方式产生了质疑，也对销售团队原先信心满满的说法打上了不小的问号。

在分公司老总的安排下，她和交易团队见了面，交易团队的负责人姓张，戴着一副镶银边眼镜，穿着简洁的棉布料条纹衬衫，衬得皮肤白皙干净，尽管说着一口不太流利的广普——普通话中透着浓浓的广东腔，但仍能感觉出这是一个对交易充满热忱的年轻人。

一行人寒暄过后，之之开门见山：“我们公司对贵团队的交易非常有兴趣，是否可以告诉我们，您是怎么交易的？”她并没有直接问到风险控制的问题，反而直接去问他们的交易方式，希望能对他们的交易多一些了解。

图 1　2017 年 11 月下旬回调之际，该产品净值也急剧回调

张先生也毫不掩饰地答道："我们主要以做期权的卖方交易为主，同时卖出认沽与认购。当行情开始上涨时，如果我们判断行情持续向上的机会较大，我们会增加卖出认沽期权；若行情持续上涨，我们会继续增加认沽期权的卖出仓位。在这种交易情况下，我们希望 delta 能跟上行情上涨的速度，所以在今年的 10 月至 11 月，我们取得了不错的回报，就算是行情回调的 9 月份，我们仍然有不错的报酬率。"

张先生接着解释："在今年 8 月以后，行情上涨时隐含波动率上升，行情回调时隐含波动率却下跌，所以过去几个月中，我们跟紧行情，不断持有偏多的 delta，在行情上涨时方向上的获利足以覆盖波动率方面的损失；在行情回调时，波动的下跌也使得我们方向上的损失不是那么明显，甚至许多时候我们仍然获利，而且最后我们会赚到所有的时间价值。"

之之听到这里，心下明了，暗自道了一声：又是一个阿川！但她什么都没有说，继续听对方介绍。

"2017 年 11 月初的持续上涨我们也持续地获利，但 11 月下旬的下跌却伴随着隐含波动率的大幅上升，与过去绝大多数时间的表现大不相同，这次因为下跌而 IV 持续上涨，幅度居然已创了今年的高点，这应该只是个特例。”

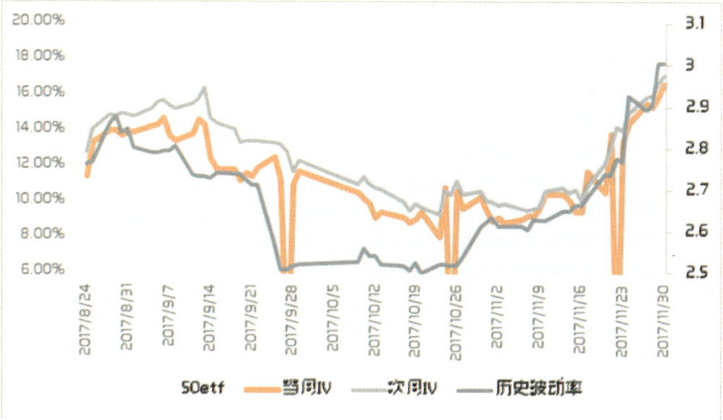

图 2　2017 年 8 月下旬至 2017 年 11 月底当月 IV 与次月 IV 与历史波动率比较图

之之又问：“那你们对于这种做法，负 gamma 的数值会控制在多少？”

张先生露出不解的神情答道：“我们没有计算 gamma 的大小。”

之之更加确定了自己的想法，便继续追问：“如果没有计算，那行情上涨时，负的 delta 将会以很快的速度增加时，你们如何控制风险？来得及去对冲随之而来的风险吗？”

张先生很老实地回答：“我们会立即再卖出认沽来对冲风险，若来不及，会赶快卖出实值的认沽，这样会将我们的负 delta 快速冲掉。”

听到这里，之之已然了解了他们的交易套路及回调原因与自己猜的八九不离十，但她对张先生率直的回答还是十分讶异，或许交易团队认为真正的交易核心秘诀在于方向性的判断而不在期权，此前她一直为阿川这样的操作手法担心，看来这世界上有许许多多的“阿川”，也有千千万万交易上大起大落的投资者，交易果然与性格息息相关。

晚餐时间，深圳分公司的王总问她：“其实我们大致都知道，这次大幅回调的问题在风险管理上，但是真正的问题到底出在哪里呢？”

之之放下红酒杯，不慌不忙地回答：“就是风险控制点不对，因为他们始终把风险的重心放在 delta 上，但期权并非是线性的损益。过去我也曾经看到一些客户用类似的方法来交易，确实在某一段不短的时间可以持续获利不少，但只要遇到较大的回调及行情大幅来回甩动时，净值曲线就会遇到较大的回调。”

她见王总没有接话，似乎还有不解之处，心想：这是让我跟徐总一样长篇大论、滔滔不绝啊。她便接着说：“他们可能之前回测过，发现卖方策略优于买方策略。这种情况是因为过去两年多隐含波动率一直呈现不断走低的势态，在这种情况下回测出现卖方优于买方策略是必然的结果。我对他们的方向判断技巧没有丝毫的怀疑，但这种连续卖出认沽或认购去对冲 delta 的方式会因为不断叠加仓位，使得风险也不断累积，可是交易者却不易察觉。”

王总点点头，对着其他同事说：“你们有问题的也提一提，不要错过这么好的学习机会。”

之之心中默念太好了太好了，不用被灌酒，那就一直这样讲下去吧。这时，同桌有位研究员气质的女孩提出就刚才的话题举个实际案例。

之之没有犹豫，轻车熟路回答起来：“举例来说，刚开始交易者卖出一手行权价 2.80 元认购及行权价 2.85 元的认沽一手，在伴随行情不断上涨过程中，不停地跟随卖出认沽期权，这样会有什么结果呢？就是最后卖出认沽的数量绝对会比卖出认购的数量要多很多的。例如行情从 2.80 元开始，涨到 2.85 元时交易者可能就会持有卖出 2.80 元的认沽 3 手及 2.85 元的认购 1 手，这样才足以去对冲掉最开始卖出 2.85 元的认购并持有正的 delta 仓位。如果行情从 2.80 元一路涨到 3.05 元的话，那么上证 50ETF 每涨 0.05 元就得卖出至少 2 手平值的认沽，这一路上累积的认沽数量很有可能将至少有 11 手以上，而认购期权呢？仅有一手！现在价位在 3.05 元，那些行权价 2.80 元、2.85 元、2.90 元、2.95 元及 3.00 元的认沽期权几乎没有什么 delta 值了，所以交易员可能暂时不会去理会这些仍有时间价值的虚值的认沽期权，但当行情开始下跌时，这些大量的虚值认沽就会形成净值大幅回调的原因了。这也是许多以卖出期权策略为主的交易者会犯的通病。”

另一位男同事大大咧咧而又好奇地接着问："那到底有什么控制风险的好方法？"

之之一笑："只要能控制好负 gamma 的值，或者更严格地控制卖出总量，基本就能控制 short gamma 策略的风险了。所以大可不必一味排斥这种交易模式，只要能对卖出期权策略的风险进行有效控制，相信未来这个交易团队会为公司带来不错的收益。"

此后的行程非常顺利，这里先按下不表。

回到上海，之之原封不动地把在深圳的所见所闻讲给老徐听，他笑着对之之说："你实在太善良了。台湾过去也有这样的案例，以卖方为主的交易型态，且是持续长期持有卖出仓位的人，总有一天会遇到大麻烦的。以前古纪也是如此，所以当他受伤之后，后来甚至看到隐含波动率到 90% 以上都不敢卖，如果没有遇到了解风险的人指导一下，恐怕对风险的控制也一时半刻不能一下子全盘了解的。不过控制 gamma 确实是关键。"

"哈哈徐总，让我们忘记古纪吧，我很不习惯当树洞呢。说回行情吧，现在一波涨势之后又一波下跌，隐含波动率也上来了，您怎么想？应该很不好做吧。"

"当行情不在趋势中时，该怎么做？我们仍然可以套用过去常用的套路。"

"如果是区间整理，当然很好做，我们可以用低买高卖的交易策略，但这也是风险所在呀！在区间行情中，有很多方法都可以获利，但现在 IV 在相对较高位置，如果我们使用卖出 gamma 的交易，是因为我们觉得不会跌，但最怕的也是在此处下跌，因为出乎意料才会造成 IV 大幅上升并造成巨大的损失，才刚说别人风险控制不佳，但却把自己推向了风口浪尖。"

老徐点点头，"没错，那我们来建立一个新的套路，作为以前套路的变形，我们假设行情处于区间内，区间的上缘在 2.92 元附近，下缘则在 2.81 元附近，让 delta 偏向空方，gamma 尽量小一点，并配合前一段波动

图 3　2017 年 11 月 16 日至 12 月 5 日上证 50ETF60 分钟走势图

率的走势，由于行情的下跌是 IV 上升，行情上涨是 IV 下降，我们也让 vega 是偏空的，如此一来若行情上涨则隐含波动率下降，我们的损失也小一点，争取一点容错的空间，但是若行情真是区间，则可以赚到低风险预期的钱。”

之之好奇地问：“您打算怎么做？”

“以目前的隐含波动率的情况，可以卖出多一些次月虚值的认购，然后买入近月平值认购，如果 delta 太偏空，我打算再卖出一些近月虚值的认沽。次月的 vega 及 delta 都较大，这是一个卖出波动率且偏空的策略，我再买入一些近月平值 gamma 较大的认购来对冲，这样可以使负 gamma 变得非常小，而且在某些价格区间可以赚到时间价值呢。”

她怀疑地问道：“这看起来是卖出认购的对角比例价差而已，卖出波动率的做法，为什么不用先前的套路，直接卖出平值的次月 straddle，然后买入近月的 straddle，行情下跌也可以获利，若要方向偏空，也可以卖出多一点次月平值的认购，或者是近月的认购买少一点，这样岂不是更直接？”

老徐回答说：“效果确实不会差太多，我这次纯粹是因为次月（1

月）的虚值 IV 明显比近月（12 月份）高，且有些正向偏度，所以我移形换影，根据猜想的不同月份的波动率变化而判断，希望能做得更精致一点。”

之之笑了一下，“小心金苹果有毒哦。”

他假装没听到，续继说：“由于我们猜想的行情可能是区间盘整且有回调架势，近月的隐含波动率可能会上升，而次月变化也许不大，那么备选策略可能是，（1）使用近月认沽做个熊市垂差；（2）使用近月认购做一个比例式价差；（3）卖出日历价差，近月认购少买一点；（4）卖出认沽对角价差（卖出虚值次月认沽，买入平值近月认沽）或卖出认沽对角比率式价差（即次月认沽多卖一点，见图 4）；（5）卖出认购对角比例式价差（即次月的认购多卖一点见图 5）。”

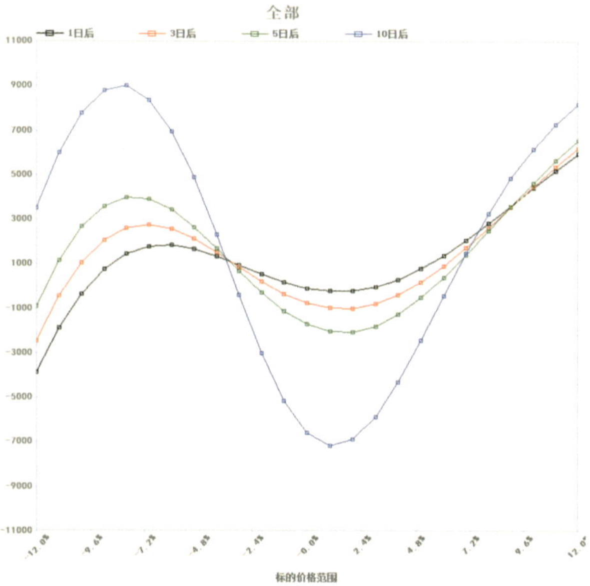

图 4　卖出认沽对角比例式价差，卖出次月虚值两档认沽 70 张同时买入近月认沽 50 张

“而这些对角的比例式价差，我觉得很适合在某个月份的虚值期权隐含波动率较高时使用，比如说这次我就觉得 1 月份的虚值认购期权价格偏高，这也是 A 股市场特有的情况。”

之之附和，“没错，确实有些期权投资人喜欢买虚值的期权，但又担心太早到期，所以会买一些较长时间的期权，导致虚值的期权的 IV 确实有时偏高，而一反弹 IV 就会缩回来，这样看来，这种方式蛮合适做的。”

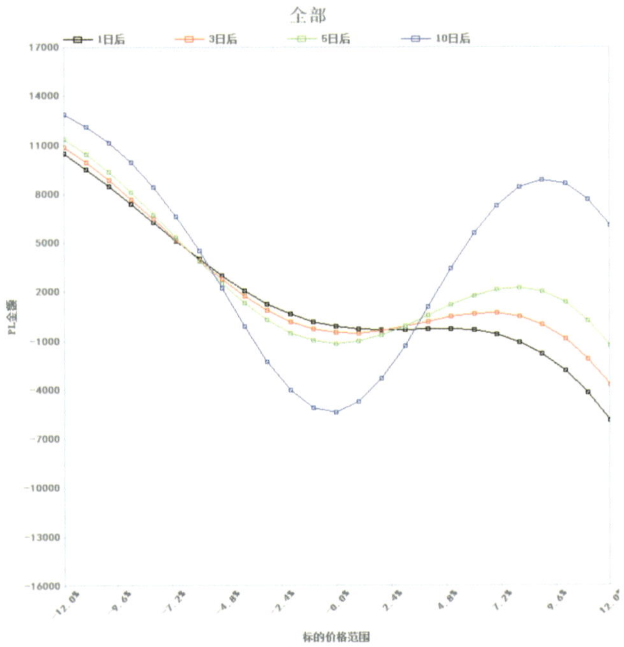

图 5　卖出认购对角比例式价差，卖出次月虚值两档认购 75 张同时买入近月 50 张认购

老徐说：“是的，台湾的虚值认购很少会这样偏高，而远月更不可能，如果这次有机会可以建立这种仓位，获利机会不小。”

他在小本子上画了几笔，接着说：“其实我们应该可以按照其 greeks 再分析一下这些备选策略的获利潜能，再决定用哪一个比较好。我刚分析了一下，在 2% 内走势风险报酬比其实都不会相差太大，除非我们对走势及波动率有特定的看法，以我这样保守的风格，自然倾向于对角的价差。”

之之坦率地说道：“我希望方法愈简单愈好。”

表 1　　对角比例价差 12 月 5 日至 12 月 15 损益图

日期	仓位	12 月 2.90 行权价（IV）	仓位	1 月 3.00 行权价（IV）	损益	累计损益
12/05	+50	0.0524（15.35%）	-75	0.0416（16.60%）	0	
12/06	+50	0.0371（16.33%）	-75	0.0310（17.05%）	300	300
12/07	+50	0.0225（16.32%）	-75	0.0208（16.70%）	350	650
12/08	+50	0.0270（15.88%）	-75	0.0261（16.48%）	-1725	-1075
12/11	+50	0.0365（13.75%）	-75	0.0319（15.98%）	+400	-675
12/12	+50	0.0170（14.35%）	-75	0.0225（16.98%）	-2700	-3375
12/13	+50	0.0240（14.76%）	-75	0.0253（16.58%）	1400	-1975
12/14	+50	0.0149（14.44%）	-75	0.0196（16.65%）	-275	-2250
12/15	+50	0.0074（15.42%）	-75	0.0085（16.47%）	4575	2325

之后的交易，虽然他们做的仓位并没有很大的获利，但 IV 的走势也和预料差不多，当行情下跌时，IV 果然上升了，所以仅能赚到方向性的钱，波动率的预判可能仅在走势不利时能损失少一点，这也算是保守者无法赚到大钱的缘故吧。

事后，他们也比较了使用比例式价差的效果如何。若是采用比例式价差（表 2），当然若是随着时间调整 delta 或许损失会少一点，但由于九个交易日偏态都没有回来，最后直接卖出认购最好，也终究应验了之之的话“简单最好”。

表 2　　比例式价差 2017 年 12 月 5 日至 15 损益

日期	仓位	12 月 2.90 行权价（IV）	仓位	1 月 3.00 行权价（IV）	损益	累计损益
12/05	+50	0.0524（15.35%）	-100	0.0175（16.60%）	0	
12/15	+50	0.0074（15.42%）	-100	0.0026（16.47%）	-7600	-7600

36. 速度与机会

2017 年底，之之与朋友相约到泰国度假。一想到能够远离寒冷的上海，到温暖的曼谷去，之之一路上都充满了期待，决心好好享受这短暂的元旦假期，屏蔽一切消息，与世隔绝。

刚到了曼谷，就有客户微信来问 2018 年的行情怎么看?

“连放一个假都不得安宁。”她心里暗暗抱怨了一下，但还是满充服务精神地和客户详细说了一下。

客户觉得行情可能会急转直下，很担心行情会大幅下跌，特别在 11 月份大跌之后，12 月份整个月都在低档回调。

女神苦口婆心地解释，我们的交易与行情无关，我们只判断行情的行进速度，在速度慢的时候买入期权，如果未来行情的速度变快，我们就可以获利；我们在速度快的时候，卖出期权，如果未来行情的速度变慢，我们则可以获利。

老徐后来觉得女神实在很有才，居然想到用速度来解释隐含波动率，这真的是很贴切的形容。

经过五天的假期后回到上海，元月 2 日，上证 50ETF 突然上涨 1.71%，一下子越过了过去四天的最高点，如果以收盘价来比较，则为 18 日来的最高点，可能是一个明显向上的突破行情。

老徐笑着问之之去了什么地方？调侃她可能错过了一个建立多头位的好机会。

之之似乎对这次旅程很满意，说相比之前跟团去泰国，这一次的自由行体验了太多新鲜的事物，十分有趣！第一次在曼谷乘坐 BTS，第一次搭乘长途巴士，第一次搭渡轮去了西昌岛。相比于泰国其他知名的岛屿，这座小岛少了一分人世的喧嚣，多了一份宁静自在，这里曾被英国旅游网站列为世界十大蜜月岛屿之一，也有很多泰剧在这边取景。“在岛上一边骑行一边感受渔村氛围，真是舒服得难以言表。看过日落，再缓缓回到住的地方，享受这份安逸，觉得一切舟车劳顿都值得了，很满足。”之之一边洋溢着满足的笑容，一边对老徐分享旅程的精彩。

听着她的描述，老徐情不自禁地也想去度假了，但是他回台湾，就被人认为是度假，他很期待有机会去一个没什么商业旅游开发的地方去，至少可以远离寒冷的上海的元月。

上海已经开始飘雪了，但行情还是非常的火热。

“要做多吗？徐总”之之轻声问道。

“虽然很想做多，但是客户临时有资金需求，前两天已经决定要将资金转出，我们可能要暂停一下，重新找资金了。或许客户对于赚钱并不满意，特别 2017 年算是一个不错的多头年，多家股票型基金报酬达到 50% 以上，我们一年 15% 左右的报酬率实在不怎么样，当然也可以放开一点风险，将报酬拉高，但当初就是要稳定的，迎合市场而随意更改的做法，确实不是我们的风格。”

之之此刻坐在一边，沉默不语。一时间竟又一阵静默。

老徐突然开口说：“也很简单，就自己投吧，反正公司也不可能会帮忙找一毛钱，自己投也表示对自己的交易有信心。”

“那如果可以进场的话，仍是要做多头的交易吗？”

“很有机会，虽然以目前的走势我们难以判定行情即将大涨或大跌，但是经过了一个月的整理之后，理论上是要走出方向的。只要不再回到原先的区间之内，就不会是假突破，不过这天的线型也太不好看了，居

然留了长长的上影线，卖压不小呢。”（见图 1）

图 1　2017 年 9 月至 2018 年 1 月 3 日走图日线图

“又要用这一招？”之之似乎整理好了心情，开始调侃起来。

“最简单的仍然是使用日历价差，况且现在 1 月份的 IV 低于 2 月份的 IV，这也符合我们过去交易的逻辑。”

“那我们只要等行情走 3%，这个月就可以收工了。或是大胆一点，使用牛市垂差，如果行情回档再使用比例式价差，只要行情不反复，这也是会稳赚的。”

老徐笑着点点头：“这也是突破时可以使用的好策略啊！”

“没错，市场几乎所有的损失都是自己活该不想赚钱，不按照计划执行的后果。只要我们做好交易计划并且照此执行，就算损失，也是非常有限的。况且，牛市垂差也比较保险，就算行情回调，赚钱的机会还是很大滴。”

之之继续说：“徐总，我总结了一下。其实，我们一直延用固定模式，持有多头牛市垂差，然后有空方讯号时再转为比例式价差，一直这样做就好了，也不用考虑一大堆事情，这样可以赚钱吧？”说完，她又不怀好意的笑了笑。

“是的，”老徐很肯定的回答。“只是，我个人习惯想去比较一下在各种不同情况下，哪一种交易策略的潜能可能更大一点。我们在采用固定的方法时，只要逻辑没有太大的问题或是太去拟合过去走势，长期可能获利是无庸置疑的，不过交易最好也讲究审时度势，例如我们长期使用卖方的交易方式，获利可期，但当隐含波动率较低时，风险报酬比就没有那么好。而长期一直持有仓位，突然遇到黑天鹅时，即使风险可控，但也会因为原有仓位的存在影响整体计划，再趁势进场的获利机会就没有那么好了。"

老徐又开启了喋喋不休的模式："还有一点，固定交易固然可以长期获利，但是交易风格却是因人而异的。在某些时候，我会觉得每个月为一个周期的交易比较适合我们，但其实交易的重点还是在舍得这件事情上。举个例子吧，比如，这次突破盘整区，我们都认为行情会向上走，但是行情真的会向上走吗？不一定，在没有真正向上走之前，一切都是我们的假设，也是我们的希望，而行情往上时，我们就会获利，一切都没有问题。其实有一半的概率我们都是错的，但在期权上我们也会对冲，例如这一次我们就用到了比例式价差。但是这个策略要持有多久？我们要继续幻想行情会向上吗？或是固定模式的策略一直做下去直到到期？其实答案很简单，回到我最常说的一句话：你要赚什么钱？当初我们想赚行情上涨的钱，也希望行情到我们想的目标区，但是当行情跟想像不同时，我们会对冲，没有损失就及早出场，持有资金等待下一次的机会，这也是在过去一年我们最常做的事，到目标就出场，永远记住我们当初进场的原因。"

之之耐心听完，发表了一句意见："这我早就知道了，您都说了八百遍了。"

虽然这次没有进场，老徐仍然记录了如果进场将会有怎样的损益情况。

持有牛市垂差策略，仍采用 60 分钟 k 线的 MACD 柱状翻黑当成比例式价差的避险信号，在 2018 年 1 月 5 日进场，买入行权价 2.95 元的认购，同时卖出行权价 3.0 元的认购各 100 张。

假设持有仓位至2018年1月12日的14：00，再卖出行权价3.00元的认购；1月12日收盘前行情急拉，14：57时再买回行权价3.00元的认购，将仓位恢复成牛市垂差，一直持有至1月17日10：30分，行情早已站上3.00元之后急拉出场。一直持有至到期，行情不跌破3.00元时获利最大，急拉到达目标区即出场。虽然并非最高获利点，但到达目标即出场，也是一直是他们做价差保持的良好习惯。其进出场价位如图2如示。

图2　2018年1月份的进出场点

日期	时间	2.95/价格	仓位	损益（元）	3.00/价格	仓位	损益（元）
01/05	10：30	0.0304	+100	+0	0.0144	-100	+0
01/12	14：00	0.0658	+100	+35400	0.0319	-200	-17500
01/12	14：57	0.0778	+100	+12000	0.0407	-100	-17600
01/17	10：30	0.1637	+100	+85900	0.1160	-100	-75300

累计损益　　+1333300　　-220400

总87100元

“如果能因此建立这样的仓位，获利真的是不少呀，跟过去几个月比起来，这才算是不错的报酬，以过去的习惯来看，每200万资金建立这样的仓位，报酬可以有4.3%以上，不知道下次还有没有机会可以赚到令人满意的报酬，虽然没有真的赚到，但是也说明了看法及做法并没有任何的错误。”如今，老徐只能这样想想了。

37. 八卦月

错过了 2018 年 1 月的大涨行情，老徐心里真的有点不大平衡，但他仔细想想，他们又不是单纯的做多，实在也没有什么大不了的，反正每个月就是赚那一个百分点或二个百分点，而做错时，也不会亏太多，一年下来就赚那 15% 左右，实在也没有什么不平衡的道理，但这种不平衡的心理后遗症却迟迟在他的内心深处不肯散去。

2 月份的时候，他们觉得 IV 有点偏高，所以主要的交易仍是以卖方为主。在轻车熟路地构建了 2 月份卖出宽跨式策略之后，剩余的时间便是等待了。此时的仓位处于偏低的情况，真正的仓位要进去，通常会等所谓的“关键点”，主要是在价位有突破的地方，伴随行情走势调整策略以取得当月大概率可以赚到钱的机会，之之调侃这叫谋定而后动。

2018 年 2 月 2 日星期五，美国股市突然出现了大跌（见图 1），由于 A 股也是在相对高位，前期走势与美国类似。当时市场气氛也相对有点紧张，虽然可能 A 股的走势不一定会跟着外盘走，但由于许多心理因素加在一起，出现大批投资者加速获利了结的情况概率比较大，所以这也是一个关键时刻。

当天古纪也一直打电话给老徐，要他留意风险，但是由于资金不足，加上保守性的原则，持仓大约仅使用了 30% 左右的资金，风险应该是相对有限的。

图 1　美国道琼斯工业指数 2017 年 11 月至 2018 年 2 月 2 日走势图

周一早上，古纪居然不请自来，一直在办公室走来走去，一副很担心的样子，就像非常害怕世界末日要来一样，一直不断打电话说要留意风险，要留意止损，搞得大家人心惶惶。其实大家很担心的是被他的喋喋不休搞成跌跌不休。在古纪看来，好像老徐他们做出的卖出期权交易是非常危险的一件事。老徐实在百思不得其解，古纪为什么要跑到别人的地盘呼来喝去，为什么 BOSS 不出来制止他。起先老徐还一直苦口婆心地解释，卖出期权的风险是有限的，在每五万元的资金仅卖出一张期权认沽，平时都是低持仓的，就算行情跌个 20%，顶多损失 5% 而已，而且到时一定会有避险动作的，可老徐后来也被弄烦了，索性也不理他，办公室里的人都把古纪当成空气，置若罔闻。可是古纪仿佛自带魔力，让老徐心烦意乱，无法按照纪律来操作。老徐只怪自己食五谷杂粮，不能看破红尘，居然让古纪扰得自己不淡定，只好独自跑去会议室，把自己关起来。此时，他的好友之一也是曾经的老同事阿木打电话过来，还没来得及寒暄，阿木在电话那端已是杀气腾腾，原来今天老徐碰到的状况，彼时的阿木那端也上演了一番同样的戏码，阿木直言，他的上司整天紧张兮兮，每次又总是在重要的时刻严重干预交易的管理，事后又放马后炮，当时你为什么不这么做？最后搞得情况总是进退失据，今天又有这种情况了，阿木愤然离开 。

A 股的走势总是让你想不到，专治各种不服。2018 年 2 月 5 日星期一，在全球股市大跌的背景下，上证 50ETF 低开高走，反而创下了以收盘价来看的最高点，跌破大家的眼镜，这行情真的太强了！但 2 月 6 日，当所有人都觉得应该跳空低开的时候，A 股的跌幅并不大，已是全球最强的股市行情了。2 月 7 日，又是一个高开，全球股市利空的影响下，居然可以不畏全球不利影响，逆风飞扬。但下午开始，风云变色，行情一路走低，最终以下跌 2. 80% 收盘。接下来的三天，A 股市场似乎又变成全球最弱市场，连续两天跳空低开低走，似乎世界末日即将来临（图 2）。

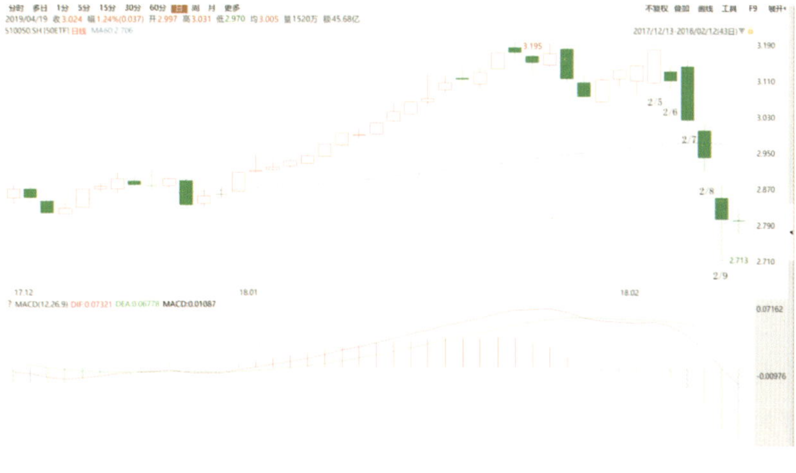

图 2　上证 50ETF2017 年 12 月至 2 月 12 日走势图

2 月 5 日至 2 月 6 日，IV 确实不断在上涨，但是市场还是相对平稳，仓位的损益也没有什么变化，连续两天的小亏。

这多多少少有些运气的成分，毕竟持有仓位较小，但是在这么小的仓位下，这连续四天的损失也有 4% 左右，这是他们两年多来最大的连续损失，这种损失幅度是不大的，但是在许多人的每天哭天喊地下，在盘中是很容易犯下错误的，所以交易容易产生失误其实有时并不是交易员自己想犯错，情非得已以及外界压力都可能是压死骆驼身上的最后一根稻草，直到去做一些自己没想过的要去做的事，事后又觉得自己愚不可及，悔恨万分。

例如，有人总是会说："行情明明就一直在跌，为什么不买入认沽呢?"

而你心中的想法可能会是："最好早就知道会下跌了，早知道早就是亿万富翁了，现在会在上海打工吗？然后心中浮起一首打油诗：千金难买早知道，万金难买后悔药，人人何必马后炮，最好你都先知道。"

或者有人一直在你身旁说："快点避险呀，你看你的损失一直扩大呀!"

而你心中的想法却是："早就避好了，要等到你说，早就清盘了，然后心中很不屑地暗暗骂着白痴。"

在2019年2月9日，行情波动到达最高点，开盘后向下跳空，居然连认购都没有什么下跌，原本就比较高的隐含波动率再创新高，盘中的隐含波动率居然来到了一年半来的高点，近月有60%附近，如果资金使用情况太紧的话，根本就撑不住，那时老徐一直在想，到底是否要加仓？是否要增加卖出宽跨式的仓位？当时的资金仍有40%没有使用，但是连续几天的损失已经直逼4.5%。

之之的眼神频繁地在电脑屏幕和老徐之间切换，问了一句："徐总，应该再加一点仓位吧，这隐含波动率已经很高了，除非您觉得行情还会有再大幅下跌的可能，否则对冲一点问题都没有。"（见图3）

老徐深呼吸有点小声地说："因为看过太多次的崩盘，所以一直不太敢一次就把资金用尽，虽然很安全，但也因此错过了许多次机会，所以这次仓位仅加了10%且是次月的卖出行权价2.95元/2.65元宽跨式，上证50ETF要涨到3.15元以上或跌到2.55元以下才会有损失，而我仍保有一些资金，所谓江湖越老、胆子越小就是说这样子吧。"

之之看着我们的仓位笑了出来："老谋深算说的就是您啊，指望您要赚大钱恐怕是很难了，就安全至上吧，省得到时您怪我不控制风险。"

图 3　2017 年 1 月至 2018 年 2 月 10 日 IV 走势图

“我做事总是会留余地的，这指数行情就算再跌个 10%，我们也不会清盘，风险好好的控制住，是我过去 20 年来学到的唯一的事。”

之之也不再说什么，毕竟谁也不知道行情会怎么走，但是，做人做事留一线，总是不会吃亏的。

2018 年 2 月 10 日之后，波动开始变小，虽然偶有震荡，但与前几天比起来，简直是风平浪静，事实证明之之是对的（见图 4）。

市场的 IV 为什么会像水波微动的涟漪一样呢？或许因为年关将近，担心长假期间国际市场持续大幅下滑，导致市场彻底失望，然后引起另一波的下跌，这种机率也不是没有可能的。

图 4　2017 年 1 月至 2018 年 2 月 28 日隐含波动率走势图

每一次的市场波动，总是引导投资人的情绪走向极端，极端的贪婪与极端的恐惧，这市场的走势也表现出快速且大幅的波动，若资金没有管控好，稍不留意则一下子就灭顶在其中。但这情绪的过程来得快去得也快，完完全全的表现在隐含波动率的波动中，隐含波动率一下子从40%以下，一周内又回到20%附近，虽然说波动率会回归均数，但那么短的时间就恢复，谁能预料呢？

上证50ETF的走势较预期中平稳，在过完春节一周后到期，也没有出什么特别意外的走势（见图5）。老徐觉得真的很可惜，否则在2月份到期时，不仅不会损失，反而会赚到不错的报酬，但这些全部都是用风险换到的，在天平的两端，一切都是公平的。

图5　2018年1月至2月上证50ETF走势图

不过在行情极端恐惧时，卖出期权或许能别开生面，2018年2月9日至2月28日到期的卖出行权价2.95元认购及行权价2.50元认沽的宽跨损情况如下表：

表1　　卖出2.95/2.65宽跨式仓位每日损益表

日期	2.95购/价格	仓位	损益（元）	2.65沽/价格	仓位	损益（元）	当日损益
02/09	0.0347	-100	+0	0.0550	-100	+0	+0
02/12	0.0150	-100	+19700	0.0233	-100	+31700	+51400

续表

日期	2.95 购/价格	仓位	损益（元）	2.65 沽/价格	仓位	损益（元）	当日损益
02/13	0.0187	-100	-3700	0.0099	-100	+13400	+9700
02/14	0.0215	-100	-2800	0.0095	-100	+400	-2400
02/22	0.0220	-100	-500	0.0016	-100	+7900	+7400
02/23	0.0285	-100	-6500	0.0007	-100	+900	-5600
02/26	0.0356	-100	-7100	0.0002	-100	+500	-6600
02/27	0.0064	-100	+29200	0.0002	-100	+0	+29200
02/28	0.00	-100	+6400	0.00	-100	+200	+6600
累计损益			+34700			+55000	+89700

总计：89700 元

可惜的是，他们并没有进太多的仓位，否则，次日收盘前出场，就可赚取因为隐含波动率大幅下降的不菲利润。

春节过后，老徐和几个台湾朋友聚餐，期间不断地说到这段行情当时的情况。在场的许多是他很久没见面的朋友，其实先前在台湾从事交易工作的交易员到上海工作的并不多，有许多人都是半路出场转到交易工作的，因为期权的隐含波动率真的很高，大多只要偏向卖方的交易并能做到止损二字，就不会犯大错。况且 50ETF 期权保证金收取的成数非常高，又没有保证金组合制度，要被强行平仓概率也很小。许多人来到上海之后，都做得风生水起，走起路来是虎虎生风，不可一世。

这种聚会其实一直有人定期组织，只是老徐不大经常出现，他心里是有些抗拒参加这样的聚会的，但是有时碰到一些过去相处不错的朋友邀约，便也不好意思拒绝。

通常这样的聚会，大家会比较想相互刺探一下过去一段时间，谁做了什么样的仓位，结果如何？谁又有了什么样新的交易策略以及一些八卦新闻之类的事情。

但是许多人都知道，在期权的交易策略上，实在没有什么新的策略，许多只是运用了更多的短线策略在速度上达到了一些对冲，或者是短线各行权价失衡情况下的统计套利，可是大家就是好奇，或许这些素材为大家提供了茶余饭后的聊资吧。

这次的聚餐有古纪、刘轻云、胖胖、阿不拉、小明及小 V 等，小 V 是现场唯一的女性交易员。

在上海工作的台湾同胞，其实年纪都不小了，在过去也有长短不一的交易经验。如果要说交易经验及绩效的话，阿不拉算是其中的佼佼者，毕竟以前在台湾的某大型期货的自营海龟团队中，声名卓著，也帮公司赚了不少的银子，只是来到上海后，一直没有发挥的机会，过去的交易经验实在是无用武之地。老徐也一直搞不明白，有些公司要找好的交易员，总是找到会说的人而不是找会做的人，过去七八年来一向如此，这也是他对许多公司找交易员或交易主管一个永远解不开的谜。

在吹牛大赛中，古纪迫不及待地说，在这次的崩盘中，他非常睿智地做了买方，在这几天一下子就赚了 5%。他说："早就知道行情会很快速的下跌了，唯一能做的事就是买入 long gamma 的仓位，行情一动的时候，就赚钱了，而且赚得不少，盘中隐含波动率从 30% 一下子到了 50% 之上，这需要很大的交易技巧的……"

刘轻云用一种称赞的字眼却不以为然的语气说："啊不就好棒棒？"

古纪白了刘轻云一眼，但大家都露出了会心的微笑，有些事只可意会不可言传。

确实，在这种大行情走势中，买入期权是最好的应对方式，但唯一的问题是，这一天会不会有大行情？特别是在连续两天大跌之后，而且在 IV 已经上升了 10% 之后？大家在事前总是会有疑虑的。

那到底何时的隐含波动率才会大幅的上升呢？主要在两种情况下：第一种是预料之外的情况，例如，在市场一片欣欣向荣的情况下，大家的观点一面倒的看好，这时的 IV 也很平稳，但市场却无预警的大幅下跌，这时常常 IV 上升幅度都会很大。而操作性难点在于，这种预料之外的情况是没有预警且不可预期的，所以如果可以预期到的话，那么 IV 的上升幅度可能就会相对有限，而如美国 9 · 11 事件等，就属于不可预期，但重要数据公布前或是财报公布前都属于可预期，中间的差别还是相当明显的。

第二种情况是在连续的下跌或上涨之后，又再度大幅的同向走势。这情况与第一种情境类似，只是超乎想象而已。这情况的发生通常伴随着由于市场一直同向走势，最后的大幅同向走势会使得有些被迫硬撑的投资者最后保证金不足或信心崩溃而导致 IV 最后的大幅上升，使得短期的低点或高点因此产生。这种情况的操作情比较强，在崩溃点的时间过后不久卖出 gamma 或卖出 IV 也是不错的交易方式。所以在 2018 年 2 月 9 日之后最好的交易要看彼时的你是不是那个已经崩溃的人。

图 6　2018 年 2 月认购期权在 2 月 9 日至 2 月 12 日之 1 分钟走势图

图 7　2018 年 2 月认沽期权在 2 月 9 日至 2 月 12 日之 1 分钟走势图

古纪这时奸笑着反问刘轻云，那你做如何呢？

刘轻云淡淡的说："我第一时间就止损了，虽然略有损失，但是那是正确的决定。"

大家都知道刘轻云在这段行情中有些损失，至于损失是否惨重那真的要看止损的位置，如果在崩溃点止损，那损失可不是"略有损失"四字可轻轻带过的，不过以他轻松的态度来看，损失应该也不会太大才对。

古纪似乎不太满意，幸灾乐祸地又接着问："那当时你持有什么仓位呢？仓位到底有多少呢？"

胖胖跳出来打圆场插话："你知道，台湾在2月6日的下跌，居然导致了认购及认沽双双涨停板的情况，真是百年难得一见呢。"

小V连忙接口说："是呀，我以前在自营商的时候，就算是2008的金融海啸或是2011年的欧债危机，跌幅比这时候大得多，都没有认购及认沽双双涨停板呢。"小V用可爱的语气及台湾女孩子特殊拉高声音的尾音，让现场的气氛突然没有那么尴尬。

小V以前在台湾是专门做期权做市的，现在在做销售业务。

小明用温柔的眼光看了小V一眼说："因为台湾的保证金组合制度加上大多数台湾的投资人比较喜欢做卖方，而IV一直处于低档，只要一有个特别的走势出现，而此时大家止损出现太一致的情况就会导致保证金不足而砍仓。但由于经纪公司的砍仓动作是由计算机来执行，如果投资人同时有卖出认购及认沽，期货公司会把认购及认沽一同砍仓，所以2月6日那天会出现就算行情下跌，认购和认沽一同涨停的情况，因为只要有仓位就砍了，不管是否合理。"

胖胖立刻插嘴说："所以A股市场的期权在某些层面反而更加稳定，因为保证金很高，又没有保证金组合，也没有计算机程序砍仓。"

大家露出会心的一笑。

于是这次的聚会就以吹嘘、抱怨、传八卦为主题度过了。老徐觉得很烦，心里暗想下次绝不会参加这种聚会。

其实交易这件事，很多人以为是自己的技术好，可以精准预期到行情的走势，虽然他们也是口口声声地说不判断行情，但总是不断地在猜测行情。

老徐想起了那段已经忘记从哪里读来的文字：“能赚多少钱不是你的本领高强，而是市场给的；但是亏损，在相当的程度上是可以自己控制的。”能体会如此的心境，在交易上才算是进入了状态。

波涛汹涌的2月就这么过了，2月初的急跌行情，对于卖出方来说是一个非常好的年末测试（农历年），也是对未来遇到类似走势时一个非常好的参考数据。

终篇：聚散

3月份的上海对老徐这样从小在热带长大的人来说依旧不友好。他看着办公室里的同事们似乎对这种天气已经习以为常，没有像从前那样抱怨上海的湿冷，不禁暗自思索自己是不是应该换一种生活方式了。

每个人经过2月份的洗礼似乎都在某种程度上有所成长，反正现在有什么大的走势，老徐应该是不会感到惊讶的。

午餐老徐和之之去了一家日料店，老徐有点不明白为什么今天之之会说想要请他吃顿好的。刚一落座，之之便开口问道："我听说您要离开交易室，到另一家公司发展?"

他抬起头讶异一下："哪里听来这种谣言呀?"

老徐的表情让之之更加确认了信息的准确性："每个人总有那么一两个江湖朋友，也总会有一些江湖传闻飘过来啦。您不说啊，自然会有人跟我说的。"

他心想反正之之是自己人，早晚是要告诉她的，只不过一直纠结不知道如何开口而已。"确实有几家在谈，或许回台湾，或许去其他公司，但一切都还没有说好，说不定也不走了。哪家公司要用那么老的人呀?"他说完还自嘲地笑了笑。

之之有点生气的说："我们合作那么久了，您也不事先说一下，真是见外啊。”

他面露尴尬，“其实我也不想这样，也是先问一下而已，如果没有市场行情，那多难看呀，在你心中不知要掉价多少。”

之之不以为然的说：“至少可以聊一下吧，哼！”

“在这儿做了几年，几乎每个月都获利，公司内所有的产品都已经使用我所发明的管理流程在管理，交易逻辑也大同小异了，其实基本上都稳定下来了，有没有我都没有太大的差别，只是公司没有资源支持，所有资金都是我们和朋友们找来的，不知道为什么公司不但不支持，还一直拉后腿。还有公司的其他朋友三不五时地打电话过来散播客户不满意交易之类的谣言，唉。”老徐这番话虽然淡淡说出，但这些人这些事一定曾在他心中掀起过很多波澜。

在不好的地方，市场外的事总比市场内的事情来得多。

老徐继续说：“我想出去讲讲课，多看看祖国的大好河山，找一家台湾人最少的公司最好。”

之之有点感伤：“期权交易才刚刚开始，我们的产品也有的新的起色，您难道不想再多教一会儿吗？这边还有那么多小伙伴呢！还有文武，他知道了一定会很难过的。”

老徐看着之之说话样子，确实在想，这样去接触一些公司的决定是不是正确的，每天和美女一起上班是快乐的，但是背后被人捅刀是令人不高兴的，两者之间，要有所选择。

“其实最后也是最重要的，就是心态而已，就是快乐地去执行纪律。除了你要赚什么钱之外，我也常常说把事做对比把事做好更重要。所有做交易的最后都会如此说的，不仅仅是交易期权。”

之之有些惋惜地问道：“那您以后都不交易了？”

老徐叹了一口气，“前途渺茫，我也不知道，或许有机会吧。”

其实 A 股市场算是比较容易交易的，相对于卖方来说，隐含波动常常高到无法想象；相对于买方来说，短期的方向波动速度还不错，偶尔会送一下红包，对买卖双方来说都有机会。虽然以日线收盘到收盘来看，与其他市场的差别不大，但日内却精彩万分。

老徐继续喃喃自语：“其实对大多数期权的交易者来说，学习环境并不是非常好，太多的交易者不知道自己要赚的是什么钱。还记得我刚到上海时说过的话吗，我自己的使命。在这几年产品的交易中，至少我把交易计划与执行牢牢地建立在公司的体系中，至少我敢白纸黑字清清楚楚地写出来。而这些偏态、跨期及方向的交易型态及组合的方式，也是一点一滴慢慢建立起架构而扩展至全公司的。应该让更多人知道期权是如何交易的，到底如何才能赚到钱，如何才能规避风险。”

“以您这样的资历和才能应该可以去更广阔的天地。”

“可我已经不年轻了。”老徐眯着眼，露出自认很帅气的微笑继续说：“另外一点，主要是要有相同的理念。如果能够跟志同道合的人为着相同的理念再奋斗一下也是让人兴奋的。如若不然，这样的工作会是让人沮丧的，等你像我这样年龄的时候，一定可以知道我是怎么想的。”

“那您的理念是什么呢？”

“我可是很有使命感的呢！我希望进入这个市场的所有人，都能够了解期权的风险，不要再盲目跟风傻傻跟随，却不知道自己面临多大的风险。市场上太多人用本小利大、风险有限、利润无穷这样的字眼来忽悠。金融市场若以诚信为原则，能多一些好事，可能未来会有很大的福报呢。”

之之说：“我也和您的理念相同呀！”

老徐说：“所以我们可以一起共同努力工作，而极少有不愉快的时候。”

老徐话锋一转：“不如我教你一些短线交易方法吧，这些在短线的波动率交易的搭配上也是很重要的。”

他继续讲道：“我们在期权的波动率交易时，通常认为隐含波动率过高，而未来会下降，则会做卖出波动率的策略，一般做法是卖出期权，然后透过对冲让仓位维持中性，赚取未来波动率下降的钱；若认为隐含波动率过低，而未来将会上升，这时则会做买入波动率的策略，一般做法是买入期权，然后透过对冲维持中性，若未来波动率真的上升，则可以赚到波动率上升的钱。”

之之点点头，无比赞同。

老徐一时竟顾不上吃饭，持续进行传道授业解惑事业。

“我们在短线也是如此，而且短线的隐含波动率可能比你想象中的波动还大，但是所受到的影响却更少，至少没有所谓的隔夜风险。假设做多波动率采用买入跨式来做，做空波动率使用卖出跨式来做。当我们买入波动率时，买到了上证50ETF行权价2.70元的认购及认沽各一张，而当时的价格分别为0.0765元及0.0683元，那么买入认购及认沽（即straddle）需要花费1448元。”

“假设30分钟后，因某种莫名原因使上证50ETF的认购的价格由0.0765涨至0.0865元，但认沽的价格却由10.0683跌到0.0650元，那么我们在认购赚了100元，但在认沽上却损失了33元，这时立即出场，整体仓位仍有获利67元，也算不错。”

“从另一个角度想，我们到底是交易着什么？事实上我们是交易着认购和认沽权利金和的变化。”

“在这个例子中，我们买入的认购认沽之和是1448元，30分钟后，是1515元，所以总共赚了67元（1515－1448＝67），由此可知，我们所交易的东西实际上就是跨式仓位权利金的变化。当我们买入跨式仓位，即是买入波动率，买入gamma，我们所期望的是未来行情变动变大，我们不仅有可能赚到波动率上升的钱，也可以赚到因为gamma所产生的方向性的钱；当我们卖出跨式仓位，即是卖出波动率，卖出gamma，我们所期望的是未来行情不动，然后隐含波动率降低，不仅可以赚到波率的钱，也可以赚到时间价值。”

“在当天，隐含波动率的变化竟然也有2个百分点，在交易上的获利空间是足够的，接下来的问题是该怎么做？”

“例如，我们观察到早上3月份合约隐含波动率因为行情上涨而上升了2个vol（如图1中A点所示），接下来随着上证50ETF行情回落，隐含波动率大约也回调了接近1个VOL。然后，行情突然性的上涨，使得隐

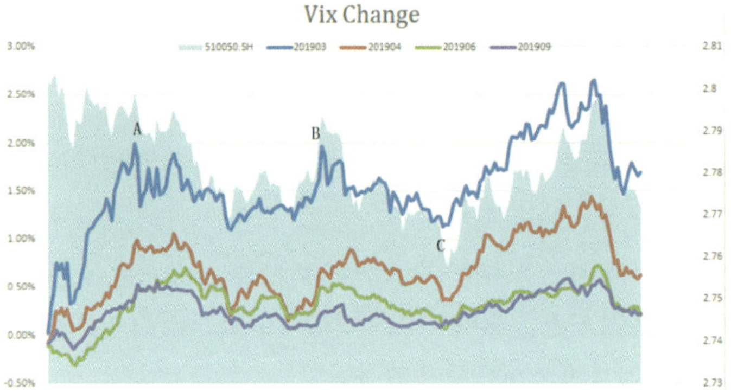

图 1　2019 年 2 月 7 日隐含波动日内走势图

含波动率也上升至 B 点，这个时候的隐含波动率和早上最高点的 A 类似，可在此卖出跨式仓位，接下来隐含波动率回调至 C 点时附近时，可获利了结出场。”

“当然许多人怀疑若是隐含波动率再上怎么办？当天到 B 点时的隐含波动率已经上升了 2 个 VOL，以当日的行情来看，实在上升的太多了一点，在多头市场中，IV 的表现理论上不应是如此，除非行情突然的暴涨，否则风险相当有限。”

“由实际的交易中，可在 B 点（图 2）卖出 straddle，在 C 点附近买回该 straddle 仓位。我们由图形中看到，这卖出 IV 的交易大约每一组仓位可以赚到 50 元的获利。”

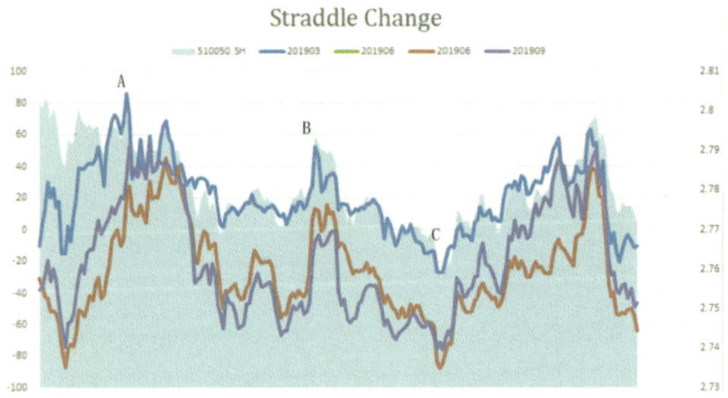

图 2　2019 年 2 月 7 日当日的 straddle 走势图

“这种交易方式，透过判断 IV 的高低，不仅不会比方向性难判断，而且风险相对比较低，在交易室这种交易模式非常受交易员的观迎，而盘中的日内波动性交易，确实可以为投资人取得较多的收益。”

老徐一口气讲完了一堆干货，继续调侃：“其实短线波动率交易可以做的部分实在是比中线多得多，而且在波动率的方向上，可能又更好拿捏呢。

之之一边消化信息，一边若有所思。

老徐见她不说话，只好继续唱独角戏：“其实很多短线交易，都是在填补中线及长线交易的资金剩余。在中线或长线的仓位中，高仓位代表高风险，若隔日有什么大新闻或新政策，刚好又与持有的仓位方向相反，这时风险就会很大，所以绝大多数的期权交易，尤其是卖出波动率的交易，持有仓位都是以轻仓为主，除非隐含波动率很高的情况下才会有持有较高的仓位。”

“就好像军队在打仗时，有正规部队和一些支持或者是一些非正规的部队，当出现不利情况时，还有一些后备的支持可以调配。现在绝大多数市场上使用卖出波动率赚钱的私募产品及一些客户，大多是采用这样的方式来做的。”

之之恍然大悟：“所以大多数的时候，我们持有中长线持仓，都不会超过 20% ~30% 的资金使用率，除非隐含波动率已经到 70 分位数以上，我们才会将资金的使用效率拉升到 50% 以上。所以当时 2 月份就算遇到大跌，我们虽然站在卖方，但风险一直控制在可控的范围之内。”

老徐点点头，继续启发：“ 你回想一下，我们常常在每个月某个时间，突然就做了一个仅有数日的短线交易，可能不是日内的，进入市场后，到了获利目标然后出场，这些策略可能是偏态策略，可能是一个统计套利，也可能是一个跨期的价差，当然也可能是很简单的牛市或熊市垂差。这些都要我们的资金管控，我们希望回撤能控制在 5% 以内，最好是 2% 左右，报酬能达到 10% 以上，有机会甚至能达到 20% 至 30% ，当然要靠市场帮忙了。”

“其实这三年来，期权所需要的所有技能你都知道得差不多了，当然有很多更细部的对冲可能需要一些盘中的短线交易，这些我们以后还是有机会可以讨论的，我离开公司，又不是离开市场，也没有出国啊，就算回台湾也还是在中国。我可是思想纯正的好青年。”

之之的心情似乎好了一点，“未来几年期权的产品一定会在中国的金融市场中迅速发展的，而且期权的交易也一定会慢慢发展成一种更稳定、风险更低的获利方式，而我们也希望这样的想法能快一点让许多人接受，当然如果要一夜致富，期权也是可以办到的。”

“没错，就是如此的，风险都是使用的人所造成的结果而已，但是风险绝对是可控的，只是看使用者要用到什么程度，你晚上有没有空，我们去为了中国的期权市场干一杯吧？”

之之想了一下：“一杯敬期权，一杯敬市场。”

老徐期待了三年约女神出去的愿望终于实现了，但是居然是在要离开公司之前。不过意外的发现，这竟又是一群人的约会。看着这些年轻人，老徐似乎也被感染，更觉得自己应该出去看看，而不是待在原地暮气沉沉。那一刻，自己又有了动力！

2018 年全年，产品文件中含有期权二字的，有 38 个；

2019 年 1 至 4 月，产品文件中含有期权二字的，已有 73 个。

在远离上海的某个地方，老徐也为中国的期权市场尽自己的一份力量，而像之之一样的年轻人们也在期权的岗位上朝着自己的目标努力奋斗着。

聚是一团火，散是满天星。